GLI EFFETTI COLLATERALI DELLE FIABE

ANNA NICOLETTO

GLI EFFETTI COLLATERALI DELLE FIABE

PIEMME

Questo romanzo è un'opera di fantasia. Personaggi e situazioni sono invenzioni dell'autore o hanno lo scopo di conferire veridicità alla narrazione. Qualsiasi analogia con fatti, eventi, luoghi e persone, vive o scomparse, è puramente casuale.

Realizzazione editoriale: *Elàstico, Milano*

ISBN 978-88-566-6001-2

I Edizione 2017

Pubblicato in accordo con Grandi & Associati, Milano

Anno 2017-2018-2019 - Edizione 1 2 3 4 5 6 7 8 9 10

Stampato presso ELCOGRAF S.p.A. - Stabilimento di Cles (TN)

Uno

Per quanto tu sia razionale, ci sarà sempre una fiaba alla quale finirai per credere.

Questa storia non inizia con una principessa che non sa di esserlo, tra i cui hobby si annoverano adorabili chiacchierate con pennuti canterini e pulizia dei pavimenti con abbellimento di bolle di sapone volanti.

Questa storia non inizia nemmeno con una ragazza bella e intelligente che per sbaglio si innamora di una bestia e rompe la maledizione di una strega cattiva.

Questa storia inizia con l'alcol.

Un calice di vino rosso, profumato e intenso, che mi diverto a rigirare tra le dita.

E a bere, ovviamente.

«Melissa, mi stai ascoltando?»

La risposta corretta sarebbe no.

Invece alzo la testa verso Giantristano – forse nato dopo un concepimento involontario, vista la vendetta che sua madre si è presa appioppandogli un nome del genere – e sbatto le palpebre con fare simil-ingenuo. «Ma certo!»

Giantristano continua a raccontare di quanto sia bello fare l'avvocato in un rinomato studio di Milano. Di quanto sia bello avere una stagista cui comandare «Altre dieci fotocopie, grazie» senza averne bisogno, perché «Ho sempre sognato di ordinare a qualcuno di fare le fotocopie»; di quanto sia gratificante mandarla a preparare un caffè anche se non ne ha voglia, perché «Io ho la stagista che mi prepara il caffè e tu no».

Fotocopie e caffè. Esiste un cliché più grande sulle stagiste?

«E una volta ha rovesciato il vassoio sulla scrivania, spargendo lo zucchero sui fogli! Così le ho urlato che sistemasse tutto e subito, ti giuro, ero così serio che lei ha iniziato a balbettare. E pensa, in realtà erano solo scarabocchi di mia... voglio dire, della figlia di un mio collega.»

Vorrei dirgli che non è autorizzato a comportarsi di merda solo perché la poveraccia ha un contratto che prevede quaranta ore di sfruttamento settimanale più bonus extra. Poi penso che lei almeno un lavoro stabile ce l'ha, quindi mi mordo la lingua e afferro il calice. Ingollo un'abbondante sorsata di vino, svuotandolo del tutto.

«Capisco» rispondo, con la lingua impastata.

Lui sorride, un sorriso malizioso che si sposta dal bicchiere vuoto a me. «Melissa, ne vuoi ancora?»

«No, grazie. Meglio di no.» Dio non voglia che mi ritrovi sul lato sbagliato del letto ancora più sbagliato, domattina.

«E di te cosa mi dici?»

Forse potrei raccontargli che sono una laureata disoccupata che voleva inseguire i suoi sogni di gloria ed è finita a trascorrere i weekend davanti alle maratone delle serie tv americane.

Forse potrei raccontargli *come* sono rimasta fregata nel processo. Potrei dirgli che c'entra Leonardo. Il mio ex fidanzato Leonardo. Il mio "per sempre felici e contenti" che ha deciso di essere felice e contento in un altro Stato. Senza di me. Il che sarebbe stato anche accettabile, se non fosse che abbiamo trascorso come coppia il periodo della laurea specialistica, fantasticando sul nemmeno-troppo-lontano futuro da vivere insieme. I nostri piani? Fare domanda per il dottorato. Superare la selezione. Affittare un merdoso appartamentino in una qualsiasi capitale europea ed essere felici.

Potrei raccontargli di come abbiamo studiato gomito a gomito per gli esami di ammissione, di come abbiamo occupato il tempo nella sua camera da letto mentre attendevamo i responsi, di come siamo stati combattuti quando abbiamo scoperto che io ero stata ammessa all'*Engineering Doctorate* nel Regno Unito e lui invece no.

Potrei raccontargli di come mi ha convinto a rinunciare a quattro anni di formazione aziendale a Londra, con le sue preghiere a suon di "ti amo troppo per una relazione a distanza" e relativi spergiuri che se fossi partita gli avrei spezzato il cuore. Potrei anche raccontargli di come Leonardo, due settimane dopo, mi abbia riferito di essere stato ammesso a Oslo – selezione che ha portato avanti di nascosto perché, ehi, se mi fossi intromessa sarei stata una candidata in più da battere – e che sarebbe partito a breve. E che comunque avremmo di sicuro retto una relazione a distanza perché il nostro amore era infinito.

Potrei anche raccontargli di come l'ho lasciato minacciandolo con uno scolapasta dell'Ikea – e abbia trascorso le successive settimane da una parte a disperarmi per la fine immonda della nostra storia e dall'altra a supplicare tramite e-mail l'azienda di Londra, e-mail che l'azienda ha ovviamente cestinato senza leggere visto il mio comportamento poco professionale. Potrei raccontargli che da sei mesi mi sento sfiduciata, abbattuta, senza un vero scopo.

Potrei.

Oppure potrei mentire.

«Be', mi sto occupando di un progetto sulla distribuzione di massa. Sai, l'organizzazione industriale dei magazzini nel settore alimentare.»

Un banale escamotage linguistico per dissimulare che copro alcuni turni in un minimarket. Banco frigo, a volte reparto pesce. Ebbene sì, sono laureata, ho vinto un dottorato prestigioso, lavoro come banconiera e non ho ancora compreso la differenza tra merluzzo e nasello. Benvenuti nel Ventunesimo secolo.

«Ah, wow.»

Il suo entusiasmo è autentico quanto la Gucci della mia coinquilina.

Non capisco perché due esseri umani siano costretti a queste pagliacciate. Trovarsi in un bar, parlare di sé cercando di fare colpo, ostentando un potere inutile sugli altri per dimostrare di valere qualcosa. Perché questa specie di Perry Mason più trendy ma meno affascinante non ammette che questa sera ha voglia di fare un po' di sesso senza implicazioni? Perché non ammette che non sono nemmeno la sua prima scelta, visto che questo *appuntamento* l'ha rimandato quattro volte? E perché io ho accettato senza batter ciglio di partecipare alla farsa della settimana?

«Scusa.» Le gambe della sedia stridono sulle piastrelle del pavimento. Afferro la borsa appesa allo schienale e lancio al mio interlocutore un sorriso di gomma. «Devo andare un attimo alla toilette.»

Le scarpe ticchettano mentre faccio lo slalom tra i tavoli semideserti.

Avrei dovuto capirlo subito: un uomo che ti invita a bere qualcosa al bar Birillo non è un uomo che vale la pena frequentare. Ho sempre pensato che le persone che portano in posti malandati e sconosciuti le conquiste di cui si vergognano esistessero solo in *Sex and the City*, e invece stasera la realtà propone un'ottima concorrenza alla finzione.

Supero il bancone di radica datato al secolo scorso, m'infilo in un corridoio angusto e raggiungo l'antibagno, tappezzato di mattonelle verde acqua crepate.

In un impeto di disperazione cerco una finestra dalla quale potermi dare alla fuga; la trovo sopra il water del bagno degli uomini, ma purtroppo non è praticabile e sono costretta a rinunciare. Cammino avanti e indietro, mi aggrappo al lavandino e fisso l'immagine che lo specchio sbeccato rimanda.

È tutta colpa della mia coinquilina e della sua maledetta teoria del "per una volta". Escici, per una volta! Bevete qualcosa assieme, per una volta! Prova a conoscere qualcuno, per una volta!

Per una volta.

Giuro che sarà la prima e l'ultima; se per sbaglio in futuro rincontrerò Giantristano, fingerò che mi sia caduto il telefono nel tombino pur di non doverlo salutare.

E poi, un figlio! Non che ci sia qualcosa di male a frequentare un padre, ma un minimo di onestà non avrebbe guastato. Oltre a un minimo di intelligenza e a un minimo di fascino. Vorrei solo trovare qualcuno con cui lo scambio salivare sia più piacevole di un esame di analisi matematica. E il fatto che io ami l'analisi matematica non è indic...

«Ehi!»

La porta dell'antibagno si fionda sul mio gomito sinistro, facendomi sobbalzare. Una ragazza con lunghi capelli biondi si materializza nell'ingresso, inciampa sui tacchi vertiginosi e scivola sul pavimento, a faccia in giù.

Non una situazione ordinaria.

«Ehm,» mormoro «tutto bene?»

La nuova arrivata rimane immobile a terra, sembra una bambola capovolta. Suppongo che dovrei intervenire, chiamare il 118, fare qualcosa.

Mi accuccio e le tocco una spalla. «Stai bene?»

Lei si gira piano su un fianco e i capelli le scoprono un viso da fotomodella, con lunghe ciglia scure che contornano gli occhi arrossati dal pianto, una pelle perfetta e labbra carnose che potrebbero essere inserite nel catalogo di un chirurgo plastico.

«N-no» piagnucola. «P-per ni-niente!»

Serra le labbra e le guance le si gonfiano, come se stesse trattenendo *qualcosa* che non ho difficoltà a immaginare.

«Oh, no» mormoro. «No, no.»

La degna conclusione di una serata orrenda: una sconosciuta che mi investe del suo vomito. Indietreggio, guadagnando terreno. Inutile specificare che vorrei evitare di chiudere la serata in questo modo. Tanto valeva che rimanessi a casa davanti alle repliche di *CSI*.

La fotomodella mi guarda con gli occhi da Bambi pieni di lacrime. «*Per favore...*»

Oh, diamine.

«Riesci ad alzarti?»

Lei scuote la testa, prima di portarsi una mano alla bocca. Studio l'antibagno alla forsennata ricerca di qualcosa di utile. Nello stesso istante, un movimento sussultorio conquista la sua pancia, costringendola ad alzare e abbassare con violenza il busto. Appoggia i palmi a terra e fa forza sugli avambracci.

«C-credo» trattiene uno spasmo. «Credo che stia per uscire...»

Vorrei scappare. Darmela a gambe. Lasciarla al suo destino di svuotamento epigastrico. Invece scorgo un cestino nel bagno delle donne, che contiene degli assorbenti usati e sacchetti stropicciati per signore, e lo posiziono sotto il mento della ragazza.

Sospiro, poi mi accovaccio accanto a lei, le afferro i capelli che accarezzano i bordi del cestino e glieli tengo sulla nuca, come Sabrina faceva con me e io facevo con lei quando eravamo delle brave matricole universitarie.

Un paio di conati e il vomito esce sotto forma di ribrezzo allo stato semiliquido. Giro il capo e strizzo gli occhi, nella speranza che non vedere possa aiutare. Non aiuta, stando ai tentativi di emulazione del mio apparato digerente.

Quando ha finito, disarciono un plico di carte assorbenti

dal dispenser fissato al muro e gliele porgo. È una scena a dir poco surreale: si pulisce le labbra con grazia, neanche fosse a un ricevimento di gala e avesse appena assaggiato un gustosissimo tartufo Chocopologie. E non fosse seduta per terra nel bagno di uno scadente locale, dopo aver rimesso la cena e qualche cocktail di troppo, a giudicare da un sommario esame dell'improvvisa fuoriuscita. È il perfetto esempio del concetto di eleganza innata: lo stesso che rende affascinante una donna anche con i capelli legati in una coda a carciofo, oppure dopo un allenamento intenso di cardiofitness, oppure con la cuffia della piscina che non dona a nessuno. Un concetto con cui non ho mai familiarizzato.

Mi tappo il naso e confino il secchio e il suo contenuto all'interno del bagno degli uomini. Nell'antibagno, la fotomodella sembra uno di quegli uccellini feriti che non si sollevano in volo neanche dopo che li hai aiutati a sistemare l'ala.

Ciondolo in piedi, incerta su come dovrei o non dovrei comportarmi.

«Stai bene?» ripeto.

Un paio di lacrime le scendono sulle guance, fino al mento. «Lui è uno stronzo. E io non me la sono sentita… Avevo…»

«Okay» rispondo, più per tranquillizzarla che per altro. «Hai bisogno di qualcosa? Riesci a tornare a casa?»

«Sì. No… Per favore, ti *prego*, puoi restare qui due minuti, solo due minuti, finché…»

Non oso immaginare che razza di uomo possa ridurre in uno stato psicofisico così precario una ragazza simile.

È quel pensiero che mi incrina qualcosa dentro. La consapevolezza che non importa quanto si è belli, intelligenti, brillanti o cinici: esisterà sempre qualcuno per cui non sarai mai abbastanza.

Mi accuccio di nuovo, in bilico sui tacchi, con i polpacci che tirano e un lieve imbarazzo dovuto alla vicinanza imprevista con un'estranea con cui, in altre circostanze, non avrei condiviso nemmeno un saluto.

Forse lo sto facendo perché nessuna persona dovrebbe essere lasciata dal proprio compagno e finire in un bagno pulcioso a vomitare da sola. Forse lo sto facendo perché, se fosse capitato a me, io sarei stramazzata a terra in solitudine e, se qualcuno m'avesse trovata, al massimo mi avrebbe scansato con la punta della scarpa. Oppure perché così sono autorizzata a stare lontana da Giantristano per un altro po'.

«Mi gira la testa» dice. «Mi gira in modo assurdo la testa e domani ho uno shooting a Villa Airaghi e...»

«Vuoi chiamare qualcuno che ti venga a prendere? Un'amica?»

«Sono tutti al lago. È il weekend dopo Ferragosto, no?»

Sì be', il tempo scorre in modi diversi, nei nostri mondi.

«Senti» taglio corto. «Vuoi che ti accompagni alla metro? Possiamo controllare se abbiamo una corsa in comune.»

«Davvero lo faresti?» sussurra, asciugandosi le lacrime con il dorso delle mani.

Annuisco in automatico, come se il mio corpo avesse preso la decisione ancor prima del mio cervello.

«Cioè, sul serio mi accompagneresti?»

Due cortesie di seguito a opera di una sconosciuta, a Milano, lascerebbero basita pure me.

«Fidati, sei tu che mi stai facendo un favore.»

Le allungo una mano e l'aiuto ad alzarsi. Lei fa scivolare un braccio attorno alle mie spalle, sostenendosi su di me.

«Grazie» ripete. «Non so cosa potrei fare per... Ovviamente pago io la corsa del taxi, è il minimo.»

«Niente metro?»

La sua occhiata sconcertata mi zittisce. «È un problema?»

«No, okay, figurati.» Le porgo la mano, che lei stringe piano. «Sono Melissa.»

«E io sono Sharon, e sono davvero felice di averti incontrata.»

I tredici minuti in cui aspettiamo il taxi sono i più schifosi di tutta la sera, e dire che i momenti degni di paragone non sono mancati.

Osservo l'asfalto del marciapiede in attesa che la zucca si trasformi in carrozza, mentre Sharon è seduta su una sedia di plastica da giardino e Giantristano la soccorre come il più devoto degli infermieri privati.

La notizia della sospensione del nostro appuntamento, come da previsioni, non lo ha scosso più di tanto. D'altronde, che non fossimo destinati l'una all'altro era chiaro a entrambi. Al contrario, l'ingresso in scena della fotomodella lo ha spinto ad abbracciare la logica del pescatore che ha adocchiato il pesce più grosso: ogni secondo potrebbe essere quello decisivo per fare centro.

Il supplizio termina con l'arrivo della Toyota bianca. Salutiamo con malcelato gaudio Giantristano e ci rintaniamo nell'abitacolo che profuma di pelle e menta sintetica. Quando la macchina riparte, le casse dell'autoradio diffondono il rassicurante loop del radiogiornale. Sharon si aggancia al mio braccio, accoccolandosi un po' sul sedile e un po' su di me.

«Grazie. Sei stata super gentile.»

Immagino che sia vero, anche se un tornaconto ce l'ho avuto anche io. In un colpo solo mi sono liberata dello sfruttatore di stagiste e ho evitato la metropolitana serale. L'ultima volta che sono salita su un taxi? Credo a dodici anni, per accompagnare mio padre all'aeroporto di Malpensa. E il fatto che poi non sia più ritornato non è assolutamente indicativo dei miei sentimenti nei confronti della suddetta modalità di trasporto. Diciamo che c'entrano di più il mio conto corrente color rosso sangue e in generale la salute delle mie finanze. Ma, visto che non posso confidarmi con

Sharon in merito ad abbandoni paterni e becera disoccupazione, resto in silenzio a guardare le ginocchia nude che sbucano dal vestito che Sabrina mi ha prestato.

«Scusa se ti ho rovinato la serata.»

Scaccio l'idea con la mano. «Credimi, c'era ben poco da rovinare.»

«Be', almeno il tuo accompagnatore ti ha portato in un bar. L'appuntamento di stasera... cioè, il mio... mi ha invitata alla sua festa aziendale. Dopo che gli avevo chiesto di organizzare qualcosa per noi.»

«Non il modo migliore per fare colpo.»

«Appunto! Ah, lascia perdere. Tanto è solo il minimo.»

La città nera scorre al di là del finestrino, mentre i numeri del tassametro si auto-incrementano scandendo il ritmo della corsa. Il continuum di condominii e traffico e sprazzi di luce paglierina dei lampioni si trasforma in un insieme di casermoni di cemento, che pian piano lasciano posto a un grazioso quartiere residenziale. Sono villette a schiera imponenti, che sfoggiano giardini curati e una buca delle lettere di prezioso metallo arzigogolato.

Il tassista volta il viso grassoccio verso di noi. «Quasi arrivate, signorine.»

Il che significa che la serata da incubo sta volgendo al termine, e non sono neppure le dieci e mezzo. Sabrina sarà fiera di me.

«Ci scambiamo i numeri di telefono?» domanda Sharon. «Magari un giorno avrai bisogno e io ricambierò il favore.»

Dubito che un'eventualità simile possa verificarsi, ma non me la sento di rifiutare. Mi immagino mia nonna paterna, mentre mi apostrofa con il suo sguardo severo e la sua teoria del pesce dormiente che praticamente riscrive il principio di indeterminazione di Heisenberg. Chi lo sa, forse il pesce dorme all'indirizzo della principessa moderna in fuga dal principe sbagliato.

Sharon sfila la pochette a tracolla in pelle nera, sulla cui chiusura spicca il logo metallico di Chanel. Le dita affusolate frugano all'interno ed escono vincitrici stringendo l'ultimo iPhone.

«Ecco, scrivimi il tuo numero.»

Mi concentro sulla teoria del pesce e obbedisco. Quando le restituisco il cellulare, lei ficca nella borsetta il telefono, che rimane incastrato a mezza via.

Ci prova un paio di volte, poi mormora: «Oh, ma certo».

La mano si muove veloce, recupera un cartoncino rettangolare rovinato sui bordi, che guardo come se fosse l'incognita di un'equazione di quarto grado.

«Ti ho rovinato la serata. E lo so che è una festa pallosa... però c'è l'open bar! Quindi, se ci vai, è come se ti avessi offerto da bere.»

Se pensa di avermi fornito una spiegazione esauriente, è chiaro che non possediamo lo stesso database di concetti chiave.

«Grazie, ma non credo che...»

Sharon appoggia il biglietto sulle mie cosce, quando il taxi raggiunge il fondo di una via privata e si ferma di fronte alla villetta più grande del circondario. Il muro di cinta s'interrompe per far spazio a un cancello automatico di ferro battuto, dal quale si intravedono l'erba tagliata e un'altalena illuminata da un elegante percorso di lampioncini da terra.

Se avevo dubbi sullo status sociale della mia nuova amica Sharon, adesso sono dissipati. Io e lei: due persone che solo il caso poteva far incontrare. Appartenenti a due sistemi chiusi ben lontani da un'imminente collisione.

Sharon paga l'intera corsa che mi condurrà a casa, aggiungendo un'abbondante mancia. Mi stringe in un veloce abbraccio e scende dall'auto barcollando sui tacchi.

È questione di un istante.

Abbasso lo sguardo sul cartoncino e il cuore salta una

sistole. L'ossigeno non si diffonde a dovere e io mi sento mancare, come se d'improvviso qualcuno mi avesse lanciato nella tromba di un ascensore dal cinquantaduesimo piano.

Sharon s'infila nel cancello di ferro battuto, sparendo dalla mia vista e dalla mia vita.

Vorrei rincorrerla, fermarla, baciarla, issarla sugli allori e piazzarla al primo posto nella classifica amicale, spodestando la legittima detentrice del titolo. Invece fisso l'invito che la benefattrice dalle gambe lunghe mi ha donato, mentre il tassista esce dalla stradina privata.

MarsTech
ha il piacere di invitare
Sharon De Rosa
Alla presentazione della nuova linea
Luxury by Mars
Sperimenta con noi un nuovo stile di vita!

Mi do un'occhiata veloce: tacchi, vestito abbastanza decente, un filo di trucco. Sono adeguata per l'esclusivo party di un'azienda a cui ho mandato due curriculum negli ultimi sei mesi? Azienda che non mi ha mai richiamato nemmeno per un misero colloquio?

L'orologio segna le dieci e quarantotto e io ho due possibilità: tornare a casa davanti alle repliche di una qualunque serie crime, oppure infiltrarmi in una festa riservata di un'azienda affermata nella domotica internazionale.

Stringo l'invito tra le dita, quasi possa sparire da un momento all'altro. L'aspetto negativo delle grandi occasioni? Non esiste un promemoria per arrivarci preparata.

«Mi può portare all'Idroscalo?» chiedo al tassista.

«Con questa corsa? Posso portarla ovunque.»

Accosta, fa inversione e punta la macchina verso la destinazione dei miei sogni.

Due

Sulla facciata della cascina, immersa nel verde, si rincorrono giochi di luci provenienti dai faretti a muro. L'edificio portante è un borgo antico ristrutturato e i mattoni a vista, intervallati da vetrate ampie e ariose, donano all'insieme un tocco familiare e al contempo evocativo.

Nel parcheggio, gremito di macchinone lustre, il silenzio della natura cozza con la caoticità e la frenesia della città. È una cornice così suggestiva che quasi ci si dimentica di trovarsi a pochi chilometri dal confusionario groviglio milanese.

Il taxi si ferma poco distante dall'ingresso, dove scorgo un paio di buttafuori in giacca e cravatta che picchettano l'entrata. Il tassista mi lascia il suo codice e io scendo dall'auto in stato ipnotico, rapita dalla cascina e dal parterre di persone che ci gironzolano attorno.

Ancora non riesco a crederci. Sono a un party di lancio della MarsTech. Dentro l'edificio che mi sovrasta si trovano i vertici dell'industria domotica italiana, riuniti nello stesso luogo a brindare e divertirsi. E io sto per raggiungerli.

Sospiro e mi accodo dietro un paio di uomini che parlano di software e aneddoti da ufficio, mentre fingo di essere impegnata a rimirare gli angoli rovinati dell'invito che Sharon mi ha donato.

Se avessi saputo che l'appuntamento con lo sfruttatore

di stagiste sarebbe evoluto in questa direzione, mi sarei lasciata mettere persino i bigodini. Invece ho i capelli sciolti e selvaggi e indosso un vestito che probabilmente la mia coinquilina ha comprato da H&M in sconto al cinquanta. È nero, appena svasato e arriva sopra le ginocchia, un modello classico per le forme di una pin-up, che mi sta un po' largo sul seno. Ma va bene lo stesso. A essere onesta: sarebbe potuta andare molto peggio.

I due tizi davanti a me porgono l'invito al buttafuori. Lui legge i nomi e li segna sulla cartelletta. «Signor Carti, signor Lanzotti. Benvenuti alla MarsTech.»

I due sbuffano un «Era ora!» e spariscono oltre la porta.

Poi l'uomo comincia a squadrare me. Il suo sguardo è attento e profondo e, se non sapessi che i fenomeni paranormali esistono solo nella fantasia o in qualche filone di pensiero religioso, sarei pronta a credere che mi abbia letto nella mente e catalogato sotto la dicitura "Impostora e mentecatta".

Per quanto ne so, Sharon ha frequentato per un periodo uno dei *chissà quanti* dipendenti della MarsTech, dunque le probabilità sono poche; purtroppo, chiunque abbia studiato il calcolo probabilistico sa che ti puoi fidare solo del cento percento.

«Signorina De Rosa.»

Trattengo il respiro. «Sì?»

L'uomo si scioglie in un sorriso di circostanza, mentre mi restituisce l'invito. «Benvenuta alla MarsTech.»

Lo supero alla chetichella e varco il portone principale, che si affaccia sull'enorme sala d'ingresso. La MarsTech non ha badato a spese, ma ciò non mi sorprende: un'azienda che vanta un fatturato stellare non ha problemi a servire Ferrari d'annata e distese chilometriche di delizie di alta pasticceria che deambulano sulle gambe di cameriere vestite meglio di me, nella cornice di una villa d'epoca che farebbe invidia alla più becera delle favole moderne.

La luce piove dalle gocce dei cristalli dei lampadari che pendono dal soffitto. Lunghi tavoli ricoperti da tovaglie damascate rincorrono le pareti della sala. Sopra, una moltitudine di calici scintillanti è intramezzata da costose bottiglie di vino e alzate per dolci. Al centro del salone, un concentrato di personalità chiacchiera amabilmente beandosi del sottofondo di musica classica dal vivo.

«Signorina, favorisce?» mi chiede un cameriere che forse avrà la mia età e sorregge un vassoio con una sola mano.

Agguanto un calice di vino e lo sorseggio con un certo nervosismo.

Sei mesi.

Sono trascorsi sei schifosissimi mesi, e ancora non ho concluso niente.

Il pensiero mi manda talmente in bestia che per un secondo ignoro i fondamentali delle bevute e mi scolo il vino in un sorso solo. Mi sento subito un po' meno fuori posto e un po' meno favorevole a intraprendere per l'ennesima volta la camminata sul viale dei ricordi.

«Signorina, gradisce?»

Un altro cameriere pianta un vassoio sotto il mio naso. Accetto un secondo calice e m'impongo di riscuotermi.

Imparare dagli errori. Definire le priorità.

E la priorità, adesso, è far fruttare l'incredibile colpo di fortuna e approfittare dell'occasione irripetibile. Mangiucchio una tartina, accompagnandola con un altro calice di spumante, mentre pianifico le mosse.

L'ideale sarebbe avvicinare un pezzo grosso della Mars-Tech, colpirlo con qualche frase brillante e piazzargli un curriculum in mano. Peccato che non abbia la minima idea di come identificare il responsabile delle Risorse Umane. Che non abbia una copia del mio curriculum con me. E nemmeno un biglietto da visita.

Però è la mia occasione. Devo solo approcciare qualcuno. Entrare nel giro. Inserirmi.

Gironzolo per un po' nel salone, tra gruppetti composti da uomini impomatati e da donne impeccabili. Tutti impegnati a discutere tra loro. Chiusi. Ermetici.

Intravedo i due uomini che erano in fila davanti a me e, in un impeto di coraggio, mi accosto a loro. Se ne stanno in disparte con un tizio occhialuto e una specie di dea uscita da una pubblicità di profumi.

«E comunque, che culo ha Olivia? Trent'anni e un'azienda sua. Chi se ne frega se...»

La dea dei profumi rotea con platealità gli occhi e io mi ritraggo.

Vorrei trovare un aggancio e introdurmi in qualche discorso, farmi notare, stringere relazioni. Un libro che ho letto di recente dice chiaramente che la tecnica ha un'importanza relativa, senza le giuste relazioni professionali. E quando mai potrò trovarmi di nuovo alla portata di direttori, responsabili e investitori che sono impossibili da raggiungere nei giorni feriali?

Eppure non ho idea di cosa dovrei fare o come dovrei farlo. Sono circondata da persone sigillate dentro il loro perimetro, la cui attenzione ha come centro il proprio ombelico e come circonferenza una linea sottile che include appena i conoscenti, figurarsi gli estranei.

Vago un altro po' nel salone, bevendo e sbocconcellando qua e là, almeno fino a quando mi è chiaro che l'unica relazione sociale che non mi è preclusa è quella con i professionisti della ristorazione, molto cordiali nel rifornirmi di alcol e prelibatezze.

Solo a quel punto noto le indicazioni per il piano di sopra. Un cartellone espositivo indica l'allestimento interattivo della nuova linea di punta per alberghi di lusso.

Accetto un altro calice e mi rassegno all'evidenza: la serata è tornata a un nulla di fatto. Tanto vale spostare l'attenzione su qualcosa che mi interessa davvero: l'attrazione principale, presentata al pubblico prima del mio arrivo.

Al piano di sopra, un megaschermo gigante spiega che sono di fronte alla riproduzione della suite di un albergo di lusso cliente della MarsTech. Ne descrive la planimetria – ingresso, salottino, antibagno, bagno e camera matrimoniale – e invita i visitatori a usare il tablet per sperimentare le caratteristiche domotiche elaborate dal team tecnico per rendere gradevole il soggiorno nel piccolo gioiello.

Finalmente qualcosa che posso ricondurre al mio campo. Cioè, non l'albergo di lusso. Ma il codice con cui le funzionalità sono state programmate.

Prendo il tablet e m'avventuro nella stanza. Supero il salotto con un divano, una tv gigantesca e alcuni dettagli d'arredamento copiati dalle pagine di una rivista di settore, e raggiungo la camera padronale. Pavimento di parquet marrone scuro lucido, quadri contemporanei e un letto gigantesco sommerso di cuscini.

Nello stesso momento, una voce soave in filodiffusione invita gli ospiti a spostarsi nel giardino interno per il concerto di arpa e violino. I pochi avventori abbandonano la finta camera d'albergo e nella stanza rimaniamo solo io, la mia curiosità e il tablet che stringo tra le mani come Thor farebbe con il suo martello.

Ho il battito accelerato, e non solo perché ho perso il conto del numero di bicchieri bevuti. Toccare con mano un prodotto di domotica avanzata rientra nella mia lista di attività emozionanti. Molti reputano l'informatica un ambito noioso perché scrivere programmi richiede una competenza difficile da acquisire e lontana dalla libertà dei creativi. Invece si sbagliano.

L'informatica *è* creativa. Scrivere codice su una tastiera e vederlo funzionante nella realtà, trasformare combinazioni di comandi in azioni tangibili che hanno effetti sulle attività quotidiane nei più disparati ambiti applicativi. Cosa può dare più soddisfazione?

Ovviamente, che tali combinazioni funzionino. Invece l'interfono del bagno è indifferente all'input vocale. Non che la funzionalità sia pubblicizzata nelle brochure. Sarebbe da stupidi vantarsi di qualcosa di danneggiato. Comunque, per scrupolo, appoggio il calice, la borsa e il tablet sul bordo della Jacuzzi e mi infilo sotto il lavabo sospeso per controllare che non sia un problema elettrico.

«Mi scusi? Tutto bene?» dice una voce maschile, da qualche parte nella stanza.

Dubito si stia rivolgendo a me, almeno finché non vedo le punte delle scarpe a breve distanza dalle mie gambe.

«Oh sì, grazie.»

Sono convinta d'esser stata esauriente, ma l'uomo non dà cenno di spostarsi.

«È... ehm, sicura?»

«Certo che sono sicura» ribatto, mentre osservo due cavi che non mi sembrano ben congiunti. «Anzi, se mi può scusare, è proprio davanti alla luce.»

Segue un attimo di silenzio.

«Prego?»

«Non ci vedo bene. Devo solo... Ah, ecco. Grandioso! Tutto a posto.»

Ammiro i due cavi collegati, prima di scivolare da sotto il lavandino, ricacciando giù il vestito. Poi l'uomo entra nel mio campo visivo e le parole si bloccano sulla punta della lingua.

Forse sarebbe stato meglio rimanere sotto il mobile a tempo indeterminato.

L'uomo che mi sovrasta indossa uno smoking elegante color fumo con il *bow tie* leggermente allentato, tiene in mano un calice mezzo pieno ed è... qualcosa di meraviglioso.

Capelli neri leggermente spettinati. Barba accennata su un viso regolare, occhi scuri e una bocca ben definita appena aperta dalla sorpresa. Non è uno di quei gorilla palestrati da discoteca. Ha una bellezza particolare che, seppur indiscutibile oggettivamente, brilla grazie a delle unicità: le rughe d'espressione mentre aggrotta la fronte, il modo buffo di serrare le labbra, mentre mi fissa con fare perplesso...

Insomma, è certamente uno che si fa notare. Eccome. Talmente tanto che mi sento pronta ad azzardare un'ipotesi: lo scambio salivare con lui supererebbe un trenta e lode in analisi applicata.

«Serve... hai bisogno di una mano?»

Mi alzo in piedi, rassettandomi con calma il vestito – e registrando il veloce passaggio al "tu". «No, grazie. Tutto a posto.»

Se non fosse che la testa mi sta un po' vorticando. Non avrei dovuto alzarmi così in fretta. O bere un numero di calici equivalente a un'equazione dove le variabili sono l'elevata quantità di alcol e la mia scarsa capacità di controllo.

«Sicura? Hai perso qualcosa?»

La lucidità. Il codice del tassista. E una concentrazione ormonale che è appena stata rilasciata nel sangue. Ma almeno l'ultimo punto non è sotto la mia diretta responsabilità.

«No, figurati. Stavo solo...»

Alla vista di un cordino marchiato MarsTech che dondola appeso al suo collo, mi interrompo.

«Sei della sicurezza?»

Visti i recenti avvenimenti, essere buttata fuori da un party esclusivo non raggiungerebbe certo la vetta delle disgrazie, ma comunque è un avvenimento che gradirei evitare.

«Io?» domanda, manco gli avessi appena chiesto se travestirsi da SpongeBob rientra tra i suoi hobby del weekend. «Non... no, non direi, no.»

«Ah, be'. Meglio così.» Poi mi coglie un'altra fulminazione: dipendente MarsTech, aspetto fantastico, io mezza alticcia, corollario della Legge di Murphy. «Sei dell'Ufficio personale?»

L'uomo si rigira il calice tra le dita e stavolta sorride. «Nemmeno. Proprio no.»

«Oh» dico. «Bene.»

Mi avvicino alla vasca e recupero il bicchiere mezzo pieno. Visto che lui ne sta tenendo uno tra le mani, mi sembra un'azione più che coerente.

Il suo sguardo perplesso si sposta da me ai miei oggetti personali e diventa incredulo quando si posa sul tablet, in bilico sul bordo della vasca idromassaggio. La schermata iniziale di comando è stata sostituita dal pannello delle impostazioni che il programmatore aveva occultato, sul quale mi stavo accingendo a mettere mano.

«Cosa... chi...» bofonchia, indicando il misfatto. «Sei una dipendente?»

L'istinto mi suggerisce di tenere alta la guardia. Non credo di aver violato qualche legge. Il tablet era a disposizione di chiunque. E non è colpa mia se il programmatore non ha nascosto bene la schermata di accesso.

«Non proprio» mi mordicchio le labbra. «Ho solo, cioè, c'era questa funzionalità interessante che non funziona. E provare a capire per quale motivo la base vocale viene esclusa dal meccanismo mi era parsa un'ottima idea. Pensavo fosse un danno elettronico, e infatti il cablaggio era incompleto. Poi ho trovato il pannello di controllo remoto ma mi servirebbe accedere al codice sorgente in *backdoor* per capire se...»

L'uomo ammutolisce, il calice quasi gli scivola dalle dita.

«Ti giuro che non sono pazza e nemmeno della concorrenza, non voglio rubare o distruggere niente» m'affretto a rispondere. «Ti prego, non chiamare la sicurezza.»

Lui sembra in trance, non respira. Quando si riprende dall'apnea, emette un lungo fischio. «Però!»

«Cosa?»

«Fammi capire» dice, avanzando di due passi.

A distanza ridotta riesco a percepire il suo profumo, studiato per innalzare il livello dei ferormoni femminili del circondario. Vorrei poter fare la sostenuta e dire che su di me non ha alcun effetto, ma sarebbe una grossa bugia.

«Sei una… programmatrice?»

«Dottoressa in ingegneria informatica» lo correggo, cercando di accompagnare il mio titolo con una serietà che non mi appartiene.

«E non sei… non sei assunta» prosegue. «Da noi o da qualche altra parte.»

«A onore del vero, ho mandato il mio curriculum alla MarsTech. Due volte. Ma non sono mai stata richiamata.»

«Nemmeno per un colloquio?»

Non riesco a capire se il suo sconcerto sembra sincero, oppure se la sua è una tattica per guadagnare una confessione e incastrarmi.

Scuoto la testa in silenzio.

«Ah» mormora. «Be', strano.»

«Non direi. Sono stata travolta dal silenzio assordante di parecchie aziende.»

«Ripeto: molto strano.»

«E perché?»

«Mi sembri molto…» dice. «Senti, non dovrei parlartene e tantomeno chiederti niente, ma il fatto è che sono uno dei progettisti della linea. Insomma, ho contribuito alla creazione del programma.»

Di colpo, la salivazione mi si azzera. È un mio simile. Apparteniamo allo stesso alfabeto.

«E, come hai notato, ci sono alcuni margini di miglioramento.»

Annuisco, incapace di comprendere dove voglia andare a parare.

«E le regole aziendali sono ferree riguardo al coinvolgimento di terzi nei segreti industriali...»

«Non ti seguo.»

«Voglio dire che adesso tutti i "controllori"» dice, accompagnandosi con le virgolette fatte con le dita «sono al piano di sotto per il concerto.»

Dunque, siamo soli. In un'esclusiva suite d'albergo. Una finta esclusiva suite d'albergo, ma non stiamo a sottolineare.

«Di nuovo, non ti seguo.»

«Mi chiedevo, visto che mi sembra di aver capito che hai qualche ipotesi al riguardo... Hai voglia di mostrarmi qual era la tua idea? Per sistemare il programma, intendo.»

Esatto. Proprio ciò che aveva attraversato la mia mente. Lo stesso, preciso, identico pensiero. Programmare in coppia.

Lui mi fissa, gli occhi castani sembrano promettere meraviglie impossibili da mantenere. «Ho le password per entrare nei sorgenti.»

E capitolo.

Perché i grandi gesti d'amore sono fantastici, ma per un'informatica le password sono più preziose dei diamanti. Anche se durano molto meno. E soprattutto, difficilmente mi ricapiterà di mettere le mani sui sorgenti della MarsTech. Anche solo sbirciare un pezzetto del loro programma sarebbe più formativo di un qualsiasi corso teorico.

Sono tentata.

Molto tentata.

«Ti prometto che non finirai nei guai, se è questo che ti preoccupa.»

«Ah, sì? E come puoi promettermelo?»

L'uomo mi rivolge un sorriso divertito. «Immagino che dovrai fidarti di me.»

«No» lo correggo. «Sei tu che dovrai fidarti di me. Non

sto commettendo io un'infrazione e non è il mio posto di lavoro che è a rischio.»

«Se ne vale la pena, sono disposto a correrlo.»

Alza il calice verso di me e suggelliamo la nostra improvvisata alleanza in un tintinnio di cristalli. Lo osservo mentre sorseggia il vino. Ha il classico modo di fare che di solito mi mette in soggezione, quello degli uomini sicuri di sé, che sanno quanta influenza abbia il loro carisma sugli altri. Non è solo una questione di aspetto fisico, quanto di una piena consapevolezza che trasuda in ogni gesto.

Da cinque anni sono abituata ad avere a che fare con ragazzi che il sabato sera giocano a Birra Pong e sono Master in almeno un gioco di ruolo. Leonardo è così e io l'ho sempre trovato adorabile. Non riesco a immaginare l'uomo che mi sta di fronte mentre gioca a Birra Pong. Non credo che sappia nemmeno cosa sia, il Birra Pong.

«Tutto bene?»

«Benissimo!» esclamo, prima di nascondermi dietro il calice. Scolo il bicchiere in velocità, incurante del tasso alcolemico già presente nelle vene – che dev'essere il motivo per cui mi sento così calma e rilassata.

L'uomo me lo sfila dalle mani, lo appoggia sul lavandino e mi circonda la schiena con un braccio, toccandomi appena il gomito con le dita.

Ci sediamo alla meno peggio sul bordo della vasca. Lui posiziona il tablet in mezzo e insieme cominciamo a scorrere gli snodi critici del codice. Ed è fantastico. È un codice organizzato, pulito ed essenziale. Ed è sovrastato dalle dita affusolate di una mano maschile che mi portano a interrogarmi sulle loro abilità in altri ambiti un po' meno teorici e un po' più pratici.

«Be', è davvero notevole» commento, dopo che abbiamo passato in rassegna le modalità di input. «Ma qui non vedo il *dispose* delle risorse per la comunicazione.»

Lui si sporge sullo schermo, stupito, e annuisce. «Vero.»

«Potrebbe essere un problema di *buffer* in *overflow* delle risorse *non-managed*?» azzardo.

«Non mi pare, c'è il blocco *try-catch* per gestire questa casistica.»

«Sì, ma non la parte *finally* dove si forza la chiusura del canale. L'invio dei byte rimasti nella *time-window*...»

«Ma dai!» esclama. «Hai ragione.»

Non so perché, ma la sua approvazione mi dà una scarica di adrenalina. «Aggiungerei due righe di codice per sistemarlo, ma secondo me il prodotto finale dovrebbe implementare un protocollo di comunicazione proprietario. Non dovrebbe essere troppo complesso progettarlo...»

La melodia dell'arpa risuona come un'eco lontana tra le pareti di cartongesso della stanza e lui mi ascolta mentre mi lancio in una approfondita descrizione di come lo strutturerei. Non solo, sembra anche interessato. Molto interessato.

Non so con precisione dopo quanto accantoni il tablet, ma so che a quel punto siamo entrambi seduti dentro la vasca, io ho sfilato le scarpe, lui si è tolto il *bow tie* e sta ridendo a una stupidissima freddura riesumata dal carnet delle idiozie accumulate tra i banchi universitari.

«E dire che pensavo fossi una di quelle!» esclama, ancora sghignazzando.

«Scusa?»

«A vederti così, distesa sotto il lavandino... credevo avessi perso un orecchino o cose simili.»

Nello stesso istante allunga una mano verso i miei capelli. Sono quasi convinta che raggiungerà la meta, invece si ferma a metà e mi indica le orecchie. «Mi sbagliavo, ovviamente.»

Lo so. Non porto orecchini. Non ho nemmeno i buchi alle orecchie.

A cinque anni mia madre mi ha trascinato nel negozio di

bigiotteria e alla vista della pistola non ce l'ho fatta. E nemmeno a dodici. A diciassette. E l'anno scorso, con Sabrina che mi strattonava per un braccio mentre io mi arpionavo allo stipite della porta pur di non varcare la soglia del suo tatuatore di fiducia.

«Non sono molto un tipo da gioielli.»

«Niente Tiffany?»

Aggrotto la fronte. «In nessuna forma, neanche cinematografica.»

«Non dirmelo: sei una di quelle che snobba *Titanic* e per cui Pretty Woman è solo una povera illusa che si lascia abbindolare dal riccone di turno.»

Sorrido, distendendo le gambe. «Ci puoi scommettere.»

«Lo so che me ne pentirò, ma c'è un motivo dietro questa presa di posizione, oppure ti disegnano così?»

«Parla quello che propina i tre titoli più inflazionati delle classifiche di gradimento femminile. Grazie tante, questo io lo definisco "Vincere facile".»

Lui ride, una risata bassa abbastanza irresistibile. «Secondo te sono uno che vince facile?»

No, secondo me è uno che vince honoris causa.

Lo squadro dall'alto in basso, senza degnarlo di una risposta diretta. «E, come seconda cosa, non tutte le donne vogliono essere Cenerentola. Voglio dire, cos'ha di speciale? Almeno Belle è intelligente, simpatica e vede oltre l'aspetto fisico. Ariel è curiosa e potrebbe partecipare a un talent sul canto. A Cenerentola quali doti hanno dato? Vogliamo parlarne? Pulire i pavimenti. Ora, se tu venissi a casa mia potresti realizzare quanto sia una virtù da non sottovalutare...»

Lui sgrana gli occhi, sorpreso. Non che lo stia davvero invitando a casa mia. Insomma, è un modo di dire.

«Comunque, lasciamo perdere. Ho già sprecato troppo fiato per la *pulisci-pavimenti* che sposa il principe dopo averci ballato una sola volta. Ma vogliamo parlare di quanto sia diseducativo un messaggio simile?»

«Non saprei, vogliamo?» azzarda.

«Cavolo, no! No che non vogliamo!» sbotto convinta. «Abbiamo già perso troppo tempo su questo argomento!»

Lui ride. «Ah, sì? E qual è il prossimo in programma?»

Prendo il bicchiere in mano. «Boh, io qui nemmeno dovevo esserci...»

«In che senso?»

Giro piano lo spumante dentro il calice, prima di bagnarmi le labbra.

«Be', nel senso che mi sono imbucata, no?» dice la mia voce, guidata dall'alcol.

Lui sgrana quegli occhioni castani che funzionano come una sorta di richiamo magnetico per i miei. Dio, è davvero uno spettacolo, soprattutto quando imbroncia le labbra.

«Sei un'imbucata?»

«Oh, io...»

«Cioè, esiste qualcuno che si imbuca a delle pallose feste aziendali?»

Mi sporgo verso di lui e gli tiro un buffetto sulla spalla. «Andiamo! Ho trovato almeno tre ottimi motivi per averlo fatto!» Mi concentro e conto sulle punte delle dita. «Il vino, il buffet, e... e...»

Lui, naturalmente. Ma non lo posso ammettere ad alta voce. Non ne ho nemmeno bisogno, visto che il suo sguardo furbo mi avverte che ha già capito tutto.

«Insomma, è stato divertente, no?» continuo, ignorando il bizzarro pizzicore che mi prende alla base della nuca.

Quando hai di fronte un ragazzo stupendo che ti dà corda, fermarsi a revisionare le proprie frasi è un processo dispendioso oltre che ridondante. Meglio piuttosto proseguire diretti. Male che vada, non lo vedrò mai più. Bene che vada, sarò stata felice di non aver abbandonato il fortino.

«A dir la verità, avrei usato un'altra definizione.»
«Del tipo?»
«Decisamente fuori programma.»
«Perché, non ti capita tutti i giorni di incontrare qualcuno in un bagno finto e trascorrere un'ora a parlare di programmi segreti all'insaputa del tuo datore di lavoro?»
«Questa Jacuzzi è vera» dice soltanto, tastandone il bordo con i polpastrelli.
«No!» esclamo. «Non ci credo.»
Lui mi rivolge uno sguardo furbo. «Cos'è, vuoi una dimostrazione?»
«Non lo faresti mai» lo provoco.
Lui non desiste. «Potrei.»
«Nel qual caso, sappi che sono troppo incosciente per fermarti» mi scappa. «E che non ti manderei nemmeno il conto della lavanderia a casa.»
L'uomo si blocca, interdetto. Si passa le mani tra i capelli e scoppia a ridere.
«Dio, credo che sia la serata più strana degli ultimi mesi.»
«Sul serio?»
«Ascolta.»
Con le dita affusolate indica il piano di sotto, la musica attutita che avvolge d'irrealtà questo momento. Penso che voglia aggiungere altro, parlare, raccontarmi dei suoi standard di stranezze, invece resta zitto.
«Allora, da quanto lavori in MarsTech?» gli chiedo.
«Uhm… un paio d'anni, più o meno.»
«E?»
Lui sorride, composto. «E?»
«E, non so, com'è?»
«Direi… normale?»
«Tutto qui? Normale? Un'azienda che imbastisce una festa del genere per presentare un prodotto non la definirei proprio *normale.*»

«E infatti, siamo completamente integrati nei festeggiamenti» mi canzona.

«Cosa c'entra, io sono un'imbucata. Tu, piuttosto, hai qualche impegno mondano da assolvere?»

L'uomo sogghigna. «No. Assolutamente nessuno.»

«Oh» mi trovo a mormorare. «Bene.»

«Bene» mi fa eco, prima di prendere il calice e svuotarlo.

«Abbiamo finito la scorta» noto, abbandonandomi contro la parete della vasca. «Se non richiedesse lo sforzo di alzarmi, andrei a rubare una bottiglia giù.»

«Davvero andresti tu? Non dovrei essere io a sacrificarmi?»

«Non essere sessista al contrario» lo rimprovero, seria.

Di nuovo, lui scoppia a ridere.

«Be', che c'è? Che ho detto? Non dovresti lamentarti, ero a tuo favore!»

«E infatti, nessuna lamentela. Più che altro, mi chiedo da dove tu sia uscita.»

«La mia coinquilina direbbe qualcosa come "più o meno da dove escono tutti, ma non mi sembra carino nei confronti di mia madre stare qui a specificare..."»

«No, sul serio. Hai studiato al Politecnico? Hai finito da poco?»

Annuisco, ma mi mordo la lingua per non aggiungere altro. Un tasto dolente e un po' di alcol sono una combo letale per la mia logorrea.

«E adesso?»

«E adesso niente, do ripetizioni. E affetto prosciutti. E lasciamo perdere» dico, sorprendendomi di aver detto la verità, almeno a lui.

«Scusa, non volevo infastidirti.»

«Non l'hai fatto» lo rassicuro. «Quello dell'appuntamento di prima l'ha fatto. Tu no.»

L'uomo inclina la testa, stranito. «Ti stai vedendo con qualcuno?»

«Se con "vedere" intendi presentarsi al primo appuntamento e tentare di scappare dalla finestra del bagno, sì, mi sto vedendo con qualcuno. Un tizio impomatato, palloso e pure bugiardo.»

«Ah» dice l'uomo, irrigidendo le spalle.

«Il primo appuntamento dopo sei mesi e sono scappata. Un grande successo di critica e pubblico, non c'è che dire.»

«Una storia finita male?»

«Mmm, mmm.»

Vorrei approfondire la risposta, ma ho paura che ne uscirebbe un polpettone melò che non propinerei di mia spontanea volontà a nessuno, oltre che a Sabrina.

«Okay» mormora. «Scusa. Non sono fatti miei.»

«No, tranquillo. Sono cose che succedono. Si sta insieme e ci si lascia. La magia la lasciamo nei libri o al cinema.»

«È andata *così* male?» domanda. «Scusa, non ho resistito. Non sei tenuta a…»

«No.» Sei mesi. Tutto ciò che avrei potuto essere e che non sono. Un futuro più precario che mai. «Cioè sì, è andata male. Molto male. E l'aspetto più divertente? Alla fine il ruolo della cattiva l'ho ricoperto io.»

«Hai troncato tu.»

«Non che avessi molta scelta. Lo dovevo a me stessa. E poi mi è servito. Ho imparato. Sono ancora in piedi, giusto? Insomma, non proprio in piedi. Semisdraiata in una Jacuzzi vuota, quindi tanto male non può essermi andata.»

Lui mi sorride e nel suo viso leggo una sorta di imprevista comprensione, come se le mie parole avessero più senso di quanto ne abbiano per me.

«E così siamo qui: un fuggiasco e un'imbucata.»

Appoggio la schiena alla parete della vasca e stendo le ginocchia. Siamo di fronte l'uno all'altra, le nostre gambe si sfiorano. «Già.»

«Come minimo, ti devo offrire un caffè.»

«Adesso?»

«No. Non adesso. Non ho proprio voglia di tornare giù, adesso.»

«Nemmeno io.»

«Pensavo più a un altro giorno.»

È un appuntamento, credo.

Mi sta chiedendo un appuntamento.

«Oh! Tipo...»

«Tipo, domani. Per ringraziarti del tuo aiuto.»

Le mie labbra si allargano in un sorriso spontaneo. «Be' sì, credo di essere libera.»

Lui stacca la schiena dalla parete, si sporge con il busto e affonda i suoi occhi nei miei. «Perfetto.»

Deglutisco. «Perfetto.»

Penso che stia per alzarsi e uscire, invece vedo le maniche bianche della camicia che si muovono piano verso i miei fianchi, le sue spalle che si protendono verso il mio corpo, le sue labbra rosee che si posano delicate sulle mie.

Così.

Senza chiedere il permesso, come se il dischiudersi delle mie labbra fosse una naturale risposta al suo bacio, come se un'altra reazione non fosse possibile. Mi bacia piano, lento, e io mi ritrovo stretta tra la vasca idromassaggio e il suo torace, con il suo respiro che si mescola alla mia sorpresa.

Una parte di me suggerisce di fermarlo. Io sono brilla e lui è uno sconosciuto. Ma le motivazioni razionali vengono vagliate per mezzo secondo e poi scartate. È il primo bacio dopo Leonardo ed è un lenitivo per le ferite che si stanno cicatrizzando. Non vuol dire granché nel Grande Disegno della Vita e nemmeno mi interessa.

Le sue mani si spostano lungo i fianchi, mi accarezzano delicate percorrendo la stoffa del vestito di Sabrina. Inarco la schiena, quel poco che gli consente di abbracciarmi. Le sue dita si spostano sulla mia nuca, mi tengono senza forzarmi. Un brivido improvviso mi coglie alla sprovvista. Avvicino la bocca e succhio le sue labbra. Lui emette un gemito, poi mi spinge indietro contro la superficie della vasca, piega i gomiti e risponde con un lungo bacio.

Non che immaginassi di dimostrare la mia teoria con un atto pratico, ma baciarlo è davvero più appagante di un esame di analisi matematica. Vorrei solo restare così, abbandonata in questo stato di grazia che mi priva per un po' della nostalgia di ciò che ho perso e anche della capacità di giudizio.

Solo a un certo punto mi accorgo che il concerto al piano di sotto è terminato. L'arpa e il violino non riecheggiano più nella stanza. Al contrario di alcuni passi, che si stanno avvicinando celeri alla finta suite d'albergo.

L'uomo – solo in quel momento mi rendo conto che non conosco il suo nome – si stacca dalle mie labbra, mi fissa come se non sapesse nemmeno lui cosa sta combinando di preciso. Sembriamo due diciassettenni sgattaiolati dietro le recinzioni dei campetti per nascondersi dagli amici e scambiarsi le prime effusioni. Ed è proprio così che mi sento. Incredibilmente incosciente, incredibilmente leggera.

«Abbiamo compagnia» ridacchia. «Forse è meglio se...»

Ricambio il sorriso, anche se per quanto mi riguarda potrebbe sorprendermi anche il titolare e niente intaccherebbe il mio ottimo umore.

«Già. Sì, forse è meglio.»

Scavalca la parete della vasca e mi allunga un braccio, che io afferro. Si ricompone con lentezza, mentre cerco di ritrovare la lucidità perduta.

«Credo proprio che dovrò ringraziare la mia nuova amica Sharon» dico, per smorzare il silenzio.

«Sharon?»

«Esatto. Sharon De Rosa, la ragazza che mi ha ceduto l'invito. Si chiama così.»

«Non ci credo.»

«Cosa?»

«Sharon De Rosa» ripete, annodandosi il *bow tie*. «Era la mia "più uno".»

Non può essere vero.

Lo stronzo innominabile della fotomodella non è l'uomo affascinante con cui ho programmato e che ho baciato. Non è lo stesso uomo capace di ridurre una ragazza in un disastro umano.

Non possono essere la stessa persona.

«Oh, grandioso» mormoro.

Lui si scompiglia i capelli, ma non si avvicina di più. «Senti, lo so che sono stato un po' avventato, però davvero vorrei offrirti quel caffè. Domani?»

Lo osservo come se lo vedessi per la prima volta. Affascinante, carismatico... pericoloso.

«Guarda, non penso che sia una buona...»

Nello stesso istante, vocii concitati si affacciano sulla camera padronale.

Le luci sono basse e soffuse, ma riesco lo stesso a intravedere la sagoma di un uomo accompagnata da una ragazza altissima che indossa un vestito dorato, lungo sino ai piedi. Non credo di sbagliarmi, è la dea dei profumi.

«Stefano, eccoti qui» borbotta la voce baritonale dell'uomo. «I signori Schumann ti stanno cercando.» Si rivolge alla donna elegantissima. «Miriam, per cortesia, puoi avvertirli che il signor Marte li riceverà appena possibile?»

È un attimo, e in quell'attimo la verità mi travolge come una sbuffata di vento improvviso che ti ficca in gola una ciocca di capelli scappata dalla coda di cavallo: fastidiosa e le cui conseguenze potrebbero provocare vomito e altri stati di malessere generale.

Mi volto verso l'uomo che mi ha baciato, ormai ricomposto di tutto punto.

«Sei Stefano Marte?»

Lui non dice niente.

«Cioè, sei *quello* Stefano Marte?»

Indietreggio. Mi fermo quando la schiena trova il lavabo. E sento freddo. Il che non è naturale, anche se non indosso niente ai piedi.

«Senti...» esordisce.

La voce del nuovo arrivato copre le sue patetiche scuse.

Raccatto le scarpe da terra e lo fisso per l'ultima volta.

«Te l'avrei detto» si giustifica lui. «Prima o poi.»

L'uomo che ho baciato è *anche* il figlio del presidente della MarsTech, unico erede dell'impero MarsTech.

Non è assolutamente uno che gioca nella mia squadra. È un impostore. Un damerino. Un bugiardo.

Grandioso. Davvero grandioso.

«Stefano!» lo chiama ancora l'uomo.

Lui non dà accenni di fretta. Resta a guardarmi, lo sguardo fermo di chi sa cosa vuole e come ottenerlo. «Domani, va bene?»

Scuoto la testa.

Non ho bisogno di lui.

Voglio solo dimenticare questa serata e tutto quello che è successo.

Indietreggio e gli volto le spalle, lasciandolo congelato nella sorpresa.

«Ehi... Aspetta! Dove vai?»

Supero l'uomo nella camera padronale e la donna nel vestito dorato che sta scendendo le scale. Raggiungo il piano terra scalza, ma almeno in possesso di entrambe le scarpe che dondolano strette tra le mie mani. Niente scarpetta perduta, stavolta.

Attraverso la folla e mi nascondo dietro un pannello

pubblicitario, infilo i tacchi e mi fiondo nel parcheggio, frugando nella borsa alla ricerca del numero del mio passaggio.

Non è mezzanotte da un pezzo, ma sono certa che sia previsto proprio adesso il suono dei fatidici dodici rintocchi.

Tre

«Sabry, sto cercando di lavorare.»

Nel cucinino, la mia coinquilina cammina ossessivamente dal frigorifero al lavello, intenta a preparare la sua specialità. Alla fine mi porge una tazza di tè freddo zuccherato. «Tieni. Protocollo di gestione di persona giù di morale: attivato.»

«Non sono giù di morale. E, per inciso, non vale copiare le idee agli sceneggiatori americani. Vuoi che ci facciano causa?»

«Ma per una volta!»

Il mio sguardo truce la silura. Si siede di fronte a me, al misero tavolino per due incastrato tra il forno e il bidoncino dell'umido.

Il nostro appartamento è un tugurio. Un monolocale trasformato in bilocale da un audace architetto che non si è lasciato scoraggiare da concetti aleatori quali il sovrappopolamento al metro quadro e l'abuso edilizio.

E poi, ci abitiamo noi. Io e Sabrina. Le figlie illegittime di *Sepolti in casa* e *Non aprite quella porta*. Viviamo insieme da quattro anni e ci siamo incastrate l'una nelle abitudini dell'altra, ma siamo ben lontane dal modello di convivenza televisiva che entrambe adoriamo e odiamo con un certo conflitto emotivo. Una cospicua quantità di colpa è da attribuirsi alle decine di serie tv che seguiamo assieme. Se i protagonisti sono pezzenti, vivono in un loft alternativo. Se si barcamenano con lavoretti sottopagati, hanno un'amica che possiede il palazzo e a loro riserva un prezzaccio. E poi vanno d'accordo anche quando non vanno d'accordo.

Io e Sabrina paghiamo uno sproposito a testa per un sottoscala ammobiliato, senza la scala. E l'affetto che proviamo non ci impedisce di discutere su chi si sia dimenticata di buttare gli involucri delle merendine o sui turni della raccolta differenziata – su cui entrambe cerchiamo di barare senza pietà.

«Se non sei giù di morale, perché allora ti comporti come quando hai visto il *series finale* di *Lost*?» Allunga una mano sul mio avambraccio. «Ammettilo. Stai cercando di distrarti per non pensare a quell'uomo.»

«Non so di chi tu stia parlando.»

«Lo sconosciuto alto e moro di ieri sera. Ah, avreste pure avuto la benedizione di Woody Allen!»

«Dopo gli sceneggiatori, scomodiamo pure i registi d'oltreoceano?»

Sabrina sbuffa, poi abbassa con una manata lo schermo del portatile, appoggiato sul tavolino tra me e lei.

«Smettila di lavorare e rilassiamoci. È il mio unico giorno libero. Me lo merito.»

«Io mi stavo rilassando» protesto, indicando il monitor abbassato. «Scrivere codice per la mia applicazione mi rilassa.»

«E il fatto che tu non faccia altro da dodici ore non è indicativo, vero? Voglio dire, non c'entra niente con lo sconosciuto alto e moro.»

«Chi, quel tizio con cui mi sono scambiata un po' di saliva?»

«Come puoi sminuire un momento così significativo dell'arte amatoria?»

«Forse perché non c'è nulla da sminuire, quando limoni con il classico figlio di papà bugiardo e con deliri di onnipotenza.»

«Vedi!» esulta Sabrina. «Sei inquieta. *Quel tizio* ti innervosisce.»

«Non sono inquieta, ho solo constatato di essere stata presa in giro da un uomo che ha inscenato un teatrino per farmi straparlare, carpire le mie idee per il suo programma e usarle senza che io possa avanzare pretese» rispondo. «Sono incastrata in una sorta di maledizione eterna. Altro che arcolaio e sonno centenario: trascorrerò la mia vita a farmi fregare dagli uomini sul lavoro. E nessun bacio potrà interromperla.»

«Neanche quello di ieri sera?»

«Tantomeno quello di ieri sera.»

Sabrina armeggia con il cellulare, tocca lo schermo e lo volta verso di me. «Scusa, ma non posso tacere. Se un uomo del genere mi volesse offrire un caffè, non scapperei scalza. *Resterei* scalza. E mi toglierei qualche altro indumento.»

«L'hai googlato?»

Scatto in piedi e mi fiondo sullo smartphone, che rimanda l'immagine pulita e composta dell'uomo che ho conosciuto la sera prima. È senza dubbio molto bello, anche se in queste foto sembra più impostato.

«Devo pur informarmi sul primo uomo che desta il tuo interesse dopo Leonardo.»

«Ma che c'entra, ho avuto un sacco di cotte negli ultimi mesi! Jamie Fraser, Nicholas Brody...»

«Quelle per i personaggi immaginari dei libri e delle serie tv non contano.»

Chiudo la bocca senza protestare.

«Quindi, puoi lamentarti quanto vuoi, ma io questo tizio famoso lo sostengo. Fosse anche per aiutarti a superare la cosa con Leon...»

«Basta nominare il mio ex ragazzo, per favore.»

«Ecco, lo vedi? Sono trascorsi sei mesi e lo stronzo ti occupa ancora troppo spazio nel cervello.»

Vorrei sostenere che non è così, che ormai Leonardo è fuori dalla mia vita e dai miei pensieri. Invece, come una pessima stratega, mi difendo con un banale contrattacco.

«E quindi dovrei concentrarmi su uno ancora più stronzo? Vogliamo parlare della scia di ragazze piangenti che si lascia alle spalle? Mica c'eri tu a raccogliere i cocci di quella povera fotomodella.»

«Un caso non è indicativo. Me lo hai insegnato tu: il campione deve essere rappresentativo.»

«Perfetto! Chiama pure le sue ex ragazze per indagare. L'operazione dovrebbe impegnarti più o meno per tre o quatto anni, lasso di tempo in cui spero di essermi lasciata questo periodo schifoso alle spalle.»

Mi copro il volto con le mani e sospiro.

«Scusa, non ce l'ho con te. È colpa mia. Sono io che ho reputato un'idea brillante imbucarmi in un luogo ostile e socializzare con la fauna. È solo che, per un attimo, mi ero figurata lontana dal banco dei salumi. Avrei voluto... non so, farmi accettare, trovare un lavoro che mi gratificasse. Sai quanti curriculum ho inviato da quando mi sono laureata?»

«Immagino un numero sufficiente a giustificare il fatto che il toner è sempre a secco.»

«È facile per te, che un lavoro ce l'hai.»

«*Facile*? Sono una libera professionista non per libera scelta, costretta a lavorare con un contratto che solo a chiamarlo contratto hai coperto il numero di complimenti da elargire in un anno intero.»

Ridacchio. «Ma almeno riesci a saldare degnamente la tua parte di affitto! Io devo servire insaccati e formaggi per adempiere.»

Sabrina mi lancia un'occhiata comprensiva. «Almeno non sei vegana.»

«Simpatica!» esclamo. Poi torno seria. «Avrei dovuto ascoltarti. Sei mesi fa, avrei dovuto ascoltarti. Non avrei dovuto gettare al vento l'unica possibilità che mi si è presentata. Come è stato bravo Leonardo a indorare la pillola... "Sei bravissima, se ti hanno presa a Londra non avrai difficoltà a sistemarti anche qui". E io non vedevo l'ora di gettarmi nel mondo del lavoro, di diventare indipendente...»

«E infatti, sei indipendente da uno stipendio fisso. Ci vuole talento anche per questo.»

Mi paro indietro il ciuffo ribelle, scostandolo dalla fronte. Mi sento alquanto patetica, e lei lo sa. Così si avvicina, mi posa una mano sulla spalla.

«Non volevo esagerare. È solo che tu che ti fai baciare da un estraneo è un avvenimento così raro da essere inserito tra le festività rosse sul calendario.»

«Te lo spiego in tre parole: alcol, depressione e incidente.»

«E dopo cosa, la morte?»

«Stupida» la schiaffeggio. «Ero triste, ho esagerato con il vino, ho smesso di ragionare per un'ora e lui era figo. Questi elementi insieme provocano come conseguenza una serie di baci senza importanza.»

«La tua logica è fastidiosa e, se non ti dispiace, preferisco la mia teoria: sei mesi che non scopi, ormoni, ormoni e ancora ormoni» borbotta.

«Infierisci, infierisci e vai a quel paese» le faccio eco. «E comunque, ora che ci penso, un effetto collaterale c'è stato: le mie possibilità con la MarsTech si sono polverizzate.»

«Be', non esiste solo la MarsTech.»

«Infatti» rimarco. «Al diavolo la MarsTech. Al diavolo la loro linea di domotica. E al diavolo Stefano Marte. Domani rispolvero la lista di aziende che ammiro da lontano e ci riprovo.»

«Non concordo in toto, ma apprezzo lo spirito propositivo.»

«Apprezza anche che da oggi mi vanterò di aver piantato Stefano Marte in una finta suite d'albergo. È stato fantastico, grazie, ma adesso voltiamo pagina.»

Quando mi alzo dalla sedia, ho deciso: non un altro pensiero rivolto all'erede unico della MarsTech. E non solo perché lui, la sua faccia da schiaffi bugiarda e il modo in cui mi ha preso in giro senza che me ne accorgessi mi provocano un nervoso corrosivo che nemmeno il più potente dei gastroprotettori guarirebbe. Ma perché sono certa che lui non stia sprecando nemmeno un istante della sua preziosa giornata per sentirsi in colpa. Insomma, non ho alcuna intenzione di sottrarre un Microjoule di energia per rimuginarci sopra.

Il caldo agostano sta scemando in un tepore ancora estivo ma più tollerabile e Sabrina e io decidiamo di devolvere il nostro fine settimana sul divano, con il ventilatore puntato addosso, davanti al *rewatch* di *Doctor Who*, prima stagione, che ormai conosciamo a memoria – ma altrimenti dove sarebbe il bello?

La sera Sabrina mi porta a un concerto di un gruppo rock emergente, due ore di strimpellamenti acustici ben lontani dal talento musicale che ci forniscono ottimo materiale per commenti caustici. Torniamo tardissimo e io non ho sonno, così apro il portatile e riprendo il progetto che sto seguendo con molta più costanza da quando Leonardo se n'è andato: la mia prima applicazione. Ci lavoro anche la domenica, approfittando del fatto che mia madre si sia trasferita sul litorale veneto per il weekend e dunque non ci vedremo per il consueto pranzo settimanale.

L'idea per l'app mi è venuta in un indolente pomeriggio

durante la pausa estiva dell'ultimo anno di triennale. Mentre aiutavo un pigrissimo studente dello scientifico a sanare il debito in matematica, mi sono chiesta: come rendere interessanti dei concetti come gli integrali multipli? E la risposta è stata: sparatoria nello spazio. Così da due anni mi dedico allo sviluppo di *Fun in Space*, una piccola astronave che deve uccidere i cattivissimi solidi geometrici vagando nell'universo infinito.

Non so nemmeno quantificare l'ammontare di ore che ho dedicato tra ideazione, progettazione e programmazione. È partita come valvola di sfogo, il modo ideale per scaricare la tensione universitaria allontanandomi da esami troppo teorici e sondare un ambiente di sviluppo più dinamico e pratico. Poi è diventata la mia tela di Penelope, quel progetto segreto che di solito le persone investono di chissà quali speranze ma che per un motivo o per l'altro non portano mai a un effettivo compimento. Adesso è l'ultima spiaggia di una carriera informatica che sto continuando a curare alla stregua di una piantina denutrita, anche se al momento è più impantanata di una strada di campagna del periodo vittoriano.

Alle sette di domenica sera suona il campanello Piè, all'anagrafe Pietro Spanzi, con i cartoni delle pizze in una mano e un sacchetto di cavi e giocattolini nell'altra. Sabrina si fionda sulle cibarie mentre io assalto la fornitura elettronica.

Pietro si accomoda per terra, attorno al tavolino davanti alla televisione. Lui distribuisce i cartoni e io recupero tre birre fresche dal frigo. Parliamo un po' della programmazione in Java, Pietro ci racconta qualche episodio successo in settimana – da un paio di mesi è stato assunto nella più grande azienda italiana nell'ambito della logistica. Che detto così sembra noioso, se non fosse che succedono più intrighi tra quelle mura che nella sceneggiatura di una *soap opera* spagnola – e Sabrina rimbalza dall'uno all'altro, schiumando un silenzio letale quanto una bomboletta spray all'olio di ricino. Non me l'ha mai detto apertamente, ma credo che detesti l'informatica.

Dopo cena ci raggiungono Giorgio e Francesco e diamo il via alla serata Xbox, quattro ore di videogioco a squadre che si concludono troppo, troppo tardi. Almeno per quelli che la mattina seguente hanno un lavoro cui presentarsi.

Invece, il lunedì mattina in casa Neri-Marin si prospetta placido: Sabrina non è di turno allo studio fisioterapico, io non sono in turno al minimarket e non ho appuntamenti per le ripetizioni private.

Quindi, nonostante i buoni propositi che mi visitano la domenica sera, non punto la sveglia per cogliere l'oro del mattino. In fondo è un peccato mortale interrompere un buon sonno ristoratore; invece alzarsi fresche e riposate fa affrontare al meglio la settimana a venire, no?

Evidentemente no, secondo colui che sta chiamando il mio cellulare.

La suoneria metallica si propaga con insistenza da qualche parte nell'appartamento. Ma la sveglia sul comodino non segna nemmeno le nove e mezzo, così mi comporto come ogni persona di buonsenso: infilo la testa sotto il cuscino e la ignoro.

«Dio Santo, Melissa!»

La porta della camera si scardina sotto la furia di Sabrina, che si palesa con i capelli scarmigliati e un pigiama a righe rosse e rosa che ha rubato a una fan degli One Direction. Il secondo successivo un oggetto contundente atterra sulla mia schiena.

«O rispondi tu, o giuro che mando a quel paese chiunque ci sia dall'altro capo della linea. Fosse anche tua madre!»

Con uno scatto da velocista, mi toglie il cuscino da sopra

la testa. La luce del giorno mi aggredisce. Mi copro gli occhi con i palmi delle mani, incredula che sia arrivata a tanto.

«Tre.»

Sta davvero contando alla rovescia?

«Due.»

«Ehi.» La mia voce è una flebile protesta. «Ma che ti prende?»

La suoneria continua a squarciarmi l'udito.

«Uno.»

Allungo un braccio verso la fonte del rumore molesto.

«P-pronto?» biascico, rituffandomi con la faccia sul materasso.

Mi accoglie una voce femminile e delicata, che non maschera un filo di sorpresa. «Signorina Neri?»

Sono io, credo.

«S-sì… sì?»

«Buongiorno, signorina Neri. Sono Lucilla Grandi, la direttrice delle Risorse Umane della MarsTech.»

E, d'un tratto, sono sveglia.

Quattro

«Non ci credo.»

Sono in cucina da dieci minuti, ovvero da quando ho riagganciato la conversazione con Lucilla Grandi delle Risorse Umane. La moka diffonde nell'aria l'aroma intenso del caffè, sostanza di cui entrambe abbiamo estremo bisogno, dove con *entrambe* intendo io e Sabrina e non io e la tizia che mi ha appena sganciato una notizia bomba durante il dormiveglia.

«Quindi» riepiloga Sabrina, porgendomi una tazza ricolma. «La MarsTech ha riesumato il tuo curriculum dal reparto della carta straccia, salvandolo dal naturale ciclo del riciclo, e ti ha proposto un colloquio conoscitivo.»

Bevo una sorsata di caffeina pura e annuisco.

«Tutto questo, dopo neanche due giorni dall'incontro ravvicinato con l'erede. E, visto l'orario della chiamata, come primo incarico della settimana.»

Di nuovo, faccio di sì con la testa.

«E suddetto colloquio avverrà tra circa un'ora e qualcosa.»

«Mmm, mmm» mormoro, addentando un cornetto riscaldato al microonde.

«Be', devo dirtelo, Melissa: mi sa che la faccenda dell'archiviare non sta andando come speravi.»

«Ma davvero?» Deglutisco un boccone e ripeto: «Non ci posso credere».

«All'occasione che ti è capitata? Perché lo sai qual è il motivo della chiamata.»

«Certo che lo so. Mister MarsTech, non pago della performance di venerdì sera, ha deciso di portare il delirio di onnipotenza al massimo livello.»

«Oppure mister MarsTech è rimasto sinceramente colpito, ha fatto recuperare il tuo curriculum dal macero assicurato e ti sta dando l'opportunità di presentarti al responsabile del personale.»

Dovrei essere felice, immagino. È ciò che ho desiderato negli ultimi mesi. La possibilità di mettermi in gioco e dimostrare il mio valore. Per costruire qualcosa che mi faccia sentire fiera di me, realizzata.

«Ma non così, Sabry. Non così.»

«Intendi, non dopo aver colpito Stefano Marte con le tue brillanti idee?»

«Se vogliamo chiamarle *idee*...»

«Scema. Okay, forse le sue intenzioni non sono nobili. Chi se ne frega delle sue intenzioni. Quello che conta è che potresti avere il lavoro che vuoi. Qualcosa che desideri da sempre.»

«Ma non perché il Principe Delegato si sveglia la mattina e decide di giocare al gatto e al topo. Metti che il colloquio sia per un posto di lavoro. E poi? Lui sarà il mio capo? Dopo che mi ha beccato con le mani nel suo programma, che mi ha apertamente mentito e che mi ha infilato la lingua in bocca? Per niente imbarazzante.»

«Melissa» sospira la mia coinquilina. «Sei mesi fa hai rinunciato alla svolta della tua vita per un deficiente. Vuoi rifare lo stesso errore per un... *trascorso* con un tizio che nemmeno conosci?»

«Quindi dovrei accettare. Se mi proponessero una selezione dovrei dire di sì, ignorando l'unico motivo per cui mi hanno chiamata, ovvero l'erede che ha fatto qualche chiamata.»

Sabrina allarga le braccia. «Con sincerità? Chi se ne frega. Tesoro, l'etica è meravigliosa e sono fiera dei tuoi dilemmi. Ma non sei tu a dovertene occupare. Tu non hai infranto nessuna regola. E non puoi farti carico delle questioni altrui solo perché hai un cervello pensante. Devi solo dare una risposta onesta alla domanda: per una volta, voglio approfittare del fato favorevole?»

«Ti prego, basta con la storia del "per una volta". Ormai i miei "per una volta" si sono moltiplicati più di un virus con contagio a diffusione aerea.»

«Però il colloquio l'hai accettato.»

Certo che l'ho accettato. Quando la responsabile delle Risorse Umane di un'azienda in cui brami di lavorare ti chiede se sei libera, la risposta affermativa è d'obbligo. Solo in seguito ti permetti di far pascolare le paranoie.

E comunque, stando alle parole di Lucilla Grandi, è solo una *chiacchierata conoscitiva*. E, finché rimaniamo dentro il confine dell'ipotesi, tutto sommato posso permettermi di sondare il terreno.

Scosto la tazza di caffè e cerco di adottare il punto di vista della mia coinquilina. «Diciamo che mi è solo stata aperta la porta. Varcarla e concludere sono compiti miei.»

«Giusto.»

«Quello che succederà al colloquio sarà una *mia* responsabilità. Sta a me dimostrare che merito una *chance*.»

Pronunciarlo a voce alta acquista più senso che rimuginato nel cervello.

Dieci minuti più tardi sono davanti al mio armadio, composto perlopiù da T-shirt a stampa veicolanti i più disparati messaggi nerd. Riesumo un vestito comprato per la cresima di una mia cuginetta ormai maggiorenne e lo indosso;

con i capelli sistemati dietro le orecchie e il cerchietto, sembro un'educanda inglese appena evasa dal riformatorio per sole fanciulle.

Prendo il treno e la metro, vengo sballottata da un vagone all'altro e in quasi cinquanta minuti raggiungo la sede centrale della MarsTech, un palazzone moderno fuori Milano protetto da un imponente cancello automatico.

Stringo le dita attorno alla tracolla della borsa del portatile, dentro cui ho ficcato il curriculum aggiornato, e avanzo a piedi nella soleggiata strada privata.

La guardia giurata, nella cabina, mi tiene fissata finché non mi avvicino.

«Sono Melissa Neri, devo lasciare un documento? Ho un appuntamento con...»

«Avanti, signorina Neri. È attesa.» L'uomo preme un pulsante e il cancello scorre cigolante sui binari.

«Oh» mormoro. «Grazie.»

Attraverso un giardino curato, con erba tagliata alla perfezione e isole fiorite, e raggiungo le porte scorrevoli a vetri. La hall è ampia e luminosa; un bancone di legno chiaro corre lungo la parete, di fronte sono disposti pregiati divanetti per gli ospiti e in fondo si intravede un'aiuola acciottolata con tanto di alberi veri che ricorda un delizioso giardino d'inverno. A quanto pare, l'impero MarsTech considera le spese ornamentali una parte significativa del budget annuale.

Mi avvicino alla reception e fornisco le credenziali alla segretaria, che mi fa accomodare in attesa di Lucilla Grandi. Ma sono così tesa che non riesco a star seduta per più di venti secondi consecutivi. Mi alzo e tamburello le suole delle scarpe a terra. Controllo il curriculum aggiornato e mi sento fuori posto come una fan di *Star Trek* capitata per sbaglio a una convention di *Star Wars*.

Mio malgrado, sono nervosa. *Molto* nervosa.

Un po' per il colloquio, uno dei colloqui più importanti

della mia arrancante carriera. E un po' perché mi trovo nella sede nemica, nel *suo* territorio naturale.

Riesumo dalla memoria il rassicurante mantra di vita di mia nonna paterna, quello del pesce che dorme, e mi impegno per farlo mio. Quindi riordino le idee, e cioè: arrivata a questo punto, farei bene a pescare senza tante proteste, dal momento che il laghetto in questione si trova in un'area protetta raramente accessibile. In poche parole, la cosa migliore è ignorare ogni dettaglio che stride – e qui ce ne sono una quantità sufficiente a pensionare il concetto di coincidenza – e cogliere l'inaspettata possibilità.

Le porte dell'ascensore si aprono e io sobbalzo, temendo di scorgere Stefano Marte in persona. Invece si avvicina una donna di mezza età, con i capelli neri corti su un volto da cinquantenne sbarazzina, che mi accoglie con un sorriso affettato e una vigorosa stretta di mano.

La seguo nell'ascensore e, sei piani più in alto, entriamo in un ufficio angolare a vetrate che potrebbe essere inserito in un qualsiasi grattacielo di lusso di New York. Lei si accomoda dietro la scrivania di legno scuro, io le siedo davanti e appoggio le mani sulle ginocchia. Che stanno tremando.

«Mi scuso per il breve preavviso, sono molto contenta che sia riuscita a raggiungerci. Come forse sa, stiamo ampliando l'organico tecnico della nostra linea di punta e abbiamo pensato di contattarla in merito.»

Annuisco, come se potessi davvero esserne a conoscenza. Quindi estraggo strategicamente il curriculum semivuoto, sintonizzo la voce su Tono Professionale e premo play su Discorso da Colloquio.

«Be'» mi schiarisco la voce. «Mi sono sempre interessata di programmazione a oggetti. Sviluppo soprattutto in Java, ma mi sento stimolata ad apprendere nuovi linguaggi. Ho esperienza come progettista indipendente e sono desiderosa di imparare e di poter crescere professionalmente. Apprezzo anche il lavoro in gruppo, perché credo che sia proficuo fare tesoro delle esperienz…»

La risatina di Lucilla Grandi mi interrompe. «Va bene, signorina Neri. Non è necessario.»

«Prego?»

«Dico, non è necessario.»

Prende un plico di fogli dal raccoglitore a sinistra e lo stende tra di noi.

Il battito del cuore rimbomba nella scatola cranica, sulle tempie. La vista mi si annebbia. È per questo che impiego un attimo in più a decifrare il significato delle lettere fluttuanti che compongono le parole "Contratto" e "Tempo determinato".

Gesù.

È peggio di quanto m'immaginassi.

«Vorremmo proporle la posizione aperta.»

Boccheggio.

Deglutisco.

Poi un'altra volta.

Lo shock dev'essere contagioso, perché Lucilla Grandi si prende qualche secondo prima di chiedermi con voce incerta: «Posso illustrarle i termini del contratto?».

Vago con sguardo vuoto sulle venature del ripiano della scrivania, sul panorama fuori dalla vetrata, sui fogli del mio curriculum.

«Nel caso non siano di suo gradimento, possiamo trovare un compromesso.»

Cerco un lavoro che superi la soglia della decenza da mesi e ora mi viene proposto un contratto regolamentato di lavoro dipendente. Nella mia fantasia, dovrei sentirmi al minimo galvanizzata e felice. Non poniamo limiti al massimo.

Ma la verità è che non provo niente.

Perché non è Lucilla Grandi a propormi un contratto. È

Stefano Marte. Sono qui solo grazie a lui. Il lavoro ce l'ho solo grazie a lui.

«Signorina Neri?»

«No, sì, ci sono» rispondo. «Mi illustri pure i punti fondamentali.»

Mezz'ora più tardi, che ho trascorso senza ascoltare una parola, infognata nel districarmi nella scelta più semplice e al contempo più complicata da quando ho rifiutato il dottorato nel Regno Unito, la responsabile delle Risorse Umane finisce di prodigarsi in spiegazioni e io mi sento ebbra di parole e troppo sobria.

«Non voglio metterle fretta, signorina Neri, ma stiamo cercando di coprire il posto con una certa urgenza. Naturalmente può prendersi un po' di tempo per considerare l'offerta...»

Potrei prendermi tutto il tempo del mondo, ma la questione è che non riuscirei comunque ad avere la sicurezza che sia la scelta giusta. Se accettassi, potrebbe non funzionare. Ma, se rifiutassi, mi precluderei anche la misera probabilità di successo. È un'occasione davvero ghiotta, una seconda inaspettata occasione che forse non mi capiterà mai più. Lo so io e lo sa anche Stefano Marte.

Ma cosa importa ciò che pensa lui? È un *big boss*. Probabilmente lo incrocerei solo in circostanze limitate. E, comunque, non posso ricadere nello stesso errore. Almeno stavolta, voglio essere egoista e scegliere ciò che è meglio per me e per il mio futuro.

«Accetto.» Di primo acchito la mia voce sembra appartenere a un'estranea. Non credo nemmeno di averlo pronunciato, ma poi mi ritrovo ad aggiungere: «Posso iniziare anche domani.»

Ecco. L'ho detto. Fine delle paranoie.

Non era poi così difficile.

La responsabile rilassa le spalle. Le do i miei documenti e

in una manciata di minuti la procedura di assunzione è terminata. La mano suda sulla penna stilografica, quando appongo la mia firma in duplice copia.

Anch'io sto tremando. Sono stordita e rintronata dal repentino cambiamento di rotta. Da quello che significherà lavorare qui dentro.

«Le ruberò solo un altro po' di tempo per mostrarle il suo ufficio. Per quanto riguarda gli aspetti tecnici, verrà ragguagliata dal suo diretto superiore.»

Lucilla e io lasciamo l'ufficio e io la seguo nell'ascensore.

«Ah, sarà felice di sapere che sarà inserita in un team di lavoro. Sono molto affiatati.»

Sono felice. Certo.

Ho un lavoro. Ho un *lavoro*.

La strada finora è stata in salita, e ho il sentore di dovermi impegnare almeno il doppio degli altri per dimostrare che non sono una raccomandata e che valgo davvero qualcosa, ma tutto sommato, Stefano Marte a parte, sono curiosa di intraprendere quest'avventura. Di conoscere i nuovi colleghi. Magari me la sto immaginando catastrofica, e invece sarà molto meglio del previsto.

L'ascensore si ferma al quinto piano e le porte automatiche si aprono di fronte a un gruppetto di uomini, che entrano conversando.

«Buongiorno» li saluta Lucilla. «Signor Marte.»

Senza volerlo, lo cerco con lo sguardo. È in completo anche oggi e sta confabulando con un signore di mezza età con il cranio rasato e degli occhiali quadrati. E io che speravo che l'avrei rivisto sì e no nel disegno dell'organigramma aziendale.

Mi acquatto sul pannello di finto legno e mi nascondo dietro le spalle di un corpulento signore. La mia professoressa di scienze delle scuole superiori, in una lezione, aveva paragonato l'ippocampo a una specie di bibliotecario che con il suo grande libro degli indici è l'unico organo capace di individuare nei meandri della memoria il ricordo esatto di cui abbiamo bisogno. Ebbene, credo che il mio bibliotecario cerebrale vada assolutamente licenziato. Solo a sentire il nome di Stefano Marte, infatti, l'infingardo rispolvera il nostro primo incontro e me lo proietta davanti a mo' di cinema dell'oratorio.

Stefano interrompe il signore con un cenno della mano.

«Lucilla.» La sua voce è piacevole come la ricordavo. Musicale, bassa, profonda. «*Melissa*.»

Pronuncia il mio nome con una sorta di compiacimento tipico dei maniaci del controllo.

Bravo, sai il mio nome. Bravo, sono appena diventata una tua dipendente. Delle grandi vittorie, complimenti.

Sporgo con la testa da dietro il gomito del mio scudo umano, come un povero micetto di strada appena stanato da un bambino con la faccia ricoperta di melma e una taglierina stretta tra le dita. E me lo ritrovo davanti. Lui, i suoi occhi scuri, il volto che in realtà non presenta tracce di fanghiglia. Sulla taglierina non posso garantire.

«Tutto bene?»

Non so cosa mi prende. Resto zitta, immobile; la versione ipnotizzata del povero micetto incantonato.

È Lucilla a rispondere per me. «Certo, la sto accompagnando nel suo ufficio.»

L'amministratore delegato si prodiga in un sorriso di circostanza, prima di strizzarmi l'occhio. «Spero che i nostri spazi siano di tuo gradimento.»

Stronzo.

Nello stesso istante, le porte dell'ascensore si aprono sul quarto piano. Mi catapulto fuori dall'abitacolo e prendo fiato, mentre l'ignara Lucilla mi fa strada fino a una porta. Riesco a leggere qualche titolo su una targhetta appesa accanto e noto che l'ultimo spazio è stato rimosso di recente.

Poi la porta si spalanca e mi si manifesta il sottomondo in tutto il suo splendore: un openspace fornito di computer, prototipi sparsi, lavagne su cui sono appesi schemi e codici.

Lucilla Grandi sorride. «Signorina Neri, benvenuta nel suo team.»

Noto per prima una donna alta, bionda e longilinea, con lunghe ciglia che contornano felini occhi grigi.

Dietro di lei un uomo di età indefinita è affaccendato con un telecomando, un ragazzo con una camicia a pois sta usando un enorme schermo touch-screen e altri due uomini digitano sincronizzati sulle tastiere collegate a quattro monitor.

Lucilla varca la soglia della stanza con lo stesso spirito di un detenuto in cella e mi introduce all'uomo di età indefinita, che si presenta con una stretta di mano.

«Enzo Castelli, capo progetto. È un piacere averti con noi, Melissa. Abbiamo sentito grandi cose su di te.»

Abbiamo sentito grandi cose? E cosa, di preciso?

«Loro sono Carti e Lanzotti, programmatori.» Indica il duo. «Andrea Russo, responsabile delle interfacce grafiche.» Il ragazzo con la camicia a pois. «E la magnifica Miriam Storti, commerciale.»

«Ehm, ciao a tutti» rispondo, salutando con la mano.

«Quindi, Enzo, posso lasciarla a te, così le spieghi come funziona?» domanda Lucilla, impaziente di rifugiarsi in lidi più sicuri.

Alla faccia che sarei stata inserita in un gruppo cordiale e simpatico. Se persino la responsabile del personale non vede l'ora di darsela a gambe, la situazione non mi sembra così rosea. E infatti il secondo successivo è sparita, lasciandomi da sola nella tana dei leoni.

«Dunque, Melissa,» comincia «non voglio mentirti: il lavoro è un casino e ci saranno giorni in cui la prima cosa che farai, tornata a casa, sarà rovistare nella dispensa alla ricerca di qualcosa per sbronzarti. È per questo che noi lo facciamo in gruppo: abbiamo constatato che un aperitivo fisso a fine orario ci risparmia tempo e fatica.» Sorride, poi torna serio. «Noi siamo un treno che è partito tempo fa, siamo in corsa e non sono previste altre fermate, quindi...»

«Quindi devo saltare su da sola.»

Enzo annuisce. «Il contratto l'hai firmato, posso fornirti un po' di documentazione: è il nostro prodotto di punta per alberghi di lusso. Studialo bene. Affiancherai Carti e Lanzotti, che sono due risaputi rompipalle...»

«Oh, *yes*» conferma Carti – o Lanzotti –, con le dita incollate alla tastiera e gli occhi sullo schermo.

«Ma sono anche preparati e, se offri loro da bere, saranno più predisposti a darti una mano.» Abbassa la voce e mi strizza l'occhio: «Con una Tequila ne prendi uno, con un Moscow Mule l'altro».

«Ti abbiamo sentito, Enzo» protesta Lanzotti – o Carti.

«Sto istruendo la recluta, ragazzi. Niente che vada a vostro sfavore» ribatte. «Miriam, tesoro, hai qualcosa per la nostra Melissa?»

La donna si avvicina manco stesse sfilando sulle passerelle milanesi e io la riconosco. Era al party. La donna nel vestito dorato che stava cercando Stefano Marte assieme a quel signore. E che ho visto in compagnia dei due programmatori. Anche il ragazzo con la camicia a pois era alla festa, nel loro gruppo. Affiatati tra di loro e chiusi con il resto del mondo.

La commerciale mi molla un pacco di campioni di brochure tra le mani e quasi mi fa scivolare la tracolla del portatile dalla spalla.

«Lo so che gli informatici sono tutti *uguali*, ma dovete tenere conto *anche* della confezione, oltre che del vostro prezioso codice. Abbiamo bisogno di un prodotto che risulti *coordinato*.»

Non so bene a cosa si stia riferendo, ma immagino che la mossa consigliata in questo caso sia annuire e accettare il materiale pubblicitario – che, dopo una veloce letta, finirà nel bidoncino della carta.

«Bene, Melissa. Inizi domani e noi abbiamo già abusato del tuo tempo.»

Enzo mi prende sottobraccio e mi conduce fuori dalla stanza. Chiude la porta e siamo nel corridoio deserto, una specie di giungla metropolitana invasa da una sfilza di piante di ficus addomesticate alla semiluce.

Non riesco a dare un senso alla valanga di confusione che mi sta travolgendo. Vorrei fermare anche solo per un secondo lo scorrere del tempo, prendere fiato e ripresentarmi nella realtà con la consapevolezza che adesso mi manca. Invece ho la testa piena di domande e mi rendo conto in ritardo che Enzo si sta rivolgendo a me. E che nella frase compariva il nome di Stefano Marte.

«C-come ha detto?»

«Dammi pure del tu» dice. «So che sei stata reclutata direttamente da lui. Io e Stefano siamo amici e... mi fido della sua decisione.»

Ma non di me?

Spero con tutta me stessa che il *signor Marte* non gli abbia raccontato come mi ha reclutata. Anch'io avrei dei dubbi su di me, in quel caso – e anche in generale, ma in quel caso sarebbero garantiti.

«Uhm. Capisco.»

«Ma questo non significa che ci saranno degli sconti, Melissa.»

Sembrerebbe una frase intimidatoria, lanciata apposta per spaventare e far rigare dritto il neoassunto di turno. Invece sentirla mi toglie un peso dallo stomaco.

Esatto, non ci saranno sconti. Non ci devono essere. Il che significa che, forse, non sono stata assunta perché sono la prima programmatrice raccattata dentro una vasca idromassaggio. A una prima occhiata, il lavoro mi sembra impegnativo, considerata l'atmosfera tesa dell'ufficio. È un lavoro che richiede il massimo.

E io sono pronta a darlo.

«Va bene, Enzo» rispondo. «Puoi contare su di me.»

Dopo che lui è tornato in quello che da domani sarà anche il mio ufficio, mi trascino sulla metro con la testa che mi esplode, incredula di quanto una manciata di ore e una sequenza di circostanze casuali possa letteralmente cambiare il corso degli eventi.

Il primo giorno è esattamente in linea con tutti i primi giorni di lavoro. Tremendo. Spaventoso. Orribile.

Mi alzo puntuale ma il ritardo lo accumula al mio posto il treno; mi presento in sede cinque minuti dopo l'inizio dell'orario, attirando le occhiate nere del duo di programmatori – non capisco quello che borbottano, anche se colgo le parole "novellina" e "presto licenziata".

Nonostante abbia trascorso il pomeriggio precedente a studiare il malloppo che mi ha fornito Enzo, non ho immagazzinato nemmeno il venti percento delle informazioni necessarie. Sfoglio pagine e pagine virtuali, ma è chiaro che avrei bisogno di una mano e che non ho scorte di alcolici da barattare.

Enzo arriva tardi, ci aggiorna sullo stato di una riunione cui ha appena partecipato e conferma le "notizie ufficiose rilasciate in precedenza". Gli altri approvano con un batticinque, io indosso il sorriso di circostanza in attesa che qualcuno mi aggiorni.

Nessuno lo fa.

In compenso il capo progetto mi chiede se va tutto bene, non ascolta la mia risposta, si stropiccia il viso con le mani ed esce verso un'altra riunione programmata. Ha l'aria di essere esausto. Aspetto che non condivide con la bellezza ultraterrena che varca la soglia del sottomondo poco dopo di lui: Miriam ha la pelle fresca, il trucco perfetto e indossa un tubino arancio che farebbe sembrare chiunque altro una carota spelacchiata. Mi saluta con la voce strascicata e trascorre la mattina tra telefono, cellulare ed e-mail.

In pratica, mi sembra di essere stata catapultata in una società distopica dove tutti sono stati programmati per adempiere al loro dovere assegnato dall'alto e io sono l'unica senza innesto e senza istruzioni, che non ha idea di cosa fare e tantomeno di come uscirne. *Spoiler alert*: di solito le mosche bianche, nelle distopie, vengono ammazzate dal corrispettivo di una paletta killer.

Ma si tratta del lavoro che ho sempre desiderato, quindi mi faccio forza, mi concentro e resisto fino alle sei. Nel pomeriggio finalmente mi ritaglio dieci minuti con il capo progetto e riesco a capire cosa devo fare: il mio compito è implementare un protocollo di comunicazione proprietario, secondo delle linee guida stampate su carta intestata. Mi basta una veloce letta per accorgermi che sono basate su quanto io e il signor Marte ci siamo detti venerdì sera, dentro la vasca.

Dunque, tutto sommato, l'idea gli è piaciuta. Tanto da farmi assumere, a quanto pare.

I due giorni successivi trascorrono uguali al primo, con la differenza che la mia ansia ha intrapreso una discesa progressiva. Credo che il miglioramento sia dovuto al fatto che, dopo il breve incontro in ascensore, non ho più incrociato mister MarsTech. Se non fosse che porta lo stesso cognome dell'azienda per cui lavoro, potrei quasi dimenticare di averlo conosciuto.

Il terzo giorno dalla mia assunzione mi sto recando nella mensa interna, una specie di adorabile bistrot che non sfigurerebbe tra i locali chic della zona Brera, quando Miriam

Storti mi prende sottobraccio, distanziandomi dagli uomini del gruppo.

«Allora, Melissa! Ti piace qui? Voglio dire, per quello che hai *visto*.»

«Certo. È un ambiente molto interessante.»

«Oh, sì» conviene Miriam. «Qui è tutto *molto* curato, sai...»

Lancia un'occhiata alla mia maglietta. La guardo anch'io.

È una T-shirt a stampa. La stampa recita: *Trust me, I'm an engineer*. Fidati di me, sono un ingegnere. Insomma, è simpatica. È anche colorata!

«Comunque.» Ordina un'insalata e mi piazza tra le mani un vassoio. Io prendo un piatto di pasta e una bottiglietta d'acqua. «Quando presenteremo il progetto, ci sarà un *dress code*. Capito?»

Come no.

«Cioè, non che Antonio fosse un tipo raffinato» continua, fermandosi davanti alla mia espressione confusa. «Antonio? Il programmatore del nostro team che hai *sostituito*?»

Okay. Quindi ho sostituito tale Antonio, che non era un esempio di eleganza. Spero non sia il motivo per cui l'hanno cacciato.

«Che dico, *certo* che hai presente. Senti, devi togliermi una curiosità.»

Abbassa il tono di voce e controlla guardinga che nessuno la possa sentire, cosa abbastanza difficile visto che siamo in piedi in mezzo al bar frequentato da tutti i colleghi.

Per un attimo, mi chiedo se anche il *signor Marte* mangi lì, ma scaccio subito il pensiero. Tipi come lui non mangiano con i dipendenti. Al massimo si nutrono in qualche ristorantino raffinato dove se non lasci una cospicua mancia vieni espulso per sempre.

Miriam mi trascina a un tavolino per due accostato al muro e comincia a spiluccare la sua insalata. «Allora, Enzo mi ha confidato che ti ha scovata lui. È da *tanto* che vi conoscete? Voglio dire, cosa siete, amici d'infanzia, conoscenti...»

Non ho bisogno di suggerimenti per capire di chi sta parlando.

«Guarda, a dir la verità...»

«Ho capito» taglia corto lei. «Ti ha chiesto di non rivelare niente. Sia chiaro, comprendo benissimo. È che, sai, è stata una sorpresa *trovarlo* nel nostro ufficio, lunedì mattina, per dirci che saresti arrivata tu.»

Aggrotto la fronte. «Scusa, quando sarebbe successo?»

«Come quando? Lunedì, quando ci siamo presentate. Un paio d'ore prima, forse?»

Stronzo arrogante.

Ha spacciato per certa una decisione che dovevo ancora prendere. E mettendoci pure la faccia con i suoi subordinati, perché tanto era schifosamente sicuro che avrei accettato. Sarei tentata di tornare indietro nel tempo e rifiutare il lavoro, solo per togliergli la soddisfazione.

Nel pomeriggio, studio della documentazione del protocollo nell'openspace. A fine giornata gli altri escono per il consueto aperitivo di gruppo in un bar della zona e io mi unisco. Non ne ho molta voglia ma so che devo impegnarmi per andare d'accordo con loro, se voglio integrarmi. E poi Sabrina mi ha rubato le chiavi dell'appartamento e non rincaserà prima delle nove.

Tutto sommato, comunque la bevuta è proficua. Apprendo, nell'ordine, che Enzo è in stretti rapporti con il *big boss*, alias l'uomo del mistero, alias Stefano Marte, e la loro amicizia procede a gonfie vele dai tempi dell'università. Che Carti e Lanzotti pensano che non durerò più di due mesi. Che Andrea è un tipo a posto e può procurarmi degli sconti sulle tolettature per gatti – il fatto che non possegga un gatto pare un dato irrilevante. Che Miriam odia le mie T-shirt a stampa, mentre adora: il cinema d'essai, il cibo francese e i vini spumanti.

Quando torno a casa, faccio un giro di telefonate ai miei studenti per spostare le ripetizioni al sabato, visto che non me la sento di mollarli a pochi passi dal recupero di settembre. Mi addormento con il portatile sulle gambe, di fronte a un vecchio episodio di *Homeland* in cui Carrie e Brody si rintanano nella baita di famiglia di lei e trascorrono una notte meravigliosa – mentre cercano di fregarsi a vicenda.

Il giorno dopo arrivo alla MarsTech più motivata, un po' per l'aperitivo di consolazione e un po' perché il compito che mi ha assegnato Enzo – o che mi sono assegnata da sola, se vogliamo vederla in termini più ampi – mi intriga molto. Tra Miriam che si arrabatta nelle pubbliche relazioni, Carti e Lanzotti che ticchettano furiosi sulle tastiere, Andrea che fa la spola tra il suo computer e l'ufficio principale di Enzo, l'openspace è immerso in una confusione strampalata che mi risulta già familiare. Quasi piacevole, se non fosse per uno dei dieci telefoni di Miriam che continua a trillare senza tregua.

«Giuro che tra due secondi rispondo io e mando a fanculo chiunque stia chiamando!» sbraita Lanzotti.

«*Caro*, non è uno dei miei!» si premura di strepitare Miriam.

«E allora chi... non mi dire, la nuova? Neri, è colpa tua?»

Per quanto mi risulta, sopra la mia scrivania potrebbe giacere sepolto il manoscritto originale di *Harry Potter*. Sposto carte, plichi rilegati, libri documentativi, l'involucro vuoto di un paio di snack e la tastiera e alla fine scopro di possedere un cordless squillante.

«Signorina Neri?» dice una voce sottile, dall'altro capo. «Potrebbe salire all'undicesimo?»

Deve essere una specie di codice di cui nessuno mi ha messo al corrente.

«Ehm, mi scusi?»

«È attesa nell'ufficio del signor Marte» prosegue. «Con urgenza.»

Cinque

Ammetto che le convocazioni non le avevo considerate, all'atto della firma del contratto. E questo certo non depone in favore del mio spirito critico.

D'altronde, davo per scontato che nobiltà e plebe si incontrassero solo in occasioni speciali come il Gran Ballo e cose simili. E non durante l'orario di lavoro, mentre io dovrei essere impegnata a recuperare una montagna di materiale arretrato e lui dovrebbe essere impegnato a… non so, a mandare avanti l'azienda in nome del fatturato annuo.

Per un attimo considero di non andare, ma poi mi riscuoto. Questo non è il mio territorio e non posso giocare secondo le mie regole.

Attraverso l'openspace come un fantasma, confidando che nessuno mi chieda perché stia abbandonando il fortino. Non ci sarebbe niente di male nel confessare la mia meta, ma per qualche ragione sono portata a credere che il malefico duo la troverebbe una fonte inestimabile di gossip – gli uomini e il gossip? Un rapporto clandestino ma solido, è un'informazione di prima mano.

Entro nell'ascensore e premo il pulsante dell'undicesimo piano. Durante il tragitto percepisco un inizio di tachicardia e un'agitazione anomala che coinvolge un numero imprecisato di organi interni, chiari sintomi circostanziali che non presagiscono nulla di buono.

Le porte automatiche si aprono su un corridoio di parquet lucido che ospita un lungo bancone. Dietro fa capolino una segretaria di mezza età, forse fautrice di una petizione online contro gli stereotipi sulle segretarie visto che non porta gli occhiali, indossa un completo gessato molto raffinato ed è accogliente quanto una ghiacciaia per arti smembrati.

«Prego, signorina Neri. Il signor Marte la attende.»

Mi fermo davanti a una porta di mogano, imponente e socchiusa. Inspiro, ricordo a me stessa che ho accettato questo lavoro perché ne ho bisogno e non posso gettarlo alle ortiche al quinto giorno, ed entro.

L'ufficio di Stefano Marte è gigantesco e sovrasta mezza Lombardia. Il design è pulito ed essenziale, con mobilio scuro moderno, tappeti rasi chiari e piante. Piante ovunque.

Avanzo nella sede distaccata della foresta pluviale e lo vedo.

È seduto alla scrivania, concentrato su un plico di fogli. Sta tamburellando sul ripiano con il tappo di una biro e non sembra nemmeno accorgersi della mia presenza, cosa che mi lascia il tempo di osservarlo meglio. Come se guardarlo la prima volta non avesse provocato abbastanza conseguenze.

Mi schiarisco la voce, imponendomi morigerato contegno.

«Signor Marte.» Distaccata, formale. Brava. «Voleva vedermi?»

Lui alza gli occhi dai fogli e scoppia a ridere.

«Signor Marte? *Signor Marte*? Sul serio?»

Mi mordo la lingua, ripetendo il mantra.

Ho bisogno di questo lavoro.

Non posso mandare al diavolo l'unico erede della MarsTech.

«Mi sembra appropriato, viste le circostanze.»

Ora, il suo ruolo lo pone di fronte ogni giorno a squali molto più scafati di me, ergo il mio tono sostenuto deve risultargli una pallida imitazione tratta dalla recita scolastica di terza media.

«Viste le circostanze» ripete, alzandosi.

Anche oggi è elegante, anche se ha azzardato un paio di jeans scuri al posto dei pantaloni. Immagino che il giorno in cui lo vedrò in bermuda e maglietta potrei addirittura scambiarlo per qualcun altro – e sì, è un modo di dire. Non voglio assolutamente vederlo in T-shirt o tantomeno in bermuda.

«A dir la verità, le circostanze segnalano un deficit da caffè. Ne sa qualcosa, signorina Neri?»

«Mi hai chiamato qui per bere un caffè?»

«Sì, ma anche farti tornare al "tu" mi sembra un buon traguardo raggiunto.»

Quest'uomo mi farà uscire di testa.

«Non puoi sprecare del tempo sul lavoro per prendere un caffè con me» lo riprendo. «Sei l'amministratore delegato!»

Lui si siede sul ripiano della scrivania e appoggia i palmi delle mani sulla superficie di mogano. È rilassato. Molto rilassato. Mi domando quante volte abbia convocato una dipendente per "prendere un caffè". Non che l'informazione mi interessi. È una pura questione statistica.

«Credevo che Lucilla ti avesse illustrato l'organizzazione aziendale» continua, con un luccichio divertito negli occhi. «In quel caso, sapresti che l'amministratore delegato è Guglielmo Soli e che io sono il *Chief Technology Officer*, altrimenti detto responsabile tecnico.»

Confessare che durante la spiegazione di Lucilla Grandi mi stavo interrogando su quale parte di venerdì sera sia stata preponderante nel condurmi nella sede della MarsTech non mi pare davvero un'opzione, così dico: «Sì, be', è comunque un ruolo direttivo.»

«E quindi?»

«Quindi, non ti pare che stiamo perdendo tempo?»

Lui si porta una mano al cuore, simulando un dolore che non gli appartiene.

«Assolutamente no. Sono un grande sostenitore del metodo World Café. Le idee migliori nascono di fronte a un tavolino con del caffè sopra, è una tesi ormai dimostrata.»

«E le idee peggiori proliferano nelle vasche da bagno.»

Se l'ho offeso, lui non lo dà a vedere. «Il contrario, semmai.»

«Infatti, voglio dire, è stata un'intuizione così brillante farmi assumere perché venerdì sera sono scappata via! Voglio anche complimentarmi per il colloquio: una tecnica davvero encomiabile, congratulazioni.»

Bene. Il morigerato contegno mi ha mollato. I buoni propositi quali il mantenimento del posto del lavoro stanno per essere frantumati in tre, due, uno. *Boom*.

Stefano incrocia le braccia.

«Però, Melissa. Sei un treno in corsa anche senza alcol.»

«Non ero ubriaca!»

«No, infatti. Altrimenti non ti avrei mai baciata.»

Il sangue affluisce sulle guance mentre io medito di gettarmi dalla finestra senza bungee jumping. Non so se sentirmi più indignata o più... no, solo indignata.

«Oh, perfetto. Grandioso! Hai appena inventato un nuovo tipo di alcol test. Ti consiglio di brevettarlo prima che qualcuno ti rubi l'idea!»

Stefano si alza dalla scrivania. Credo che si stia per arrabbiare, invece persiste con il suo essere vagamente sorridente e vagamente irritante. «Che tu ci creda o no, è stato uno dei migliori colloqui che io abbia mai condotto.»

«Ottimo» proseguo. «Grazie per la dritta. La prossima volta ci metterò più lingua, secondo il principio del "meglio abbondare". Che ne pensi?»

Ho esagerato. Lo so.

Non è più l'uomo di venerdì sera. È il mio capo e io sono stata esagerata e fuori luogo. Esagerata, emotiva e fuori luogo. Il secondo successivo mi sto già vergognando tantissimo e sto considerando che non avrei dovuto accettare il lavoro. Se continuerà su questi binari, due mesi saranno una prospettiva oltremodo ottimistica. Ma le parole "dottorato" e "Regno Unito" lampeggiano come una spia a intermittenza, ricordandomi che non posso lasciare che un uomo mi induca a rovinare tutto, di nuovo.

«Senti» lo anticipo, recuperando la calma. «Non avrei dovuto parlare così. Mi dispiace e ti chiedo scusa.»

Lui mi fissa in silenzio.

«Sarebbe stato più facile se mi avessi detto subito chi eri. Mi sarei comportata in modo diverso. E adesso non saremmo qui a...»

Sulla sua faccia si intervallano una decina di espressioni diverse. Non so se prevarrà di più quella da "come osi parlarmi così" o quella da "che cazzo dici". Ne esce un misto di indignazione generale che mi costringo a ignorare.

«Comunque, quello che voglio dire è semplice. Ho accettato questo lavoro perché mi piace molto. E perché ne ho bisogno. E non ho intenzione di lasciare che qualsiasi cosa sia successa quella sera... Non voglio che sia un motivo per mettermi in difficoltà.»

«Okay.»

«Okay?»

«Okay, mi sono sbagliato su di te» risponde. «Insomma, immaginavo che avessi dei pregiudizi, ma non credevo che ne fossi così piena, tanto da pensare che userei venerdì scorso per metterti in difficoltà. Caspita, sono lusingato.»

Mi mordo le labbra, presa alla sprovvista dal suo tono sincero.

«E, dimmi. Se mi fossi presentato, avresti programmato

con me? Mi avresti parlato sinceramente? Ti saresti stesa nella vasca e avresti proposto il furto di una bottiglia di spumante?»

«Logico che no, saresti stato il diretto interessato del furto!» sbotto. «Ma questo non giustifica che tu mi abbia riempito di palle. Assunto da due anni... normale programmatore... Nessuna pressione aziendale...»

Lui stringe le labbra. «Quindi, vedi? Tesi dimostrata. Ho fatto bene a comportarmi così.»

«Sì, se con bene intendi "faccio quello che voglio e lo spaccio come un win-win per tutti".»

Stefano Marte sorride, ironico. «Ma questo *è* un win-win per entrambi.»

«Ah, sì? E in che modo, di grazia?»

«Semplice. Tu hai un lavoro, io ho una programmatrice in più. Non era quello che desideravi?»

«Ma non così!» protesto, a vuoto.

«Se ti riferisci alle presentazioni mancate, nemmeno tu mi hai detto come ti chiami, ma non mi sembra di essermi risentito in proposito.»

«No, infatti. Hai solo ordinato a qualcuno di setacciare i curriculum dei candidati per il reparto informatico. Durante il weekend.»

Stefano scuote il capo, con la tranquillità di un guru indiano in meditazione.

«I curriculum li ho visionati io.»

Quasi mi strozzo. «*Cosa*?»

«Considerato che non avevo un nome, mi sono basato sulle fotografie.»

Ha visionato montagne di curriculum nel weekend. Mentre io me ne stavo in panciolle sul divano, lui stava visionando curriculum. Per cercare il mio.

All'improvviso, *CSI* mi sembra una favoletta per bambini non aderente alla cruda realtà. È uno *stalker*. Adesso mi comprerà un cellulare con il quale controllare se mi nutro con pasti regolari e mi piazzerà un segnalatore GPS sull'automobile. Grazie al cielo, non ho un'automobile.

«Okay, mi sto preoccupando.»

Stefano si passa una mano tra i capelli, sbuffa. Se non avessi un'idea piuttosto chiara del tipo, azzarderei che è a disagio.

«Capisco che per te sia un ambiente nuovo, ma non mi sembra di aver agito in modo scorretto. Lascia da parte la parentesi personale, per un secondo. Ti ho vista all'opera. Mi hai illustrato un protocollo convincente. Io avevo un posto libero nell'organico e tu mi sei sembrata in gamba. Ma non mi hai lasciato né un nome né un numero di telefono, così ho cercato i tuoi recapiti nel curriculum. E il curriculum ce l'hai mandato tu.»

Raccontata così sembra un'altra storia, secondo la regola generale per cui a ogni voce narrante corrisponde una versione diversa.

«Ora, come saprai, esiste un periodo di prova in cui entrambe le parti possono recedere il contratto senza preavvisi. Se ritieni di non poter lavorare qui con serenità, puoi tirarti indietro in ogni momento nei prossimi quattro mesi.»

Elaboro il suo improvviso discorso professionale con una certa difficoltà. E poi capisco.

«È per questo che mi hai fatta chiamare? Per archiviare venerdì come un incidente di percorso?»

«Non considero nemmeno gli errori degli incidenti di percorso, figurarsi se può rientrare nella definizione qualcosa che... Comunque sì, è uno dei motivi. Come avrai notato, all'inaugurazione non eri l'unica a essere in uno stato *particolare*. La situazione mi era un po' sfuggita di mano.»

Se gli standard di normalità sono la presente compostezza, la situazione gli era decisamente sfuggita di mano.

«Mi sembra appropriato per entrambi continuare un

rapporto professionale senza strascichi insoluti. Il mio desiderio è che possiamo lavorare insieme. E non vedo motivi per cui non possiamo farlo.»

Superare la "vasca da bagno". È esattamente ciò che voglio. Essere qui per merito. Guadagnare il mio posto. Non avere legami personali con l'erede al trono.

«Sono d'accordo. Come ti ho già detto, tengo molto a questo lavoro.»

«Bene. Ho chiarito i tuoi dubbi?»

Dottorato.

Regno Unito.

«Certo. Mi fa anzi piacere che la pensiamo allo stesso modo.»

Lui arriccia le labbra e sfoggia un sorriso impertinente. «Quindi ora possiamo prendere quel caffè insieme, Melissa?»

«Oh be', immagino che...»

Prima che possa terminare la frase, chiude la discussione afferrando la cornetta del telefono e componendo una chiamata rapida.

Indica i due divanetti a fondo sala che attorniano un tavolino basso, nello sfondo di un esercito di piante plumerie. Come venerdì sera mi circonda le spalle con il braccio, senza toccarmi. Mi ritrovo a camminare per mantenere una distanza minima e, quando mi siedo su una delle due poltroncine, tiro un sospiro di sollievo.

Segue un breve momento di imbarazzo, in cui ci raggiunge la sua segretaria reggendo un vassoio con i caffè. Afferro una tazzina di ceramica e giocherello con il cucchiaino, tanto per tenermi impegnata finché lei sparisce nel corridoio.

È strano essere qui. È strano anche che, nonostante la discussione poco piacevole, adesso regni una sorta di pace.

«Allora» esordisco, risistemando la tazzina sul vassoio.

«Il caffè l'abbiamo preso. La questione lavorativa l'abbiamo risolta. Mi avevi convocata per questo, giusto?»

Anche lui posa la tazzina sul tavolino. «Ti ho fatto chiamare perché lunedì parto. E non volevo aspettare di tornare… Insomma, volevo vederti prima.»

La sua confidenza mi costringe a tossicchiare.

A dispetto delle sue parole, lui non fa niente per trattenersi. «Scusa, è che non riesco ancora a rendermi conto che non siamo più dentro quella vasca.»

Per fortuna, penso. Ma mantengo la facciata di cortesia e dico: «Dove vai?».

«Ad Amburgo. Stiamo trattando con una linea di alberghi molto antica per la vendita di un impianto. Io dovrò valutare la fattibilità tecnica della collaborazione. Si ventila anche un possibile ingresso societario, dunque la situazione è abbastanza delicata.»

Sto per domandargli quanti anni abbia per parlare con nonchalance di ingressi societari e fattibilità tecnica come se stesse discorrendo della spesa settimanale, ma lo so già. Sabrina l'ha letto su Google. Ne ha trenta appena compiuti. Trent'anni ed è già pienamente realizzato. Ecco cosa significa condividere lo stesso cognome con il fondatore nonché presidente dell'azienda.

«Però! Di certo non ti annoierai.»

Lui mi lancia un'occhiata stranita. «Credimi, Melissa. Mi annoierò.»

In un attimo mi sembra di essere tornata dentro la vasca e alla confidenza spontanea che si era innestata tra noi. Ripenso al suo comportamento furtivo, al fatto che ha affermato di essere un "fuggiasco" che si è rintanato con me al piano di sopra.

«E tu, invece?» chiede, rilassandosi contro lo schienale. «I primi giorni come stanno andando? Ti trovi bene?»

«Certo. Davvero. Benissimo. Alla grande.»

«Perfetto.» Stefano scrolla le spalle. «E ora, dimmi cosa non va.»

Gli occhioni castani mi indagano, capaci di trapassarmi senza alcuno sforzo. Non sono mai stata una grande bugiarda, ma con lui ogni capacità menzognera si annulla.

«Davvero, niente. Devo solo abituarmi un po' all'ambiente, alle persone. Anzi, devo abituarmi all'idea di dovermi abituare.»

«Cioè?»

«Diciamo che non mi manca il lavoro al minimarket. Né di avere dei giorni senza una sveglia al mattino o di organizzare il mio tempo in base all'andamento dei crampi di stomaco.»

E nello stesso istante mi rendo conto che sì, mi ha mentito, è il classico viziato figlio di papà e forse si diverte a giocare con gli altri come se fossero formiche, però è grazie a lui se posso almeno provarci. Nel bene e nel male, lo devo a lui.

«Te l'ho detto. Ho visto delle ottime potenzialità e mi è sembrato un peccato non approfittarne. Quindi, come ti trovi? Sincera.»

«Bene. Sono tutti nevrotici. Ma un po' lo sono anch'io, quindi non avrò molte difficoltà a inserirmi.»

«Nevrotici» ridacchia. «Sì, sono sotto pressione. Enzo ti avrà spiegato che la consegna è già stata rimandata una volta. E, con un programmatore in meno, non è stato un periodo facile. Per tutti.»

Faccio di sì con la testa, senza sapere bene a cosa sto annuendo.

«Ma sono fiducioso che riusciremo a portarla a termine. Soprattutto con il tuo aiuto.»

«A-ehm» mi schiarisco la gola. «Sì, certo...»

«Come ti ho appena spiegato, Melissa. Ottime potenzialità. In cui io credo.»

Se è la verità, si tratta di una notevole dimostrazione di fiducia, forse la più grande che ho ricevuto da quando sono uscita dall'università e il mondo si è impegnato molto per farmi dubitare di me.

Sono entrata in questo ufficio con la testa piena di idee su quanto lui fosse malevolo e, anche se non ho cambiato idea su di lui come persona, me ne andrò sentendomi quasi grata. O è un affabulatore professionista, oppure io sono stata troppo astiosa e poco obiettiva. O entrambe le ipotesi.

«Farò del mio meglio» mormoro.

«Oh, questo lo so.»

Restiamo qualche secondo in silenzio, incapaci di trovare un altro argomento plausibile che ci trattenga sui divanetti. Il velo d'imbarazzo viene rotto dallo squillo del telefono sulla sua scrivania. Lui si alza, mi fa segno di rimanere comoda. Mentre cammina dandomi le spalle, non riesco a non guardarlo. La camicia infilata nei jeans, la curva del suo sedere sodo.

Stefano, ancora voltato di schiena, dà alcune istruzioni su una procedura. Ne approfitto per studiare l'ambiente. L'ufficio è curato e accogliente, anche se l'eccessivo ordine acuisce l'effetto "sala operatoria". Noto una cornice appoggiata sulla scrivania e il diploma di laurea incorniciato e appeso. La mancanza di oggetti personali è sopperita dalla presenza delle piante, studiate da qualche *interior designer* di fiducia.

«Scusa, Melissa.» Stefano interrompe la mia ispezione, dopo aver riagganciato. «Problemi con un progetto di ricerca. Non abbiamo le autorizzazioni per l'utilizzo di un connettore sperimentale e devo risolvere subito.»

«Ma certo. Figurati.»

«La responsabile che si occupava delle licenze non lavora più per noi e al momento sto coprendo anche quel ruolo.»

Non capisco perché ci tenga tanto a giustificarsi. È l'amminist... è il responsabile tecnico. È logico che sia impegnato. E sappiamo entrambi di aver adempiuto gli argomenti necessari per una pacifica convivenza a distanza.

«Ottimo. Cioè, mi dispiace che tu sia oberato di lavoro, ma capisco.»

Lui mi tende un braccio. «Ti accompagno alla porta.»

Guardo la mano sospesa come fosse un'esca avvelenata per topi selvatici, anche se ormai sono certa che venerdì Stefano Marte fosse in preda a uno scombussolamento passeggero e che la nostra vicinanza sia stata dettata da una congiunzione astrale irripetibile.

Accetto la sua mano e le dita restano impigliate tra le sue: lunghe, da pianista. Ha una presa calda, morbida ma decisa, una di quelle che non vorresti lasciare nemmeno dopo due o cinque minuti.

Dottorato e Regno Unito vengono sostituite da Vasca Idromassaggio e Bacio Da Ripetere, lanciate a oltranza neanche fossero un nuovo hashtag virale di Twitter. Il mio cervello è un cretino.

Siamo quasi alla porta quando lui ritarda i piani di fuga. «Venerdì ho bruciato un record, sai? Erano tre anni che non programmavo.»

«Sul serio? Mi prendi in giro.»

«No, direi di no.»

«Cioè, tre anni? Non programmi da tre anni?»

«Il responsabile tecnico non può occuparsi di tutto.»

«Eppure sei... cioè, vai ancora alla grande. Il modo in cui leggevi la struttura, la sinteticità precisa dei comandi... ma dai!»

È il mio punto debole. Non riesco a non dare la mia opinione – a livello di commentatrice molesta – su due argomenti: l'informatica e le serie televisive.

Lui sorride, un sorriso malizioso che aspettava solo un pretesto per uscire. Non riesce proprio a non sfoggiarlo ogni tot. Deve funzionare a tempo, tipo come una ricarica per il proprio ego.

«Era un complimento?»

«No, era una constatazione oggettiva. E poi EasyMars è una bomba.»

«Grazie» dice, sinceramente colpito. «È mio.»

«Cos... *Davvero*?»

«È stata la mia ultima creatura, poi adottata e portata avanti da Enzo. L'ho sviluppata prima della mia nomina a CTO.»

Sono senza parole.

Senza. Parole.

Pensavo fosse il solito figlio di papà inserito in azienda a non-si-sa-fare-bene-cosa, invece è preparato. No, mi correggo, non è solo preparato. È brillante. Ha costruito una struttura che dopo anni non solo è attuale, ma ancora espandibile e ben lontana dall'essere "morta" – cosa che nell'informatica succede molto più di quanto non si creda.

«Okay, adesso sembri stupita e il complimento di prima ha perso i connotati del complimento. Devo forse offendermi?»

«No!» prorompo. «Sono solo... Wow! Ne sarai orgoglioso!»

Di fronte al mio entusiasmo, Stefano corruga la fronte. «Sì, be', un bel successo aziendale.»

«Un bel successo azien... *cosa*? Cioè, se capitasse a me di inventare qualcosa del genere, non vedrei l'ora di farlo sapere al mondo!»

L'espressione malinconica che mi riserva è fuori posto quanto un paio di scarponi sopra la tavola appena apparecchiata.

«Grazie per il caffè, Melissa» mi congeda. «Buon lavoro.»

Abbassa di scatto la maniglia della porta. Quell'unico gesto mette una distanza tra noi che nemmeno le mie sentenze ai limiti dell'offensivo erano riuscite a piazzare.

«Buon viaggio» rispondo a mezza voce. Ma ormai lui è sparito e io sto parlando da sola.

Esco nel corridoio e mi sembra sia trascorso un secolo da quando sono salita all'undicesimo. Imbocco l'ascensore con una nuova certezza: Stefano Marte non è l'uomo che appare. Mi rimane solo da capire se è meglio di così.

Oppure molto peggio.

Sei

From: leonardo.angeli@hotmail.com
To: melissaneri@gmail.com
Subject: Mi manchi
Attachment: Oslo_Holmenkollen.tiff

Ciao Issa, come stai?
Qui tutto procede abbastanza bene. La vita è tranquilla. Fa ancora un caldo assurdo e la gente gira a torso nudo nei supermercati e sui tram. Ma la cosa non disturba nessuno.
Mi sto lanciando con il norvegese, ma faccio ancora schifo. Però i miei colleghi sono molto carini e cercano di non farmelo notare. In compenso, fanno sempre preparare a me il caffè.
Domenica sono stato con Rolf al Vigeland Park. Era pieno di skateboard e Rolf ha abbordato un gruppo di signore che faceva una specie di pilates. Anche io, come gli autoctoni, mi sono convertito alla griglia. Griglio praticamente tutto. Quando tornerò sarò di diritto il Re del Barbecue, checché ne dicano Pietro e Giorgio. Nessuno a Milano saprà farlo meglio di me.
L'altro giorno sono stato all'Holmenkollen, di nuovo. Credo di andarci così spesso perché mi fa pensare a te. Ero lì quando mi hai chiamato quella sera e mi hai detto che un po' sentivi la mia mancanza. E poi è un panorama bellissimo, dunque è logico che mi faccia pensare a te.

Anche stavolta ho scattato alcune foto con la Nikon che mi hai regalato. A dir la verità, ho intasato il cloud. Comunque, avevo voglia di sentirti e colgo l'occasione per mandartene una.
Al contrario di quello che pensi, non c'è nessuna norvegese. Ci sei solo tu nella mia testa (e non solo). Lo so che ci siamo lasciati, ma il mio appartamento è spazioso. Ho una deliziosa camera per gli ospiti. Insomma, quello che sto cercando di dirti è che, visto che sei ancora disoccupata, potresti venire qui. Non per stare con me. Insomma, non per forza. Ti potrei ospitare per il tempo che preferisci. Potresti cercare lavoro in Norvegia. E intanto vivresti un'esperienza diversa. Non sarei invadente, lo prometto.
Pensaci. Sul serio.
Un abbraccio,
Leo

P.S. Ti ricordi che scendo in Italia per il mio compleanno?

From: melissaneri@gmail.com
To: leonardo.angeli@hotmail.com
Subject: Aggiornamento

Ciao Leonardo.
Da quasi due settimane lavoro in MarsTech. Sono una programmatrice del progetto di punta. Stiamo lavorando molto per una consegna importante e non è il caso che io chieda ferie, né adesso né in futuro. Sono certa che capirai.
Credo sarò impegnata anche durante il tuo periodo in Italia.
Cordialmente,
Melissa

P.S. Sentiti pure libero di frequentare chi preferisci. Colgo l'occasione per avvertirti che io lo sto facendo.

Invio la mail senza rileggerla.

Poi resto mezz'ora davanti al computer, maledicendomi di averlo fatto. Perché gli ho risposto? *Perché*? Ha ragione Sabrina, come al solito. Non si risponde a una chiamata del proprio ex ragazzo. Non si risponde a un sms del proprio ex ragazzo. Non si risponde a una mail del proprio ex ragazzo.

Non so perché sono così insubordinata nei confronti delle regole basilari del galateo post rottura. Eppure è così semplice: nessun contatto, nessun problema. Evitare le situazioni di pericolo annienta il rischio. E io cosa faccio? Invece di mostrarmi superiore, cedo alla tentazione. Cerco di tirarmela grazie a un lavoro che non ho meritato e fingo di frequentare qualcuno. Non serve uno psicologo specializzato nelle relazioni di coppia per intuirne il motivo.

E comunque, è colpa sua. Ci sentiamo con frequenza sporadica e non perde occasione per ricordarmi il mio unico momento di debolezza. Non lo sa nemmeno Sabrina. Non ho avuto il coraggio di raccontarle che due mesi fa, in preda a un letale mix di rabbia e orgoglio che nemmeno Jane Austen, l'ho chiamato sputandogli addosso che se n'è andato rovinando tutto per spassarsela con qualche stangona nordica mentre io ancora sentivo nostalgia di ciò che avevamo. E sì, sentivo nostalgia per quello che avevamo. Il fatto è che, a un certo punto, bisogna imparare a lasciare andare ciò che non ci appartiene più. E io credo di esserci riuscita. Insomma, quasi riuscita.

«Tesoro, ci *sei*?» Miriam si affaccia sulla porta dell'openspace. «Non *pranziamo*, oggi?»

Recupero il badge da sopra la scrivania e la seguo verso il marcatempo. Ormai sono rassegnata a essere appellata con epiteti come "cara" e "tesoro" che di affettuoso non mantengono nemmeno l'apparenza. Sembra di stare appollaiati sui rami degli alberi genealogici acquisiti di Cenerentola e Biancaneve. Il malefico duo mi odia e Andrea trascorre la pausa pranzo fuori ufficio, dunque Miriam resta l'unica persona con cui ho confidenza all'interno di queste mura. Insomma, a parte Stefano Marte. Ma lui non è davvero un'opzione.

Scendiamo in mensa, ormai a pieno regime visti i rientri dalle ferie estive, mentre Miriam mi parla del suo prossimo appuntamento e dei progetti per il weekend. Stasera andrà a un vernissage di un artista belga che spaccia per opere d'arte simbolica legni di fiume cui appende cose come rotoli finiti della carta igienica o flaconi dei detersivi tagliuzzati. «Il *simbolo* è che il mondo non ha rispetto per l'ecologia, no? E il ruolo dell'artista, in questo caso, non è di intervenire alterando la realtà, bensì favorire un *dinamismo energetico* deciso ma rispettoso della forza della natura.»

Non ci crede nemmeno lei. Più che altro, sta ripassando il trafiletto che prima l'ho beccata a leggere su un sito di recensioni artistiche, per poterlo sfoggiare con il suo accompagnatore del weekend, un economista raccattato alla festa di compleanno di una sua cugina qualche settimana fa. Perché so tutte queste cose? Perché Miriam parla. Parla sempre.

«E tu invece cosa farai, *tesoro*?»

«Stasera c'è la serata Call of Duty» rispondo, soprappensiero. «L'abbiamo spostata al venerdì perché ieri Pietro era con la sua fidanzata. Ma di solito rispettiamo il calendario, altrimenti ci si sballa tutta la programmazione.»

Miriam storce il naso. «La serata di *cosa*?»

Spiegare alla responsabile commerciale che nell'appartamento Neri-Marin il calendario nerd ha sostituito da anni quello gregoriano per scandire lo scorrere del tempo è come spiegare a me l'utilizzo di un piegaciglia: barbarico e, forse, anche potenzialmente dannoso.

«Oh, guarda chi è tornato all'ovile!» esclama all'improvviso, voltando la testa oltre le vetrate. Dal nostro tavolo, tiene sott'occhio il viavai all'ingresso del cortile interno.

La nuova distrazione mi salva da una sequela di espressioni schifate. Accantono il piatto ormai vuoto, mi volto piano. E lo vedo.

Stefano cammina a passo sostenuto, con gli occhiali da sole e il portatile a tracolla, mentre discorre al telefono.

«Amburgo.» Miriam traduce i miei pensieri. «Una vittoria, a quanto ho sentito. Ne sai *niente*?»

Scuoto la testa.

Sono trascorsi dieci giorni da quando mi ha convocata nel suo ufficio. Chissà per quale motivo, pensavo che il viaggio in Germania fosse più breve. Invece è tornato solo oggi. Non che stia tenendo il conto. È che la mia è una mente matematica.

Stefano supera le porte automatiche e si dirige dritto verso l'ascensore. La torre di Raperonzolo è una pallida imitazione in confronto al suo ufficio.

«*Cinque* anni che lavoro qui e non l'ho mai visto *mangiare* quaggiù» dice Miriam, scrollando le spalle. Credo di capire perché lo consideri un tipo freddo. Nella stessa misura in cui sono convinta che, se solo le prestasse attenzione, lei manderebbe al diavolo in mezzo secondo il vernissage, l'artista belga e il suo economista di ripiego.

«Comunque, *dicevamo*, il weekend? Cos'è che farai con i tuoi *amici*?»

Le imbastisco una mezza bugia e non approfondisco oltre.

La sera io, Sabrina, Pietro, Giorgio e Francesco ci piazziamo nell'unico appartamento disponibile – il nostro – e ci scateniamo di fronte a uno degli sparatutto più appassionanti di sempre. La scelta è limitata dal fatto che Pietro vive in un loculo peggio del nostro, mentre Giorgio e Francesco abitano ancora con i loro genitori – che, per quanto adorabili, hanno smesso di accettare l'invasione domestica degli amici dei loro figli dopo la laurea.

Mi riprendo dalla serata alle undici del giorno seguente. Un pranzo del weekend è, da tradizione, dedicato a mia madre. Mi rimetto in sesto alla meno peggio, infilo la tracolla e prendo il treno che ha per destinazione la mia vecchia casa, dove mia madre vive con tre gatti e un uomo che con la sua infinita pazienza sta concorrendo per il titolo "Miglior marito di sempre". Rispondo alle domande di rito, mangio una parmigiana da gastronomia stellata, racconto un po' del mio nuovo lavoro – dove con *un po'* intendo "Sì, va tutto bene, grazie". Se approfondissi con lei il linguaggio di programmazione che scrivo, la perderei alla terza parola. Secondo una stima ottimistica.

Lei contraccambia le mie scarne informazioni con altre informazioni che non so come catalogare: una sua amica che è entrata in menopausa, George il gatto che è poco in forma e la sua volontà – di lei, non del gatto – di iscriversi con una collega a un corso di feng shui. «Fa miracoli, sai?»

Per inciso, non lo sapevo.

Mentre sono sul treno di ritorno, decido di chiamare mio padre.

«Issa! Come stai?»

In sottofondo, risuona la melodia di un pianoforte.

«Sei impegnato? È Mozart?»

«Ho l'auricolare. Dimmi tutto.»

Mio padre è un musicista. Non è famoso, ma è sufficientemente dotato e mostruosamente appassionato. E non ritiene una cosuccia come una telefonata un motivo valido per interrompersi. Come capire se una conversazione è importante? Grazie alla difficoltà di ciò che suona. È capace di cambiarla in base all'argomento.

«Niente, volevo solo sentirti. Erla come sta? Le gemelle?»

«Tutto alla grande. Maria sta esercitandosi con il cello in taverna e Lea è a Praga con Thomas, in vacanza. Lo sai che ti aspettiamo quando vuoi, vero Issa?»

È anche la seconda persona che ha il permesso di chiamarmi Issa. Anche se alla prima, tecnicamente, l'avrei revocato.

«Certo» mormoro. «Solo che il nuovo lavoro mi impegna... e Innsbruck non è proprio vicinissima.»

«Sì, be', quando vuoi.» La difficoltà melodica cresce e io capisco che è meglio riattaccare. Di nuovo, utilizzo il weekend per programmare la mia app, *Fun in Space*. Nonostante il lavoro alla MarsTech, vorrei riuscire a svilupparla, anche se in tempi più dilatati.

I giorni seguenti si susseguono con un pattern comune. Durante l'orario lavorativo sono concentrata sull'integrazione dei comandi vocali. Lotta silente con il malefico duo, pranzi con Miriam, nessuna chiamata di sorta dall'undicesimo piano. Il che mi fa tirare un sospiro di sollievo, oltre che realizzare di essere stata una completa idiota per essermi preoccupata di vicinanze sospette con il CTO aziendale. È strano sapere di essere nello stesso edificio e non incrociarsi nemmeno per sbaglio. Ma, in fondo, perché dovrebbe succedere?

Il mercoledì della settimana successiva, tre settimane dopo la convocazione, Enzo ha fissato la consegna del prototipo che, se confermato, aprirà la strada all'ultima, cruciale fase prima della consegna del progetto. E, naturalmente, quello stesso giorno è indetto uno sciopero dei mezzi.

Arrivo alla stazione dei treni e sono circondata da gente che sbraita al telefono che è una vergogna interrompere così i servizi pubblici. Uomini che si agitano sulla banchina, donne che avvertono che un giorno arriveranno alle loro scrivanie, ma che quel giorno potrebbe non essere oggi. Invio un sms a Miriam e aspetto che la ressa umana che mi precede si stipi alla meno peggio su un vagone. Resto a terra e mi tocca aspettare la corsa dopo.

Quando raggiungo la MarsTech, non ho il coraggio di leggere l'ora. Supero le porte automatiche con il portatile che mi rimbalza sul fianco, salgo con l'ascensore e trovo Enzo ad attendermi sulla porta, con un cipiglio serio.

«Sei in ritardo.»

«Lo so, scusa. Gli scioperi, la maledetta linea ferroviaria, le *coincidenze* che evidentemente sono un po' confuse sul loro significato» farfuglio, attraversando come un missile la porta dell'openspace che sta tenendo aperta. «Comunque è tutto pronto, Enzo, e se manca qualcosa posso fermarmi di più questa sera, non ci sono problem...»

Arrivata a metà ufficio mi blocco, a mo' di astronauta atterrato per sbaglio sul pianeta errato. All'inizio mi colpisce il silenzio – una rarità, tra i battibecchi di Carti e Lanzotti e le innumerevoli telefonate di Miriam.

In seguito, arrivano le occhiate siluranti della responsabile commerciale, oggi più agghindata del solito visto che indossa l'abito rosso di Valentino che le lascia scoperte le ginocchia – conoscere gli aggiornamenti del suo guardaroba consente una vita più agevole.

Dopo giungono i bisbigli carichi di disappunto del malefico duo. Mi volto per verificare se anche Andrea ha voglia di partecipare alla demolizione del momento, ma il respiro si ferma in gola.

Seduto sulla scrivania accanto al responsabile delle interfacce grafiche, c'è Stefano. Serio e composto come non l'ho mai visto.

Cerco di ricambiare lo sguardo con lo stesso distacco, mentre mi tornano in mente le sue parole. *Un fuggiasco e un'imbucata.* Nonostante abbia firmato un contratto e ora sia a tutti gli effetti parte dell'organico, mi sento ancora un'imbucata. E tu, mister MarsTech, da cosa fuggivi? Stai fuggendo ancora?

Enzo appoggia una mano sulla mia spalla. «Melissa, prendi posto che cominciamo.»

Mi rifugio nella mia postazione e armeggio con i cavi del portatile. Non avevo compreso che la consegna includesse la sua supervisione.

Poi ripenso a quello che mi ha confidato, che EasyMars è suo, che l'ha creato lui. E allora la sua presenza assume un altro significato. Osservo i miei colleghi e capisco perché Enzo sia teso: hanno tutti la stessa faccia di quando mi presentavo ai preappelli universitari senza aver studiato gli ultimi capitoli del libro. Panico. Puro panico da prestazione scarsa o insufficiente.

Panico che sta cogliendo anche me.

Non che la mia parte sia malfunzionante. Ho riorganizzato il sistema di input vocale integrato nel programma. Ed è una figata. Davvero, visto che va.

«Stefano, grazie per averci raggiunto e per la pazienza» comincia Enzo. «Mi premeva che approvassi le ultime funzionalità, prima della presentazione di domani con i clienti.»

Frugo dentro la borsa e afferro il telefono. Il mio calendario online non segnala alcun appuntamento. È una gioia lavorare con colleghi che si premurano di far circolare le informazioni.

«Andrea ha reso più piacevole la schermata di benvenuto, dopodiché ha lavorato con Melissa su Frame. Aspetta, questo è davvero carino» prosegue Enzo, maneggiando un monitor LCD che negli ultimi giorni ho conosciuto da vicino. «Melissa, i comandi vocali sono attivi?»

«Certo.»

«Allora fai tu gli onori» dice, tirandosi da parte.

Avanzo con cautela al centro dell'ufficio e attorno a me cala un silenzio innaturale. Sento addosso gli occhi dei presenti e una familiare agitazione mi aggroviglia lo stomaco.

È un test.

E non per il mio programma. Per me.

È la prima dimostrazione, il primo banco di prova, il primo di una lunga serie di compiti che devo portare a termine con successo.

Mi posiziono di fronte allo schermo e comincio. È un semplice – sì fa per dire – meccanismo di input che regola lo schermo, il quale rimanda filmati paesaggistici ad altissima risoluzione sulla base delle indicazioni vocali del cliente. Continuo per un po', finché Stefano m'interrompe.

«Basta così, grazie. Lo teniamo. Altro?»

Mi blocco e controllo le reazioni del team. Il duo è sempre immobile, Enzo invece azzarda un mezzo sorriso e mi fa segno di togliermi di mezzo. Immagino che questa sia la massima espressione di gioia di Stefano quando è in veste pubblica. Come può essere lo stesso uomo appassionato che mi ha baciata nella vasca? O lo stesso stronzo che ha trattato male Sharon? O lo stesso...

«Melissa ha lavorato anche sui comandi vocali della camera. Apertura delle tende, regolazione delle luci, cambio dei canali della televisione» continua Enzo.

«Se funzionano come Frame, non c'è da lamentarsi» annuisce Stefano.

E ne sarei anche contenta, se non lo avesse detto con il tono di una mummia appena sbendata. Grazie al cielo, non è un problema mio. Se queste settimane in MarsTech mi hanno chiarito qualcosa, questa è che lui non c'entra niente con me e io non c'entro niente con lui.

Miriam parla di piccoli cambiamenti del lancio pubblicitario, Stefano scambia qualche battuta con Enzo e si congeda con un saluto generale. Quando si avvia alla porta, emetto un sospiro di sollievo e mi sciolgo un po'.

Andrea mi batte sulla spalla, mi deposita un buffetto sulla guancia. «Sei stata brava, sai.»

«*Siamo* stati bravi. Senza le tue soluzioni grafiche, avrei mostrato a rotazione degli spezzoni di episodi di *House of Cards*!» Poi, in un impeto di affettuosità, gli do un fugace abbraccio, che sciogliamo qualche secondo dopo. «Grazie, comunque. Apprezzo il sostegno.»

Lui mi sorride e io gli sono riconoscente per il piccolo incoraggiamento. Ne avevo bisogno. Non avrò vinto il premio Innovazione dell'Anno, ma almeno il compito l'ho portato a termine.

Il responsabile delle interfacce grafiche fa un passo indietro e indica lo stipite dell'openspace. Solo in quel momento mi accorgo che Stefano è ancora fermo a metà porta e ci sta fissando con uno sguardo affilato.

«Melissa, puoi raggiungermi un attimo?»

La forma è quella della domanda, il tono è quello di un ordine.

Andrea torna alla sua postazione e io mi ritrovo a camminare sotto le occhiate accigliate del malefico duo, che mi spia da dietro gli schermi.

Stefano si sta allontanando verso il corridoio cieco, senza aspettarmi. Arriva in fondo ed entra nello sgabuzzino della fotocopiatrice. Cammina avanti e indietro passandosi la mano sulla fronte. Si ferma solo quando lo raggiungo, per controllare che nessuno ci abbia seguiti.

Ahimè, nessuno l'ha fatto.

Siamo da soli.

«Guarda che è sposato.»

«Scusa?»

«Andrea, il tuo collega, è sposato. E ha anche un figlio.»

«*Prego*?» Certo che so che Andrea è sposato. «L'ho solo ringraziato.»

«Non credevo che le tue modalità di ringraziamento fossero così espansive.»

Okay.

Una nuova versione di Stefano Marte: lo psicopatico dello sgabuzzino. Se si moltiplicano a tale velocità, dovrò impegnarmi per catalogarle in ordine alfabetico.

«Oppure ti lamenti perché non lo sono state a sufficienza con te?» sbotto. «Ma si può sapere per chi mi hai preso, per una che ci prova con i colleghi? O peggio, con gli uomini sposati? Ma che problemi hai?»

Lui si passa le mani tra i capelli. Per qualche secondo siamo circondati dal ronzio delle testine della fotocopiatrice, da passi provenienti dal piano di sopra, dal vociare lontano dei colleghi.

«Il mio problema, credo, sei tu.»

Lascia la frase in sospeso, quasi incredulo di averla pronunciata a voce alta, come aspettandosi da un momento all'altro una ricompensa per il coraggio e il valore.

«Sono un problema? Cos'è, vuoi licenziarmi?» ribatto. «Perché, se non ti piace quello che vedi, puoi sempre farlo, caro il mio responsabile tecnico!»

Stefano rilassa le braccia lungo i fianchi. «Oh, fidati. Quello che vedo mi piace eccome.»

Altro che Principe Ereditario: sono di fronte a un *villain* il cui superpotere è indurre la gente a trovare un doppio senso in ogni sua frase.

«Ottimo. A parte che potrebbe essere mobbing, direi che è ottimo.»

«È vero. Ma non mi pare il caso di intentare una causa solo perché abbracci i tuoi colleghi.»

Ripeto: quest'uomo mi farà diventare pazza.

«C'è un motivo per cui mi hai di nuovo allontanata dalla mia postazione, oppure sei solo preoccupato che la mia sedia girevole non sia abbastanza comoda?»

«A dir la verità, volevo accertarmi che rispettassi le pause lavorative. Ti spettano di diritto e non mi sembra che tu ne usufruisca abbastanza.»

Dottorato. Regno Unito.

Leonardo. Oslo. Divano letto.

Dopo che ho raccolto sufficienti motivi per non mandarlo al diavolo, inspiro una boccata d'aria.

«Posso andare?» chiedo.

«No.»

Stefano si porta il pollice e l'indice della mano destra sulle sopracciglia, sembra voler pescare le parole più giuste tra quelle che gli affollano il cervello.

«Per quanto ti sia difficile crederlo, il mio scopo nella vita – e, dunque, anche in questo momento – non è di importunarti, ma di mandare avanti un'azienda.»

«Caspita, congratulazioni. E dimmi, cosa c'entriamo io, una fotocopiatrice e uno sgabuzzino nel tuo grande piano imprenditoriale?»

«Hai una macchina?»

La domanda mi coglie alla sprovvista. «Cosa?»

«Un mezzo di locomozione, una motocicletta, una carrozza elettrica, un risciò a motore...»

Ho una bicicletta con le ruote sgonfie.

«Dispongo dei più avanzati abbonamenti ai mezzi pubblici.»

L'ombra di un sorriso gli attraversa il volto. «Allora domattina faccio mandare qualcuno a prenderti.»

«E perché?»

«Perché, Melissa, la presentazione di domani è fuori provincia. Con i mezzi arriveresti verso le undici e noi non possiamo permetterci ritardi.»

Non dico niente.

Lo osservo mentre resta in piedi, con le mani ficcate dentro le tasche dei pantaloni scuri, la cravatta nera sottile che risalta sulla camicia chiara.

«Alla sette e mezzo, va bene?»

Come se avessi scelta. «Bene.»

«Bene» ripete.

«Bene.»

Non aspetto una risposta. Gli volto le spalle e mi allontano nel corridoio, impaziente di scappare il più lontano possibile da lui.

Sette

La mattina seguente, alle sette e mezzo, sono ancora in mutande e reggiseno di fronte all'armadio, con il memo di Miriam Storti che lampeggia sullo schermo del telefono.

Niente T-shirt, Melissa! Rispetta il *dress code*!

Che onorerei pure, se sapessi che diavolo significa.

Resto indecisa sul concetto di eleganza professionale finché il campanello suona. Grazie al cielo è Sabrina a rispondere al citofono, facendomi guadagnare "due minuti". Un lasso ridicolo anche se sei in possesso di una macchina del tempo.

Alla fine indosso un abito recuperato dal fondo dell'armadio, infilo un paio di tacchi di media misura e un giacchino leggero e mi scapicollo giù per le scale, stilando a mente una sequela di scuse da riservare all'autista. Lo trovo di fuori dal portone, davanti a una specie di astronave marchiata BMW: un uomo in completo sartoriale che mi rivolge la schiena, mentre discute al telefono.

«Mi scusi!» esclamo, correndo. «Mi scusi, eccomi! Ho avuto qualche problema con le chiav... il comput... insomma, qualche problema in generale, ma...»

Lui riaggancia, si volta. E le parole mi muoiono sulla punta della lingua.

«Cosa diavolo ci fai tu qui?» prorompo, prima che il cervello entri in funzione mattutina.

«Buongiorno anche a te, Melissa» mi saluta Stefano Marte.

Riposato. In ordine. Per niente irritato.

«Hai dormito bene?»

Sono incredula.

Mi stropiccerei gli occhi, se solo non avessi spalmato dell'appiccicoso mascara sulle ciglia. I pochi neuroni svegli mi suggeriscono che forse mi trovo in una realtà onirica alla *Inception*. E, il fatto che quella sia l'ipotesi più plausibile, è molto indicativo.

Prima che possa protestare oltre, lui recupera un sacchetto di carta e me lo sventola sotto il naso.

«Offerta di pace,» annuncia «puoi aprirlo in macchina.»

Io, lui, la sua automobile.

Un notevole tragitto da condividere.

Se questo è il suo modo per mantenere le distanze, si sta impegnando quanto io e Sabrina durante le lezioni gratuite delle palestre della zona – di solito dopo mezz'ora siamo sgattaiolate fuori e arenate a un tavolino del bar, davanti a un aperitivo e con i telefoni sollevati alla ricerca del segnale Wi-Fi.

Non può essere il mio autista. Già è complicato mantenere un rapporto civile quando mi convoca nel suo ufficio o quando mi accusa di essere "troppo espansiva" con i colleghi. Figurarsi se può essere considerata una buona idea rinchiuderci dentro un abitacolo per più di un'ora.

«Le prendi, per favore?» Stefano sta ancora porgendomi il sacchetto, che emana un profumo alquanto inebriante.

Il mio istinto animale lo afferra prima che la ragione possa racimolare un po' di sdegno per rifiutare.

«Visto, non era così difficile» sorride lui. «Sali?»

Sbuffo. «Ho scelta?»

Il suo viso è attraversato da un'ombra che sparisce subito. «Vorrei solo parlarti.»

Calcolo invano le alternative – percorrere settanta chilometri a piedi – che, considerato che io e il concetto di allenamento siamo ancora ben lontani da un conoscimento mentale, mi trovo costretta a cestinare.

Circumnavigo il macchinone e mi rintano sul sedile del passeggero. Subito scatta la chiusura centralizzata, a ricordarmi che le vie di fuga sono precluse.

Stefano armeggia con il quadro dell'auto e io studio l'abitacolo come se d'improvviso il motore ruggente potesse inghiottirmi. Decido di tenermi impegnata sbirciando dentro il sacchetto caldo che il CTO della MarsTech mi ha affidato. Contiene brioches. Quattro brioches, per la precisione.

Le osservo senza capire bene cosa sto osservando. Oltre all'evidenza dell'oggetto tangibile, intendo. Devo essere alquanto eloquente, visto che Stefano si prende la briga di spiegarmelo.

«Non so se si capisce, ma è il mio modo per chiederti scusa. Per ieri.»

«Hai notato che non facciamo altro?»

«Cosa intendi?»

«Chiederci scusa per cose che pensiamo l'una dell'altro.»

«È stata una battuta infelice, quella su Andrea. Non lo pensavo davvero.»

«Okay, allora dire cose che non pensiamo per provocare e basta. E rattoppare con scuse che non pensiamo.»

«Le mie scuse sono sincere.»

«Le tue scuse sono delle brioches» puntualizzo. «Nessuno chiede scusa con delle brioches. Non nel mondo reale.»

«Ah, dunque è una tua prima volta? Sono il primo che ti chiede scusa con una brioche, bene.» Accompagna la frase con un sorriso impertinente che sto imparando a conoscere.

Il sorriso di un ragazzo intelligente. Che conosce le regole del gioco e si diverte a infrangerle.

Peccato che con me non attacchi. Neanche un po'.

«Seriamente. Cosa ci faccio qui?»

«Da una veloce lettura direi che stiamo andando a lavoro insieme, mentre io cerco di chiederti scusa e tu cerchi di convincermi a non farlo.» Si interrompe, la voce gli scende di un'ottava. «Non vedrai qualcosa di malevolo anche in questo?»

Io vedo sempre qualcosa di malevolo, vorrei rispondergli. Sono la Regina delle Trovate Malevole.

«È solo che non mi sembra una buona idea, visti i precedenti.»

«Ti riferisci a qualcosa in particolare?»

Altro che Principe Delegato. È un Bastardo Reale.

«Senti,» taglio corto «seriamente, non c'era motivo che venissi tu.»

Stefano si morde le labbra. «Non ti stanchi mai?»

«Di fare cosa?»

«Di analizzare tutto. E di ripetere la parola "seriamente".»

«Scusa?»

«Non ti facevo una da "seriamente". È una cosa nuova, per me.»

Commediante e paraculo.

«E tu non ti stanchi mai di essere sfacciato e inopportuno?»

«Oh, ma non sono stato né l'uno né l'altro. Sarei stato sfacciato se ti avessi chiesto cosa mi dici che non pensi solo per provocare. Sarei stato inopportuno se ti avessi chiesto di uscire dopo la tua assunzione. Oppure...»

«Okay, okay, è abbastanza!» Che diavolo ha inghiottito per colazione, il Veritaserum? «Siamo nella stessa macchina, ma non dobbiamo per forza parlare.»

«Vorresti stare zitta per più di un'ora?» chiede, anche

se la domanda insinua più: «Sapresti stare zitta per più di un'ora?» e la risposta è nota a entrambi.

«Certo. Per quanto ti sia difficile crederlo, non ho un inestinguibile bisogno di analizzare cosa significa questo passaggio.»

«Anche perché lo sai già.»

«Cosa?»

«Il passaggio. Le mie scuse. E le brioches.»

«Ti sei improvvisamente convertito all'ermetismo?»

Lui ridacchia. «No, mi stavo adeguando alla nuova forma di dialogo che, noto, è ripreso fluente nonostante i propositi di mutismo.»

«Lo sai, vero, che ho frequentato un corso di difesa personale?»

«Certo. E in caso ti ricapiti di presentare domanda di lavoro, non serviva che allegassi la valutazione del tuo maestro al curriculum.»

Merda.

Non avrei dovuto dar retta a quel sito americano in cui consigliavano di mostrarsi persone a tutto tondo con una sfilza di interessi per far colpo. E comunque, era solo per infoltire il plico.

«Complimenti per la resistenza, tra parentesi. Il tuo colpo di gomito si prospetta micidiale.»

«Ehi!»

Le sue dita giocherellano con il volante. È rilassato. Un cacciatore in vacanza.

«Cosa? Che ho detto, adesso?»

«Come sarebbe, cosa hai detto? Intanto, era materiale riservato. E non dire che era tuo diritto visionarlo, perché… perché… perché…»

«Perché?» ribatte, serafico.

«Perché di sì» dico, al massimo della mia capacità di espressione. «E poi, mi spieghi cosa diamine stiamo facendo?»

Lui si volta appena e mi riserva un sorriso dolce, che mi riporta al ricordo nella vasca da bagno. Al suo respiro sulle mie labbra. Alle sue mani sulla mia schiena, sulla nuca, tra i miei capelli. Al ragazzo senza nome che adesso ha un nome e pure un cervello.

Sospiro, scacciando il ricordo. Okay, era un ottimo bacio. E allora? Mica è l'unico uomo a saper usare bene la lingua. Ce ne siamo fatti una ragione, io e la mia squadra ormonale.

«Niente» risponde. «Non stiamo facendo niente.»

«Ottimo, perché è esattamente ciò che voglio fare anche io. *Niente*.»

Le sue mani si irrigidiscono intorno al volante. «Visto, siamo d'accordo su qualcosa. Non era così difficile.»

«Stefano.»

Lui spalanca gli occhioni castani. È la prima volta che lo chiamo per nome e la sua espressione sorpresa rivela che non ho sentito solo io un momento di intimità di troppo, tra noi. Distolgo lo sguardo e mi distraggo giocherellando con il sacchetto di carta, prima maneggiandolo con le dita e poi aprendolo.

«Per inciso, essendo le mie scuse delle brioches, addentare la brioche equivale ad accettare le scuse» dice, proprio quando ho affondato i denti in quella al cioccolato.

Maledetto erede del Regno di Marte.

La giornata dal cliente, una catena di alberghi di lusso interessata al pacchetto base del prodotto, si apre con una riunione tra i dirigenti.

Enzo e Miriam illustrano la parte commerciale e la mattina scivola via tra clausole sulle garanzie e assistenza fornita, mentre il premiato duo Carti e Lanzotti, Andrea e io ci occupiamo di allestire la dimostrazione pratica, grazie ai prototipi sui quali lavoriamo ogni giorno alla MarsTech traslocati e impiantati in una camera superlusso al secondo piano.

Solo che ci accorgiamo presto che qualcosa non funziona: Andrea sostiene che sia colpa di Carti e Lanzotti, il duo sostiene che sia colpa mia e a me non è rimasto più nessuno da additare, quindi riapro i codici e indago sulla causa del malfunzionamento. Che non riesco a trovare.

«È sempre così» sbotta Lanzotti. «La maledetta sindrome della demo! Funziona tutto, finché non lo devi mostrare al cliente.»

Dopo la sua presentazione, Miriam ci raggiunge al secondo piano e osserva le funzionalità impallate con sgomento.

«Cioè, cosa succede? Non *funziona*?»

No, non funziona.

O meglio il programma di base funziona, ma qualcosa impalla il sistema generale dei comandi integrati. Non si tratta dei difettucci che ho notato durante l'inaugurazione. È una falla molto più estesa.

«Oh, *sistematelo*!» ci ingiunge la responsabile commerciale. «Ho appena decantato in tutte le salse le qualità di questo prodotto *stratosferico*!»

E noi ci proviamo.

Eppure non c'è verso di capire cosa stia bloccando il sistema.

Enzo arriva dalla riunione con i capi, entra nella stanza con passo marziale ed è fuori di sé. «Avete un'ora. Non di più. Fatelo andare!»

Miriam, dietro di lui, scuote la testa, poi ci informa che Enzo, il signor Marte e lei intratterranno il più possibile il committente durante il pranzo. Nessuno di noi dubita della buona riuscita del piano, considerato che il sessantenne proprietario dell'impero in cui ci troviamo è stato catturato dalle movenze di Miriam e dal suo Phillip Lim – che non è un accompagnatore, bensì il vestito di oggi.

Io, Carti e Lanzotti ci sbattiamo la testa per un'altra ora. Alla fine riusciamo a far partire il sistema in modalità provvisoria, tra lo sconcerto generale dei capi rientrati dalla pausa pranzo. Il titolare chiama il suo vice ed Enzo illustra la modalità provvisoria di EasyMars, mascherando l'imbarazzo con paroloni infarciti di significati tecnologici che poco interessano al titolare di una catena di alberghi. Eppure non possiamo farci niente: il bug è irrisolto, Enzo si sta arrampicando sugli specchi e noi ce ne stiamo imbarazzati a far da tappezzeria.

Il nostro capo progetto fa una pausa, prima di passare alla dimostrazione pratica. Cala un silenzio ansioso che nessuno ha il coraggio di interrompere.

Tranne la suoneria del mio cellulare, che rimbomba indisturbata al massimo volume tra le pareti della stanza.

Suonando allegra *Fuck you very much* di Lily Allen.

Ecco il motivo per cui è pericoloso lasciarsi in rapporti belligeranti. A un certo punto arrivi a pensare che scegliere una suoneria personalizzata per il tuo ex sia una mossa brillante e anzi, meglio se ci sono le parolacce, è il destino che lo vuole.

Mi tuffo nella borsa, mentre i colleghi e i clienti mi osservano ammutoliti.

Grandioso.

Era da un po' che non mi esibivo in una figura di merda degna di questo nome. E le mie sono regolate da una funzione progressiva, come in ogni rapporto di proporzionalità diretta che si rispetti.

Silenzio la suoneria e cerco di mimetizzarmi con il muro, mentre Enzo mi riserva un'occhiataccia. «Dicevamo...»

«*Fuck you very, very much, 'cause we hate what you do and we hate your whole crew, so please don't stay in touch...*»

Il cellulare, ancora tra le mie dita, squarcia la quiete. E io ho il terrore di aver appena fatto imbufalire il mio capo progetto.

«Scusate!» Premo il pulsante per rifiutare la chiamata. Il nome di Leonardo sparisce dalla mia vista. «Scusate, è...»

«*Melissa*» sibila Enzo.

«L'ho spento!» dico, mostrandogli lo schermo come prova. «Ecco, è spento. Scusate ancora.»

È l'unico momento in cui ai nostri clienti scappa un sorriso. Per il resto, la presentazione induce più a un acquisto compulsivo di fazzoletti usa e getta.

Quando finiamo, Stefano è costretto a schedulare un altro appuntamento per risolvere i problemi tecnici. Il morale del team è a terra. Stiamo raccogliendo i prototipi e chiudendo i pc, quando Enzo si avvicina.

«Chi ha installato per ultimo?»

Alzo la mano da dietro lo schermo LCD, sperando che non mi noti.

«Benissimo» esclama. «Proprio te, Melissa. Hai vinto. Ti sei appena guadagnata il compito di aggiustare il guaio. Hai fino a domani mattina. Alle dieci in punto ti voglio qui, a dimostrare ai nostri clienti che la MarsTech è un'azienda affidabile che rispetta le consegne senza lasciarsi coinvolgere in figure barbine. Direi che è appropriato, vista quella che...»

«Enzo, scusa, puoi raggiungermi un secondo?»

La voce pacata di Stefano interrompe la ramanzina. Lo prende sottobraccio e lo sposta a confabulare in un angolo.

Immagino che non fosse voluto, ma mi sento improvvisamente grata a lui per avermi distolto da un'umiliazione bruciante. Non ho mai sentito Enzo così arrabbiato. Non dev'essere un avvenimento frequente, anche i miei colleghi ne sono stupiti. Però so di essermelo meritato. Non siamo su Candid Camera e io non posso lasciarmi coinvolgere in scenette pietose orchestrate dal karma avverso.

«Oh, Neri, auguri» bofonchia Lanzotti. «Non ce la farai mai.»

Anche il fatto che i miei colleghi credano così tanto in me deve significare qualcosa, mi dico.

«Non lo *ascoltare*, tesoro» interviene Miriam, forse consapevole che un piccolo supporto potrebbe essere d'aiuto. «Se sei riuscita a mettere come *suoneria* del cellulare quella canzonetta orrenda, puoi fare *tutto*.»

Io davvero provo a prenderlo come un complimento. Ce la metto tutta.

Getto le mie cose alla rinfusa dentro la tracolla e mi preparo al ritorno in automobile con Stefano Marte, altrimenti conosciuto come lo spacciatore di colazioni prêt-à-porter e smorzatore di sgridate. Scendo con Carti, Lanzotti, Andrea e Miriam, li saluto e mi siedo sui divanetti d'ingresso, mentre loro spariscono nel parcheggio.

Poco dopo Stefano compare al fianco di Enzo. Stanno parlottando fitto, sottovoce, e non ho difficoltà a immaginare l'argomento.

Ho poco più di quattordici ore per trovare un bug che non siamo riusciti a identificare in tre, dormire, mangiare, farmi una doccia e cambiare la suoneria del telefono. Rigorosamente in quest'ordine.

Quando mi alzo per accodarmi e uscire, Enzo realizza che sono ancora lì e mi riserva un'occhiata interrogativa.

«Mi raccomando, Melissa» dice, anche se adesso non usa più il tono tagliente di prima.

Da quel che ho potuto vedere, non è un tipo sanguigno che sente la necessità di maltrattare i suoi sottoposti. Insomma, posso capire se ha sbroccato. Il problema è che ha passato la rogna a me. E, per quanto le fiabe insegnino sempre che *credere in se stessi e blabla* è l'unico ingrediente magico per risolvere i guai e trasformare i desideri in realtà… insomma, sono fiabe. La forma prediletta di illusione antica e moderna.

Il viaggio del ritorno procede silenzioso. Non riesco ad allontanare il pensiero dal compito che mi ha assegnato Enzo. Se stanotte non succede il miracolo, domani non sarà la mia suoneria a mandarmi a quel paese.

La suoneria. Il cellulare.

Stefano parcheggia l'astronave sotto il mio condominio e io realizzo che è spento da quattro ore. Mi sporgo sul sedile posteriore, recupero il portatile e afferro la maniglia della portiera.

«Grazie del passaggio» dico, prima di scendere.

Stefano estrae le chiavi dal quadro e l'automobile si fa silente, le luci di cortesia si spengono.

Ancora appesa alla portiera, lo guardo senza capire.

«Scendo con te.» E, forse accorgendosi che non è una spiegazione esauriente, aggiunge: «Ti aiuto con le modifiche».

«Stai scherzando?»

Lui si stropiccia la faccia. È stanco. Siamo raminghi dalle sette di questa mattina, siamo stanchi entrambi.

«Certo che no. È tardi e un aiuto ti fa comodo, a meno che tu non voglia stare sveglia tutta la notte.»

«Be', veramente Enzo ha detto che devo...»

«Inoltre,» m'interrompe «non so se lo ricordi, ma il sorgente l'ho scritto io. Ti semplificherei il lavoro.»

Ovvio che lo ricordo. Non mi sono ancora ripresa dallo shock della notizia. E il suo aiuto mi servirebbe più di ogni cosa. Ma accettarlo equivarrebbe a barare.

«Non penso sia una buona idea.»

«Perché?»

«Sul serio me lo chiedi?»

Lui mi sorride, furbo. «Perché dovrei salire a casa tua? O perché mi impegneresti per una sera?»

Per una sera. Deve essere la durata media dei suoi rapporti con il sesso femminile.

«Giusto. Avrai di sicuro di meglio da fare, signor Marte.»

«E invece no» ribatte. «Il mio unico obiettivo, stasera, è sistemare il programma con te. Non ho altri impegni.»

Però io li ho, penso d'un tratto.

È giovedì sera. Il giovedì sera c'è il ritrovo nel mio appartamento. Pietro, Giorgio, Francesco. La squadra al gran completo. Non posso farlo entrare in casa mia. Con i miei amici, nella mia vita.

«Ti ringrazio, davvero, ma non è una buona idea» ripeto. «Stasera la casa è affollata.»

Lui si stranisce.

«È un appartamento molto piccolo. E il giovedì sera viene invaso dai miei amici. C'è la serata Call of Duty. Sarà un casino.»

«Giochi a Call of Duty?»

«Be', sì.» Immagino che lui coltivi altri passatempi, come il rimorchio selvaggio o i festoni in discoteca, quindi cerco di salvare la situazione aggiungendo: «Però è davvero bello come progetto, cioè, non è solo per divertimento. E comunque, sarà una serata molto rumorosa».

Lui giocherella con le dita sul volante. «Okay, capisco. Non c'è problema.»

Sono sorpresa della calma con cui accetta il risvolto. Ma non faccio in tempo a congratularmi con la sua versione zen, che suggerisce: «Possiamo spostarci a casa mia».

Maledetto provocatore.

«Vivo in un quartiere molto tranquillo a circa tre quarti d'ora di strada. Là non saremmo disturbati da nessuno.»

Di nuovo, il suo superpotere entra in azione. Le sue poche parole hanno il potere di proiettarmi in un freddissimo loft ultramoderno, con lui.

«Melissa.» Il suo volto è poco visibile nella penombra, eppure non ho difficoltà a recepire un cambio nel suo atteggiamento. «L'affollamento non è un problema. E domani ho bisogno che tu sia riposata. Possiamo appoggiare i computer anche su una cassetta di mele rovesciata, per quanto mi riguarda.»

Ha ragione. Lo so.

Potrei fare la testarda, rifiutare l'aiuto e lavorare tutta la notte. Ma mi rendo conto che ne ho bisogno. Nella stessa misura in cui lui ha bisogno che EasyMars funzioni.

«Senti, mettiamo in chiaro le cose» sbuffo. «Casa mia è territorio privato. È solo perché EasyMars non va. Non ci sono altri motivi per cui ti faccio salire.»

«Mio Dio, Melissa, neanche ti avessi chiesto di ospitarmi per la notte!» esclama. Anche stavolta, però, non è irritato. Solo irritante.

«È solo che voglio essere cristallina. Mia casa, mia decisione.»

«Non ti facevo una territoriale.»

«E» proseguo, ignorandolo «niente battutine su dove vivo, niente commenti sui miei amici o sui nostri passatempi, niente socializzazioni non richieste con nessuno. Se c'è troppo inquinamento acustico da spari e urla di vittoria, posso sempre lavorare da sola saltando il sonno. Chiaro?»

Stefano annuisce, composto. Sembra miracolosamente d'accordo con me, ma poi aggiunge sornione: «Lo sai che non puoi controllare ogni cosa, vero?».

Scuoto la testa e scendo dall'auto con foga, prima di cambiare idea. Ma le alternative sono così esigue che, in realtà, dovrei solo essergli riconoscente per aver sacrificato una sera libera per aiutarmi a risolvere un danno alla sua azienda.

Stefano prende il suo computer e mi è accanto, mentre armeggio con le chiavi nella serratura del portone. Saliamo immersi in un silenzio attutito dai rumori del condominio. Televisioni che starnazzano, pentole sbattute su lavelli, l'odore della peperonata che impregna il vano scala. Siamo talmente lontani dal suo mondo di case gigantesche e viaggi attorno al globo che mi sento in lieve imbarazzo nel pensare che dovremo programmare seduti alla vecchia scrivania della mia camera da letto. E anche a pensare che dovremo programmare nella mia camera da letto. E anche a pensare che lo sto volontariamente portando nella mia camera da letto.

«Tutto bene?» domanda.

«S-sì. Certo. Benissimo.»

Infilo la chiave dell'appartamento nella toppa. Ma non faccio in tempo a girarla che la porta si spalanca di colpo.

«Ti giuro che non è colpa mia, che io non c'entro niente, che sono innocente!» Sabrina, nella sua tenuta preferita – pantaloni sportivi e top aderente – mi si getta addosso. «Perdonami, ma erano in vantaggio numerico!»

Poi si ferma.

Alla vista di Stefano, presumo.

«Oh, questo è inaspettato» commenta, alternandosi tra lui e me. «Lui è… voi siete…»

«Sabry, lui è il mio capo, Stefano Marte. Lei è la mia migliore amica, Sabr…»

«Oh, ma che grande piacere!» esclama Sabrina, tendendogli la mano manco fosse davanti a Ian Somerhalder in persona. «Ho sentito parlare così tanto di te… cioè, non così tanto» si corregge. «Solo un po'. Come si parla dei colleghi. Niente di anomalo, ecco.»

Stefano guarda la scena con una soddisfazione impagabile. Deve sembrargli una specie di telefilm interattivo della vita reale. Che diamine ho fatto? Perché non potevo accettare di non dormire stanotte e lavorare da sola e non essere in grado di portare a termine il mio lavoro e basta?

«Scusami un secondo, Stefano, devo risolvere una questione con la mia carissima amica Melissa» riprende la mia ex migliore amica e ora nuova leva al soldo del nemico.

Stefano fa per arretrare, ma lei lo ferma. «No, resta pure. Tanto non è un segreto. Cioè, lo è stato per un'ora, ma non lo sarà più. Te lo giuro, Meli, io ci ho provato. Ma lui è stato... Oh, giuro che lo uccido!»

Un brivido sospetto mi corre lungo la schiena. Non mi interessa nemmeno più che Stefano si stia godendo lo spettacolo senza aver pagato il biglietto.

«Lui, chi?»

Sabrina gesticola con foga, producendo una sequela infinita di scuse.

Non l'ascolto più.

Non ne ho bisogno, perché lo vedo.

Oltre le sue spalle, con una bottiglia di birra in mano, i capelli più corti, un sorriso che malgrado tutto è in grado di toccare alcune corde emotive che non suonano da un bel po'. Leonardo.

Leonardo è qui.

Otto

Leonardo è in casa mia.

Sta bevendo la mia birra.

Presa dal mio frigo.

E tutto questo sta succedendo sotto gli occhi attenti di Stefano, che con molta probabilità si sta chiedendo chi dovrà ringraziare per il divertimento involontario improvvisamente defluito nella sua serata.

Sabrina ha il buonsenso di tacere, mentre io guardo a bocca aperta il mio ex ragazzo, quello che dovrebbe essere a Oslo, mentre incede radioso come un metallo radioattivo.

«È bello vederti, Issa.»

Boccheggio a ripetizione, incapace di discernere cosa è o meno reale.

Ho aspettato questo momento per sei mesi. L'ho immaginato da tutte le angolazioni e recitato nella mia mente con molteplici variazioni di copione. Ho immaginato di reagire facendo la superiore, di schiaffargli i miei inesistenti successi, di dirgli che nella mia vita non c'è più spazio per lui. Ho immaginato che, nonostante la mia recita da persona inscalfibile, lui provasse in ogni modo a riconquistarmi e che alla fine mi chiedesse di tornare insieme. Ho anche immaginato di tornare insieme a lui. Lui si sarebbe trasferito e tutto si sarebbe aggiustato, dopo un po'.

Mi ero figurata una valanga di scenari, ma in nessuno le mie parole sostenute avevano difficoltà a uscire.

«Scusate,» dico a mezza voce «ho bisogno di un po' d'aria.»

Afferro Stefano per un polso e lo trascino nella mia fuga. Se lui è sorpreso – e so che lo è – non lo manifesta attraverso una protesta fisica. Si lascia condurre dalla mia presa marziale.

Superiamo Sabrina e Leonardo, che si incupisce di colpo. Superiamo anche i miei amici imbambolati davanti all'Xbox, che registrano a malapena il mio ripiegamento delle truppe. Ci fermiamo solo dopo che abbiamo varcato la soglia della mia stanza, che provvedo a sigillare seduta stante appoggiandoci contro la schiena.

Lancio il portatile sul letto sfatto e cammino avanti e indietro tenendomi la testa tra le mani.

Stefano ha il buon gusto di non commentare. Si sfila la tracolla e la appende signorilmente alla sedia, avendo l'accortezza di ignorare che a poca distanza giace una piletta di vestiti appallottolati e sgualciti.

Ho pochissime ore per sistemare il bug. Il mio ex ragazzo è nell'altra stanza. Il CTO dell'azienda per cui lavoro è nella mia camera da letto. Mi sembra di popolare una specie di realtà alternativa in cui, in circostanze normali, non sarei mai entrata di mia spontanea volontà.

«Melissa.» La voce di Stefano mi riporta al presente. Incastrato tra il mio armadio e lo stipite della porta, non ha nulla del serio CTO della MarsTech. Non adesso.

Si avvicina, mi posa le mani sulle spalle. Un gesto lontano dall'essere sensuale o ricercato, che vuole solo essere di conforto. «Stai tranquilla, okay?»

Le sue mani restano innocue sulle mie spalle, sento i polpastrelli attraverso la stoffa di cotone. Gli occhi castani sembrano sinceri nella loro preoccupazione. Un'altra vicinanza non richiesta, penso.

Respiro piano, fino a tranquillizzarmi.

Così. Solo perché è di fronte a me.

Ecco un altro suo superpotere: riesce a risvegliare la parte più battagliera di me con frecciatine spontanee e a sedare l'emotività selvaggia con la stessa sconcertante facilità.

«Riorganizziamo le idee e cominciamo a lavorare, va bene?» mi dice.

Annuisco. Stefano scioglie la sua presa rassicurante, infila le mani in tasca e io ho l'impressione di cadere di nuovo, precipitando nella follia della serata.

«Dimmi come posso aiutarti.»

«Tu non devi fare niente. Ti chiedo solo... un minuto per lavarmi la faccia e cambiarmi. Solo un minuto. Pensi di poter resistere di là con quei deficienti per un minuto?» chiedo, in barba ai divieti e alle raccomandazioni che gli ho propinato in macchina.

«Certo.»

Il secondo successivo sono sola e consapevole di aver appena istradato un lupo solitario verso un branco ostile. Poco male, Stefano è abituato a guerreggiare tutti i giorni. Se li mangerà. Ed è ciò che si meritano, dopo aver permesso che il mio ex ragazzo entrasse in casa mia senza chiedermi il permesso.

È vero, è una topaia. Ma è la *mia* topaia, e Stefano ha ragione: sono territoriale. Difendo il mio angolo di pace, l'unico posto dove mi sento me stessa, con ogni mezzo. È la mia specialità.

Sostituisco il vestito che indosso con una maxi T-shirt nera con la stampa di Batman, recupero un paio di pantaloncini dal mucchio di indumenti da sistemare e, già che ci sono, afferro tutto ciò che di disdicevole si può intravedere e lo caccio a forza dietro le ante dell'armadio. Domani dovrò ricordarmi che aprirle equivarrà allo scoppio della Terza Guerra Vestiaria.

Passo in bagno, mi raccolgo i capelli in una coda e sciacquo il viso, racimolando il coraggio per recarmi in salotto e recuperare Stefano dalla bolgia dei dannati. Percorro il corto corridoio senza fretta e mi affaccio con cautela sull'ingresso barra salotto.

E resto a bocca aperta.

Stefano è seduto sul divano tra Giorgio, Francesco e Sabrina e sta tenendo in mano un controller. Il portatile di Sabrina è appoggiato in bilico sul davanzale e diffonde le note di *You shook me all night long* da una playlist su YouTube. Sull'unico tavolino giacciono due vassoi con i resti dei tramezzini, una ciotola di patatine e sei birre vuote. Sullo schermo, il mio cecchino preferito sta setacciando una vecchia, polverosa stazione di benzina. E Stefano è in mezzo a loro. A suo agio. Focalizzato sull'obiettivo videoludico. *Rilassato.*

Solo in un secondo momento vedo in disparte Pietro e il mio ex ragazzo, che monitora l'imbocco della porta.

I nostri sguardi si incrociano per primi.

Sei mesi che non ci vediamo.

Sei mesi orribili.

Sto per riprendermi? Ecco che torna a rovinare tutto.

Per fortuna ho tenuto da parte il famoso scolapasta con cui l'ho minacciato.

«Issa!» esclama, raggiungendomi.

Le squadre operative sul campo digitale irrompono in un magazzino abbandonato e io non riesco a decidere verso chi dovrei provare più sorpresa. Se per Leonardo di ritorno temporaneo da Oslo o per il fatto che l'erede della MarsTech si è tolto la cravatta, si è arrotolato le maniche della camicia a metà braccio e si è ambientato tra i miei amici come se fosse la procedura più naturale del mondo.

Se fossi una bugiarda, direi che la visione non mi fa alcun effetto. Ma, tutto sommato, qualche bugia riesco ancora a dirla.

«Possiamo parlare?» chiede Leonardo.

Considero di mandarlo al diavolo. Ne avrei ogni diritto. Eppure qualcosa nel suo sguardo mi fa desistere. Qualcosa che non riesco a chiudere dentro uno scatolone e archiviare per sempre.

«Ti concedo due minuti. Non di più.»

«Due minuti. Va bene, meglio di niente... Non qui, però» dice. «In cucina?»

Lancio un'occhiata di controllo a Stefano, impegnato in un raid, prima di infilarmi con il mio ex ragazzo tra il bancone e il microscopico tavolo del cucinino. Leonardo mi fa segno di sedermi.

No, grazie, non mi siedo.

«Hai ricevuto le mie fotografie?» domanda, tormentandosi la barba con le mani. «Pensavo che ne avresti stampata qualcuna. Una volta le appendevi dappertutto, le trovavo anche dentro il frigorifero.»

«Una volta stavamo insieme.»

«Da quando mi hai regalato la macchina fotografica... Da allora, ogni volta che scatto, penso a te. Ogni *clic* della reflex mi fa pensare a te.»

«Caspita, che sia un difetto di fabbrica? Mi spiace che non sia più in garanzia, avresti potuto sostituirla.»

«Issa!» sbotta, costringendomi ad arretrare. «Ma ti rendi conto di cosa stai facendo?»

«E tu ti rendi conto di quello che hai fatto?»

«Lo so che ho sbagliato e ti chiedo scusa da sei mesi. Non sono sufficienti?»

«Non lo so, le tue scuse mi ridaranno il dottorato?»

«Ho sbagliato, lo sappiamo. Ma, che tu lo voglia o no, sono ancora innamorato di te. Pensavo di poter rimediare, pensavo che sarei sceso in Italia e ti avrei convinta a prendere l'aereo del ritorno con me. E tu invece... cioè, credevo che nella mail scherzassi.»

«Pensavi che ti avessi mentito sul lavoro?»

La sua occhiataccia mi suggerisce che si sta riferendo all'altra informazione anomala che gli ho propinato.

«Cioè, ti rendi conto di chi stai frequentando?»

Immagino che il passo deduttivo dal P.S. dell'e-mail alla fuga a due nella camera da letto sia alquanto breve, per un osservatore casuale delle vicende.

Il pensiero di me e Stefano che ci frequentiamo è talmente estraneo ai fatti che mi sento in dovere di rettificare. «Leo, guarda che non è come pensi.»

«Non è... *non è come penso*?» quasi si soffoca. «Non ti affannare, Issa. So che è il tuo capo. E proprio non capisco perché tu voglia farti così del male.»

Una crescente irritazione mi monta nel cervello. «Cosa significa?»

«Andiamo,» risponde «tralasciando il fatto che è *il tuo capo*. Ma l'hai visto? Non vedi che è...»

Intelligente.

Attraente.

Sul mio divano.

«Cioè, voglio dire, è così ovvio che *uno come lui*... un figlio di papà, con la macchinona e l'azienda e quell'aria boriosa... cosa vuoi che cerchi da...»

«*Una come me*?» stridulo. «Be', caspita, grazie Leo. Questo chiarisce di molto il tuo pensiero su quanto valgo!»

«Ma è proprio qui che ti sbagli! Io *so* quanto vali. E un tipo come lui non vuole quel valore lì! Non sa nemmeno cosa farsene.»

«Pazienza, vorrà dire che mi accontenterò di un po' di sano sesso.»

Leonardo annaspa con le braccia, manco gli avessi appena inferto a tradimento una ferita mortale, e appoggia le mani sul tavolo del cucinino. «Non hai capito niente, Issa. Io mi preoccupo solo che...»

S'ammutolisce, alzando la testa oltre le mie spalle.

Mi volto, anche se so già quale sia la causa dell'improvviso silenzio.

Sullo stipite della porta a soffietto, c'è Stefano. Ha la camicia sbottonata sul collo, le guance arrossate e tiene tra le dita una bottiglia di birra. Non so quanto abbia origliato del discorso e, per preservare la mia salute mentale, fingerò che non abbia udito niente.

«Disturbo?» domanda, con un sorriso serafico che fa schizzare alle stelle la pressione di Leonardo.

«Certo che no» rispondo. «Andiamo di là?»

Il sorriso di Stefano acquista un centimetro per parte. «Non aspettavo altro.»

Parla a me, ma il suo pubblico esclusivo è il mio ex ragazzo. Alza la birra verso di lui in un immaginario cin cin e, a quel punto, mi è chiaro che ha origliato almeno l'ultima parte della conversazione. «Grazie per la birra, *amico*. A dopo.»

Mi circonda le spalle con un braccio e mi conduce via sotto lo sguardo attonito di Leo. Una bella sceneggiata che lo farà rosicare da qui al prossimo imbarco e che trova la sua naturale conclusione dietro la porta della stanza, al di fuori della portata visiva dei miei amici. Stefano rinfodera il suo arto e io mi giro verso di lui.

«Non eri tenuto a farlo. Me la stavo cavando egregiamente.»

«Sì, in effetti è vero, ma ho pensato che un po' di supporto tattico non potesse che giovare alla credibilità della tua fazione.»

Ecco, se mai mi fosse venuto un mezzo dubbio, la sua recita è la conferma che il discorso di Leonardo è almeno in parte sensato. Perché, appunto, di questo si tratta: di una recita.

«Scusa se mi permetto» dice Stefano. «All'inaugurazione mi parlavi di una storia finita male. È lui, vero?»

Annuisco piano.

«E, se non ho frainteso, non sapevi che sarebbe stato nel tuo salotto stasera.»

«No» rispondo. «Anche se credo avesse provato ad avvertirmi.»

«Le chiamate di oggi pomeriggio?»

Mi siedo sul bordo del letto. «Già.»

Lui si morde le labbra, fa per trattenersi. Ma poi cede. «E perché il tuo ex ragazzo con cui è finita male si trova nel tuo salotto?»

«La versione breve?» Anche se non so quanto possa essere breve, comincio a sfogarmi. «Fino a sei mesi fa era così. Abbiamo trascorso due anni in questo modo. Siamo stati negli stessi gruppi di studio, abbiamo frequentato quasi tutte le lezioni assieme, abbiamo affrontato gli stessi appelli universitari. Io, Pietro e Leonardo ci siamo anche laureati nello stesso periodo. Era la nostra normalità: i ritrovi nelle aule studio, i pranzi in qualche bettola, le serate Xbox, i concerti, le sere estive sdraiati in qualche parco... Gli stessi amici, le stesse abitudini, gli stessi obiettivi. Sono stati due anni... Be', non eravamo perfetti, logicamente. Ma stavamo bene. Era quello che ho sempre voluto, stare con una persona con cui condividere il mio mondo.»

«E poi?» chiede. «Come si passa dal condividere lo stesso mondo a non riuscire a stare nella stessa stanza?»

Per un secondo sono tentata di non rispondergli. Perché dovrei? Ma poi lo osservo, mentre si siede sulla sedia della scrivania ora sgombera, e riconosco nell'uomo di fronte l'unica delle versioni di lui che ho bisogno di vedere.

«Vive a Oslo, adesso. E non sono contro le storie a distanza. Non per forza. Credo che possano funzionare, per alcuni e in certe circostanze. Ma non quando il tuo fidanzato ti convince a rinunciare a un dottorato all'estero più unico che raro perché non può stare senza di te. E, due settimane dopo, ti comunica che parte per la Norvegia e che comunque noi sopravvivremo perché ci amiamo. Senza che tu sapessi niente di niente della sua domanda di ammissione. Facendoti sentire una nullità. E poi aspetta sei mesi per proporti di andare a vivere nella sua stanza degli ospiti.»

«Ti ha chiesto di andare con lui a Oslo?»

«Già» mormoro. «Come se fossi interessata.»

«Non lo sei?»

«La sai una cosa? Se tu non mi avessi fatta assumere, mi vergogno di ammettere che sarei stata abbastanza disperata da seguirlo.»

«Non ti ho fatta assumere. Te lo sei guadagnato, anche se in modo poco convenzionale.»

«Sì, certo… come preferisci» lo assecondo, aggrottando la fronte. «Comunque, immagino di doverti ringraziare per avermi evitato l'eventualità.»

«Perché, adesso non lo seguiresti?»

«No!» Poi mi viene in mente che, più che per me, forse è preoccupato per il posto che ricopro nella sua azienda. «Stai tranquillo, non fuggirò per via del bug. Insomma, ci tengo al mio lavoro in MarsTech.»

«Melissa.» La sua voce è ferma. «Non te l'ho chiesto a nome della MarsTech.»

«Ah, no?»

«Non in questo momento. Non adesso. Non stasera.»

Si sporge in avanti e, viste le dimensioni poco principesche della mia stanza, si ritrova pericolosamente vicino. Il suo volto è a un soffio di distanza, come nella vasca idromassaggio.

Nonostante i divieti autoimposti, non riesco a fermare i ricordi delle sue labbra, del suo corpo addosso al mio. Del bacio che mi ha annebbiato per un po' la capacità di giudizio. Di me straripante di sconsiderata inconsapevolezza, peggio che in preda a una sbronza epocale.

È talmente vicino che penso stia per succedere di nuovo. Che si sporgerà oltre e le nostre barriere si toccheranno ancora, si infrangeranno anche solo per una manciata di minuti, per un adesso inconcludente nel futuro ma necessario per spegnere tutto, anche solo per poco.

Ci fissiamo e so che siamo sintonizzati sulla stessa idea. Lo sappiamo entrambi. Come sappiamo anche che non mi tirerei indietro.

Così lo fa lui.

Stefano si mette seduto e l'aria attorno a me torna a defluire, la frescura d'inizio settembre mi riporta nella zona sicura che per un attimo ho abbandonato.

«Abbiamo un bel po' da fare» mormoro, alzandomi in piedi, anche se in realtà il mio istinto sta urlando «perché, perché ti sei fermato?» e il mio cervello sta ribattendo con «ti prego, compra un biglietto per la Spagna e concedimi un paio di settimane di ferie, ragazza!».

Stefano sistema i computer sulla scrivania. Mi prendo un minuto buono per calmarmi e contestualizzare la sua presenza. Poi mi ricordo che nessuno dei due ha ancora cenato così, mentre lui avvia i programmi, sgattaiolo in cucina e temporeggio preparando quattro sandwich con ciò che raccatto nel frigo, mentre Sabrina mi gironzola intorno sincerandosi che non la avvelenerò durante il sonno per non essere riuscita a tenere Leonardo fuori dal nostro appartamento.

Torno in stanza che l'orologio segna le dieci di sera. Appoggio il piatto con i sandwich sulla scrivania e rubo la sedia di Sabrina dalla sua stanza. Quando torno di nuovo nella mia, Stefano ne ha già silurati metà e sta analizzando come una furia le sezioni di codice piantato.

Non so cosa mi sconvolge di più. Se la serata in generale, oppure il fatto che lui sia chino sul monitor e abbia divorato i miei panini ipnotizzato dal programma, come un qualsiasi nerd. Oppure la giustificazione che usa.

«Mi sono portato avanti» dice. «Ho promesso al tuo amico Giorgio la rivincita in un flash raid.»

E chi sono io per impedire che l'erede della MarsTech conceda la rivincita a un mio amico in un flash raid?

Mi siedo accanto a lui e scorriamo insieme gli snodi critici di EasyMars. Come avevo già avuto modo di notare, programmare lo rilassa, lo gratifica. È di fronte a un problema ed è contento. Sembra quasi che sia stata io a fargli un favore, accettando il suo aiuto. E non il contrario.

Alle undici e mezzo di sera, dopo quasi un'ora e mezzo, grazie alla destrezza con cui maneggia il codice, troviamo il parametro bloccante nel marasma dei parametri correttamente impostati. Lo sistemiamo con il fiato in gola e riavviamo il programma.

Che funziona.

«Oh!» esclamo, in preda alla gioia.

Siamo salvi. Sono salva!

Stefano è l'incarnazione della soddisfazione. «Ce l'abbiamo fatta. È andata!»

Si alza, con un sorriso contagioso che si propaga sulle mie labbra. Fuori dalla porta, i miei amici incitano i loro personaggi a conquistare il mondo immaginario. Qui dentro, stasera noi abbiamo già vinto.

«Grazie» dico. «Non solo per… be', anche per il programma, naturalmente. Ma non solo per il programma.»

Stefano è un concentrato di emozioni, nessuna delle quali riesco a decifrare con chiarezza.

«E di cosa.» La sua voce mi vibra sottopelle. «L'ho fatto con piacere.»

L'urlo di Sabrina che accoppa qualche nemico immaginario interrompe la magia. Segue un'imprecazione di Francesco e il coro di protesta di Pietro e Leonardo.

Leonardo.

C'è Leonardo.

«Sì, ecco, forse è meglio se...»

«Andiamo di là» conclude lui per me.

Mi mordo le labbra. Su una cosa Leonardo ha ragione: non so in quali guai mi sto cacciando, con quest'uomo.

«Infatti. Meglio.»

Lui ripone il computer nella borsa, io fingo di sistemare un paio di tomi sul comodino. S'infila la tracolla e attraversiamo insieme il corridoio.

In salotto le occhiate dei miei amici ci investono e, senza volerlo, arrossisco. Non ci siamo nemmeno sfiorati, eppure mi sembra di aver condiviso di più con lui in questo modo che in un qualsiasi scambio salivare da diciotto politico con qualcun altro.

«Ehi, Stefano, dove pensi di andare!» dice Giorgio, semi-sprofondato sul divano. «La rivincita, eh?»

Stefano guarda prima me, poi quei pazzi dei miei amici che lo reclamano a gran voce.

«La prossima volta, magari» dice, lanciando un'occhiata a Leonardo. «Se Melissa mi inviterà.»

È una persona a cui non servono i sottotitoli, ecco.

I miei amici mettono in pausa il gioco, ne approfittano per prendere un'altra birra e salutarlo. Ovvero, lo intrattengono con dieci minuti di chiacchiere idiote su altri videogiochi che a quanto pare l'erede della MarsTech ha trovato il tempo di provare mentre era "impegnato a mandare avanti l'azienda".

Sabrina e Pietro mi trascinano in disparte, mi chiedono se sto bene. So che non si riferiscono a Stefano. Poi Pietro mi prende sottobraccio. «È forte, il tuo amministratore delegato. Sembra un tipo a posto.»

Lo osserviamo mentre gesticola verso Giorgio e Francesco.

«Scemo.»

Gli tiro una gomitata e non aggiungo altro.

Non so come sia successo, eppure sto iniziando anch'io a rivalutare il Principe del Regno di Marte. Non è solo uno sbruffone che gioca al superuomo nel lavoro e nella vita. C'è dell'altro, in lui. Se non l'avessi conosciuto dove e come l'ho conosciuto, non l'avrei mai saputo. O cercato.

Eppure è successo. E, per quanto mi sforzi, quando lo guardo con la giacca di traverso sul braccio e la borsa del portatile che gli dondola sul fianco, non vedo più il classico figlio di papà con deliri di onnipotenza che pensa che tutto gli sia dovuto. Vedo un ragazzo intelligente e, mi duole ammetterlo, anche gentile. Una persona che è entrata con garbo nella mia quotidianità e mi ha aiutato senza che nessuno gliel'avesse chiesto.

«Issa.» Il mio ex ragazzo mi raggiunge, non si sforza nemmeno di sembrare calmo. «Possiamo parlare?»

«Sono stanca, Leonardo. E domattina mi alzo presto, mi aspetta una giornata di fuoco.»

Come l'avessi chiamato in causa, Stefano saluta i miei amici con la promessa di rivedersi e si avvicina a noi.

«Passo alle sette e mezzo, va bene?»

Incurante della presenza di Leonardo, fa scivolare una mano dietro la mia schiena; credo sia rientrato in modalità recita scolastica di fine anno. «A domani.»

«Oh sì, certo, a doma...»

Le sue labbra a fior di pelle sulle mie interrompono la mia frase. I miei pensieri. I respiri di chi ci circonda.

Nove

Alle sette e mezzo del giorno dopo, il macchinone di Stefano si parcheggia puntuale sotto casa mia. Sono alla finestra quando arriva. Sono alla finestra quando Stefano sbuca dalla portiera e sparisce a ridosso della pulsantiera dei campanelli. Sono alla finestra quando il nostro campanello suona e Sabrina si affaccia sulla porta della mia stanza.

«Ti direi che è arrivato ma, considerato che stai stalkerando la via da mezz'ora, lo sai da prima di me» dice la mia coinquilina. «Cosa ti succede?»

Già, cosa mi succede?

Non lo so.

Stanotte ho dormito pochissimo. Mi sono rigirata sul letto senza trovare pace. E non per via del mezzo bacio che Stefano mi ha piazzato sulle labbra a tradimento. So che era dettato dalle circostanze, l'improvvisazione spontanea a favore del pubblico.

No, non è il bacio il problema.

Il problema è come mi sono sentita. È l'agitazione che non mi ha più abbandonato da quando lui è uscito dal nostro appartamento. È lo svegliarsi prima del suono della sveglia, il prepararsi con cura e l'appollaiarsi davanti alla finestra come una qualsiasi Principessa Scema.

Il problema è che, nonostante continui a ripetermi che è lo stesso uomo che ha fatto soffrire la fotomodella, che s'indispettisce di fronte a un rifiuto e che considera che al mondo tutto sia possibile, almeno per lui... nonostante questo, è anche lo stesso uomo che mi è stato vicino ieri sera. Che ha compreso quanto ne avessi bisogno e che non ha approfittato delle mie debolezze per dimostrare di essere il primo gallo nel pollaio. Il fatto che non riesco più a considerarlo solo il principe viziato tutto d'un pezzo, il figlio di papà senza meriti, l'inaffidabile di turno.

«Ohi, ohi» esclama Sabrina. «Stai iniziando a vedere qualcosa di positivo? In lui, intendo.»

Mi limito a un'alzata di sopracciglia, che lei non ha difficoltà a interpretare.

Sabrina mi poggia una mano sulla spalla. «Cambiare idea è sinonimo di intelligenza e flessibilità mentale, mettila così.»

«Non saprei, Sabry» rispondo. «Puntare all'autoconservazione mi sembra più intelligente della mera dimostrazione che sono in grado di cambiare opinione.»

«E che ne sai? Magari, se lo conoscessi per davvero, non sarebbe così male. O il problema è che... com'è che dici, "appartenete a mondi diversi, lui non sa cosa significa partire dal basso, il suo cognome è sulla facciata di un'azienda e chissà a cos'altro si adegua il cliché"?»

«È che non avevo in programma che mi piacesse uno così. Una parte di me vorrebbe non averlo nemmeno conosciuto. Hai presente quando sbaviamo su un attore figo o un modello delle pubblicità? Ecco, per me sono solo fantasie. Nell'immaginazione funzionano alla grande, ma nella realtà uomini così non li vorrei attorno per più di mezza giornata. Sono troppo... troppo tronfi, troppo pieni di sé, troppo *tutto*. E io, accanto a me, voglio un ragazzo normale, che mi faccia ridere, con cui stare bene.»

«E infatti, quando sei con mister MarsTech ti annoi tantissimo, ti copri gli occhi per quanto è orrendo e non vedi l'ora di scappare.»

Ripenso alla prima sera, quando eravamo due persone senza nome. E taccio.

«Sai qual è il tuo problema, Meli? Non riesci ad accettare che mister MarsTech sia diverso dall'idea che ti eri fatta di lui. Sarebbe stato più facile se fosse stato stronzo e basta, no?»

«Cosa sarebbe stato più facile?»

«Non farti coinvolgere.»

Maledetta migliore amica.

«Immagino di sì» ammetto. «Ma tranquilla, sono ben lontana dal punto di non ritorno. Mi basta solo tenere le distanze. Non sarà una missione impossibile.»

La saluto con un abbraccio e scendo in strada. Stefano sta ciondolando sul marciapiede. È sempre elegante, anche se stamattina mi sembra più rilassato del solito. Di buonumore. Un buonumore che impenna in un sorriso pieno, quando entro nel suo raggio visivo. «Buongiorno!»

Mi aggrappo alla borsa a tracolla. «Ehi.»

«Ehi» mi fa eco, avvicinandosi.

Credo voglia abbracciarmi o qualcosa del genere, ma per fortuna non lo fa. Si ferma prima, a mezzo piede da me, tanto da costringermi ad alzare la testa per guardarlo negli occhi. «Ciao» mi saluta, radioso.

Merda.

Sono nella merda.

«Sono in ritardo,» farfuglio «scusa.»

Il suo sguardo non mi molla per un attimo. «Non c'è problema, Melissa. Sono appena arrivato anch'io» risponde, con un tono dolce che mi induce a rintanarmi nell'appartamento, l'unica zona sicura.

Grazie al cielo, ci aspetta una giornata di duro lavoro. Di

durissimo lavoro. Di lavoro talmente impegnativo che non potremo condividere altro.

«Pronta per la presentazione?» mi chiede.

«Oh, certo.»

Fa un passo indietro e mi indica di salire in macchina. Sono ben contenta di assecondarlo. Siamo nello stesso abitacolo, ma mentre guida è innocuo. Visti così, sembriamo due colleghi e basta. Lui al volante, io che sbocconcello le brioches che ha comprato anche oggi, con la radio di sottofondo ad accompagnarci nel traffico del mattino. L'appuntamento è fissato alle dieci e mezzo e Stefano mi rivela che saremo solo io, lui ed Enzo.

«Pensi che andrà bene?» chiedo, memore del giorno precedente.

«Assolutamente. Hai sistemato tutto, ricordi?»

Ieri sera. Camera mia. Mezzo bacio.

«Be' sì, anche se in realtà senza il tuo aiuto non avr…»

«A proposito, Melissa. Ho un favore da chiederti, riguardo a ieri sera.»

Per quanto ne so, potrebbe domandarmi l'iscrizione annuale alle serate Call of Duty; non sono proprio pronta a ritrovarmelo sul divano di casa ogni settimana.

«Riguardo a ieri sera» ripete. «Preferirei che non si sapesse in giro.»

Lo guardo senza capire. «O… kay?»

«Sul serio. Non posso, cioè, non voglio che si venga a sapere.»

Il tono è fermo, sembra una contrattazione professionale che identifica un errore da evitare.

«Cosa non vuoi che si sappia, di preciso? Che mi hai aiutata o che sei stato a casa mia?»

«Io non sono *mai* stato a casa tua.»

Stronzo.

Sono gelosa del mio spazio vitale. Non ci faccio entrare

chiunque. Nessuno può baciarmi e poi farmi sentire come mi fa sentire lui adesso. E mi sono pure convinta che dietro la sua facciata si nascondesse dell'altro. Di *aver visto* dell'altro. Come ho fatto ad aderire senza accorgermene al partito del "è diverso da come sembra"?

«Guarda, quanto vorrei che fosse vero» ribatto. «Fosse per me, manco ci saresti entrato sul serio!»

Stefano emette un sospiro. «Melissa, non ti arrabbiare, è che...»

«È che non vuoi creare favoritismi? Cosa pensi, che potrei rovinarti la reputazione di CTO modello?»

Stringe le mani attorno al volante. «Non sai di cosa stai parlando.»

«Oh, no, infatti. Scusa. Come potrei, sono solo l'ultima assunta! Però immagino che la tua azienda si stupirebbe a vederci in auto insieme, dico bene? Perché, andiamo, da quando il *chief bla bla* passa a prendere la plebaglia? Da quando si pianta nelle case dei suoi dipendenti e conosce i suoi amici e programma abbarbicato tra i loro armadi e i loro letti fino a mezzanotte?»

Credo che mi riprenderà perché sono stata irruente e anche inappropriata, invece resta zitto. Facendo sfoggio di un autocontrollo spaventoso, si trattiene.

«L'azienda è di mio padre» mi corregge. «Non mia.»

«Oh be', sai che differenza.»

Quell'unica frase ha il potere che non hanno avuto le mie illazioni precedenti: rompe i ranghi, rovesciando la sua placida calma. Il suo volto si trasforma e stavolta non si limiterà a una patetica scusa.

«Sì, Melissa. È diverso. E lo sapresti, se me l'avessi chiesto. Invece tu non chiedi. Tu pretendi che... non so, che io riesca a leggerti nella mente e che ti confuti senza neanche sapere di cosa stiamo parlando!»

«Io non pretendo niente! Non ho mai preteso niente da te.»

«Oh, no. Ti sbagli.» La sua voce ora è gelida. «Tu pretendi che la tua prospettiva sia quella giusta senza che prima… Da quando hai saputo il mio nome, pensi di avere la verità in tasca su di me. Ti do una notizia, Melissa: non è tutto come lo immagini. Puoi sbagliarti anche tu.»

«Sì, be', non hai idea della tua capacità di impedire alla gente di avvicinarsi! E non puoi dare la colpa alla tua azienda se…»

«Non è la mia azienda!» sbotta. «Non è la mia azienda. Smettila di dirlo, ti prego.»

La sua richiesta mi coglie alla sprovvista e il silenzio che cala subito dopo contribuisce a placare un po' gli animi.

Mi torturo le mani e non so cosa dire, così aspetto che sia lui a riprendere le fila del discorso.

«E non è casa tua, il problema. Non mi hai nemmeno lasciato spiegare ma, se mi avessi lasciato il tempo, sapresti che non era mia intenzione mancare di rispetto a te o ai tuoi amici.»

Dannazione.

Ho esagerato.

Di nuovo.

«E allora qual è il problema? I pettegolezzi? Pensi che sia disdicevole che…»

«Non me ne frega nulla dei pettegolezzi.»

«E quindi?»

«Quindi, quando dico che l'azienda non è mia, intendo che in questo momento la MarsTech è tanto mia quanto tua.»

«Okay, non ti seguo.»

«Non ho nessuna quota in mano. Nessuna. Nemmeno un centesimo.»

«Prego?»

Nonostante la tensione, a Stefano scappa un sorriso. «Vedi, tutto sommato siamo più simili del previsto.»

«Se è per quello non possediamo alcuna quota della Microsoft o della Apple, ma condivido questo tratto con la quasi totalità della popolazione» puntualizzo. «Okay, era fuori luogo. Non hai ancora le quote. Ma ti arriveranno, no? Sei l'unico erede.»

«A essere precisi, ho una sorella.»

«Ah.»

Lo so. L'ho letto su internet. Si chiama Caterina Marte e fa la *lifestyle blogger*. Ergo, non è la persona ideale a cui affidare un'azienda di domotica. Non quando in casa hai un figlio prodigio nel campo, almeno.

«Ma Cate non metterebbe piede in sede neanche se le promettessi un set fotografico con Jared Leto in persona.»

«Tua sorella ha degli ottimi gusti» commento. «Voglio dire, tua sorella avrà le sue motivazioni... ma questo non spiega la tua richiesta. Non ti fidi di me?» azzardo. «Guarda che, come non ho raccontato a nessuno dell'inaugurazione, cioè, di come ci siamo conosciuti...»

Il cretino del mio ippocampo mi proietta il bacio con sottofondo musicale al completo. Al diavolo i ricordi con tanto di montaggio video. La dipendenza da serie tv mi ha rovinata.

«No, Melissa.» Sospira. «Ricordi quando sei venuta nel mio ufficio, quando ti ho detto che all'inaugurazione mi hai fatto interrompere un record? Che non programmavo da tre anni, da quando sono stato nominato CTO?»

«Perché il responsabile tecnico non può occuparsi di tutto.»

«Perché ho un accordo con mio padre.»

«Un accordo?»

«Già. Mio padre è... ha...»

Non ha affrontato questo discorso con molte persone, a giudicare dalla difficoltà che gli leggo sulla faccia e che percepisco nella voce.

«Insomma, la MarsTech non è quell'oasi felice che tu immagini. Per gli altri lo è, una bella azienda con standard elevati e i codici etici e uffici a tutela dei dipendenti. Ma per me è diverso, per me è...»

Stringo le mani sul bordo del sedile. «Tralasciando il fatto che non lo riferirei a nessuno, se non vuoi parlarne, non c'è problema.»

«Ma io voglio» ribatte, di fronte al mio maldestro tentativo di supporto. «E, a dispetto dei miei vagheggiamenti, la situazione è anche piuttosto semplice.»

Si schiarisce la gola e riprende quel tono serio che riesce a dismettere e ripristinare a suo piacimento. «Vedrò le quote a mano a mano che il mio impegno aziendale avanza. Dopo cinque anni di coordinamento tecnico, acquisirò il dieci percento. E così via, fino al raggiungimento della quota. All'unica condizione che la mia carriera progredisca in continuazione, senza regredire.»

«Cioè, devi essere il CTO per tot anni e poi devi cambiare. Bene. E quindi, dove hai sbagliato? Mi hai semplicemente aiutato...»

«Come tecnico.»

«Ma cosa significa, tu ami programmare. Cosa c'è di male se...»

Stefano ride, ma non c'è traccia di divertimento nel suo tono amaro. «È evidente che tu non conosca mio padre.»

Oserei dire di essere stata baciata dalla fortuna.

«Non capisco, Stefano. Davvero.»

«Non c'è molta logica nei suoi ragionamenti, te lo concedo.»

«Cioè, se ti comporti da tecnico, anche per una sera, ti sogni l'eredità?»

«Non è la mia eredità. È un bene di cui mio padre è titolare e di cui può disporre come più preferisce.»

«In effetti spiegata così cambia radicalmente!» esclamo.

«Scusa la sincerità, ma ti rendi conto che è una colossale idiozia? Non puoi fare quello che ti piace perché altrimenti l'azienda di famiglia non sarà tua? Per quale motivo, poi? Senza di te il programma di punta non esisterebbe nemmeno!»

«Il programma esisterebbe perché sviluppato per mano di altri. Così come i software secondari. E io posso – anzi, devo – coordinare tutti i progetti.»

«Cioè, a te sta bene» ricapitolo. «A te sta bene che tuo padre ti vieti qualcosa che ami, altrimenti non avrai le quote dell'azienda.»

Stefano non dice nulla.

«Cioè, immagino che ti vada bene, se lo stai assecondando. Ma non riesco a capire perché...»

«A parte perché diventerei il socio di maggioranza dell'azienda di famiglia?»

«Guarda, nessuno mette in dubbio il valore dei soldi. Non lo sminuirei mai, visto che fino a un mese fa mi pagavo le bollette svendendo le mie presunte capacità in compiti come confermare o meno se la collocazione del seitan nello scaffale più in basso fosse una chiara presa di posizione nei confronti degli animalisti. Però, voglio dire, programmare ti piace. Sei bravo. Perché tuo padre dovrebbe infastidirsi per una cosa simile?»

Di nuovo Stefano ride. Delle mie parole ingenue, immagino.

«Non sei mai stata in casa Marte.»

E non credo che un'eventualità del genere possa verificarsi, ma non lo specifico.

«Non so se lo sai, ma la MarsTech l'ha creata mio padre dal nulla. È partito occupandosi delle schede elettriche dei condizionatori e ha creato un impero. Se tu conoscessi i miei genitori, capiresti che la MarsTech è come un terzo figlio per lui. Anzi, è il primogenito. E il suo desiderio più grande è che uno di noi la prenda in mano, la guidi.»

«Non vedo problemi...»

«Che la guidi come *dirigente*, Melissa, non che ci lavori dentro come uno dei tanti, bravi, programmatori. Caterina non ne ha mai voluto sapere, invece io sono sempre stato portato per la materia, così…»

«Così sei entrato nell'organico e ti attende un futuro radioso. Ma devi comportarti come si conviene, dimostrando di meritarti la dirigenza, perché il principe non si mette a pulire le stoviglie del palazzo.»

«Se ha un senso quello che dici…»

«Se ha un senso la clausola!»

«Mi piace quello che faccio, Melissa. Sto coordinando progetti, sviluppando nuovi filoni di ricerca e…»

«Infatti sei un ottimo CTO. Ma quando avanzerai di ruolo, cosa farai? Ti ammazzerai di conti ed economia, altrimenti non arriverà la tua parte?»

«È lavoro, non divertimento.»

«Quindi ti ho sognato ieri sera, seduto alla scrivania nella mia camera, mentre divoravi panini ed eri tranquillo e felice. O, aspetta, ti ricordi quando ci siamo infilati in una Jacuzzi vuota e abbiamo visionato il codice su un tablet? Credo che abbiamo riscritto la definizione di "disperati informatici", quella sera.»

Stefano ride. Stavolta è una risata di cuore, talmente coinvolgente che manda in secondo piano il resto della discussione. Era da questo che fuggiva, quando ci siamo incontrati? Cercava un angolo di pace dalle responsabilità che lo schiacciano, dall'ingombrante volere paterno?

E poi, se questi sono i suoi argomenti di vita, di che diavolo parlava con Sharon, durante i loro appuntamenti? Sempre che parlassero, naturalmente.

«Eppure non cambierei nulla di quella serata.» Stacca lo sguardo dalla strada e lo poggia su di me. Per un attimo, è il ragazzo della vasca. La parte di lui che mi piace di più. «Nulla.»

«Ah, be'» bofonchio. «Era una performance alla Paganini, signor Marte.»

«Non è esatto, signorina Neri. Se non ricordo male, c'è stata una piccola demo ieri sera.»

Il mezzo bacio.

Grazie, ippocampo, sei sempre così dannatamente efficace.

«Un progetto appena nato e già naufragato. Succede spesso nell'informatica, mi riferiscono.»

«Succede anche in altri ambiti, ma le premesse non mi sembravano del tutto disastrose da arrivare a una decisione così drastica.»

«Per esperienza personale, ritengo di portare avanti solo progetti di cui posso predire con un margine di sicurezza la buona riuscita.»

«Ah, sì? Esistono progetti di questo tipo anche al di fuori della carta?»

«Certo! Per esempio, trovare una persona con cui condividere gli stessi interessi, con uno stile di vita compatibile con il tuo e...»

«E vederla partire per Oslo?»

«Ehi, grazie per colpo basso. Non è... cioè sì, è partito per Oslo, ma...»

«Lo stai difendendo?» mi chiede, stranito.

«No! È solo che, insomma, possiamo non parlare di Leonardo?»

«Certo» annuisce. «Il tuo ex fidanzato. Quel caro ragazzo che gioca a fare il buon samaritano offrendoti esperienze indicibili all'estero. Quando riparte?»

«Stronzo!» esclamo. «Ti avevo chiesto di...»

«E io non ti ho ascoltato. Perché vedi, Melissa, non sarò un grande esperto di relazioni, ma quello che ho visto ieri sera da te mi ha fatto riflettere.»

«Ah sì? Hai capito che vuoi mandare al diavolo tutto e diventare un tester professionista di videogiochi?»

Lui mi lancia un'occhiata sbieca. «Certo che no. Ma ho visto con chiarezza l'applicazione del concetto che ogni lasciata è persa.»

«Mi stai suggerendo che dovrei concedermi una seconda opportunità con Leo perché il vento nordico potrebbe avergli scombinato l'ordine dei neuroni e se non ci riprovo non lo saprò mai?»

Stefano si distende sul sedile. «Non direi. No. Proprio no.»

Al di là del finestrino, la statale scorre trafficata, anche se allontanarsi da Milano è di per sé indice di rinuncia al traffico selvaggio. Siamo ormai a pochi chilometri dall'albergo, tra non molto questa conversazione avrà fine. Grazie al cielo.

«Comunque, domenica. Leonardo riparte domenica.»

Lui si prende qualche secondo per elaborare la domanda successiva. «Vi vedrete ancora?»

Sospiro. «A dir la verità, sto raggranellando ogni scusa pur di non incrociarci, anche se al momento ho raccattato solo l'invito al pranzo domenicale di mia madre. Sai, è difficile quando condividi la maggior parte delle conoscenze. E oggi è il suo compleanno, stasera lo festeggerà nel suo vecchio appartamento e spero che non si metta in testa di venirmi a prendere o cose simili. Quindi mi darò alla macchia finché non si infilerà in quel maledetto aeroporto.»

«Non hai bisogno di scuse, almeno oggi. Lavoreremo troppo, e poi sulla strada del ritorno dovrei fare una deviazione a casa di mia sorella.»

«Ah» esclamo, presa alla sprovvista.

«È un problema se passiamo da lei?»

Conoscerò sua sorella? Non sono decisamente pronta per questo sviluppo.

«No, certo. Se si tratta di poco...»

Stefano annuisce. «Questione di minuti.»

Arriviamo nella sede della catena alberghiera puntuali. Enzo è già lì e, se si stupisce di vederci arrivare assieme, non lo dà a vedere.

A essere precisi, la mia presenza è piuttosto inutile. I due boss dominano la scena e io resto in disparte per supportarli nei compiti meno prestigiosi come sistemare un parametro dell'ultimo minuto oppure aprire i link della presentazione. La dimostrazione si conclude con esito positivo e, alle cinque e mezzo del pomeriggio, esiste una bozza di compravendita per un impianto che vale cinquecentomila euro. Cinquecentomila euro.

Ci salutiamo nel parcheggio, o meglio, io ed Enzo ci salutiamo – Enzo si è anche scusato per l'exploit del giorno prima – e io mi rifugio in macchina mentre lui e Stefano si trattengono qualche minuto a parlare al di fuori della mia portata uditiva.

Il viaggio del ritorno procede nella totale tranquillità.

È venerdì sera. Sabrina sarà impegnata fino alle nove e mezzo con gli straordinari dello studio fisioterapico visto che l'Incapace, il suo capo, ha deciso che lo sfruttamento extralavorativo è la nuova frontiera del divertimento per l'inizio del weekend. Giorgio, Pietro e Francesco andranno al compleanno di Leo, secondo l'assunto che, anche se ci siamo lasciati, non dobbiamo costringere i nostri amici a schierarsi in una delle due fazioni. Leggo l'orario sul cruscotto e mi ritrovo a programmare la mia serata in solitudine: pizza da asporto, recupero selvaggio della terza stagione di *Homeland* – Nicholas Brody, anche se sei un mezzo terrorista, sono tua – e una birra ghiacciata a innaffiare il tutto.

Anche Stefano si starà organizzando mentalmente: sta guidando sereno, un'ombra di compiacimento che gli attraversa il volto, le labbra appena imbronciate in una posa che mi allontana dalla zona sicura ma che uscirà dal mio radar per almeno sessanta ore.

L'astronave devia in una statale secondaria, poche automobili e una quiete che di solito non si associa ai venerdì milanesi. Attraversiamo una manciata di paesi di provincia e giungiamo sul lato opposto della campagna brianzola, in una ridente località di villeggiatura in cui non sono mai stata, circondata da campi agresti e dalle vette delle Alpi che si stagliano in lontananza contro il tramonto della sera.

«Wow, proprio di strada, eh?»

«Siamo quasi arrivati.»

Ho di nuovo il sentore che si stia prendendo gioco di me. Ma, forse per la tranquillità che ci avvolge, forse perché mi piace pensare che presto sarò davanti al portatile a trascorrere la serata nerd per eccellenza, non protesto.

Svoltiamo in una laterale che, pur attraversando un tratto di campo, è perfettamente asfaltata, e deduco che siamo vicini alla meta. Qualche centinaio di metri più avanti appare un'enorme casa colonica ristrutturata, circondata da un giardino curato con una quantità imbarazzante di piante, di cui riconosco solo degli alberi di ciliegio.

«Tua sorella vive *qui*?»

Lui si limita a un cenno d'assenso, mentre superiamo il cancello automatico di ferro battuto e proseguiamo sul vialetto lastricato. La luce del tramonto nasconde parzialmente la visuale e io sono così concentrata sull'edificio da realizzare troppo tardi che Stefano ha parcheggiato in una specie di parco macchine. E che tale parco macchine pullula di automobili.

Insomma, c'è il pienone.

Mi volto verso di lui. «Stefano? Perché ci sono tutte queste persone in casa?»

Lui spegne la macchina, le luci di cortesia si accendono illuminandogli il volto. Sta sorridendo, l'impertinente.

Oh, non ci credo.

«Ricordi quando ti ho detto che ci saremmo fermati per poco?»

Non l'ha fatto sul serio. Per favore, non l'ha fatto sul serio.

«Ecco, mentivo.»

«Io ti uccido» sibilo. «Dove siamo? Dove diavolo siamo?»

«Be', tecnicamente non ti ho mentito sulla destinazione, visto che questa è la casa preferita di mia sorella...»

«Stefano, dimmi dove mi hai portata o giuro su Java che lunedì mattina la prima cosa che faccio è dare fuoco al tuo hard disk e distruggere tutti i tuoi backup!»

Lui non smette di sorridere. Sa che non darei mai fuoco a un hard disk. Non sono senza cuore fino a quel punto.

«E, sempre tecnicamente, ti ho fatto un favore nel tenerti lontana da Milano e dal tuo ex ragazzo, giusto?»

«Stefano!»

«Okay, okay. Siamo in una tenuta di famiglia. Caterina è presente. E ti prometto che ci tratterremo il minor tempo possibile. Va bene?»

Bene? Il computer, *Homeland*, la pizza e la birra erano "bene". Questa è una disgrazia!

«E poi, in qualità di dipendente della MarsTech, non vuoi portare i tuoi auguri all'uomo che ha fondato l'azienda per cui lavori?»

È il compleanno di suo padre.

Il Principe Delegato mi ha trascinata al Gran Ballo per i festeggiamenti del Re in Carica. Se qualcuno non mi seda, la reggenza si troverà ad affrontare un serio caso di anarchia per mancanza di eredi maschi in vita.

Dieci

Avanzo verso la reggia imperiale, ma solo perché l'alternativa sarebbe restare in auto in un parcheggio buio nel bel mezzo del nulla brianzolo. Ingenua sì, stupida un po' meno.

«Ti rendi conto di cosa hai fatto?»

Stefano è al mio fianco e si sta annodando un odioso *bow tie* che tanto mi ricorda la sera in cui l'ho conosciuto.

«Oh sì, credo di averti appena portato a un evento familiare dei Marte» risponde, con lo stesso tono con cui controllerebbe lo stato della batteria del telefono. Anzi, forse in quel caso sarebbe più preoccupato.

«Stefano, ti giuro che te la faccio pagare. Avresti almeno potuto avvertirmi, anzi, avresti *assolutamente* dovuto chiedermi se ero d'accordo e...»

Lui si ferma, a pochi passi dall'ingresso. «Mi avresti risposto di sì?»

«No!»

«Ecco, vedi, allora ho avuto ragione a fare di testa mia.»

«Come bruciare anni di emancipazione femminile con una frase! Hai nascosto la clava sotto il sedile della macchina, per caso?»

Lui si stranisce. «Preferivi andare alla festa del tuo ex ragazzo?»

«Ma neanche per sogno! Preferivo… non so, preferivo che guardassimo un film, piuttosto!»

Okay. Non so come mi sia uscita. È chiaro che non sia propriamente in me. È colpa della vicinanza con la dinastia Marte. Questo posto è pericoloso.

E infatti, dopo qualche secondo di smarrimento in cui fatica a registrare il significato delle mie parole, inizia a sogghignare in un modo che renderebbe fiero il Joker di *Why so serious*.

«Okay, cambio di programma. Torniamo in macchina e scegliamo il film.»

Ma perché, perché ho parlato?

Senza che abbia il tempo di elaborare una risposta, allunga una mano; le sue dita si intrecciano con le mie e io sussulto come se qualcuno m'avesse appena speronato con la ruota della bicicletta.

Il suo pollice scivola sul mio palmo, il polpastrello accarezza il dorso della mia mano in piccoli cerchi irregolari che funzionano per i miei nervi come il richiamo delle sirene per i marinai. È un tocco allo stesso tempo rassicurante e avventato.

Dovrei allontanarlo. Cancellare la sera precedente e ritrarre la mano. Invece non riesco ad articolare una parola e lascio che mi accarezzi, vagando con l'indice sulla mia pelle.

Solo quando capisco che sta davvero puntando al lato di parcheggio dal quale siamo arrivati, sfilo la mano dalla sua. Perché, se c'è qualcosa di peggio dell'incontro pubblico con la sua famiglia, quello è di sicuro l'incontro a due sul divano di casa mia o di casa sua.

«Stefano, aspetta, fermati.»

«Che c'è, hai cambiato idea?»

Se questo era il suo piano fin dall'inizio, è un genio del male. «Va bene. Rimaniamo qui. Chissenefrega se sono stata trascinata con l'inganno, se sono reduce da una giornata lunghissima e se non vedo una doccia da più di dodici ore, no?»

Stefano afferra una ciocca di capelli e me la ripone dietro l'orecchio. È una cosa che si vede fare nelle serie tv, cui sono abituata a leggere nei libri. Ma nella realtà non è tanto il gesto a stupirmi, quanto la sua espressione meravigliata mentre lo compie, la sorpresa nel poterlo fare, un permesso non scritto di sconfinare in una sfera che di solito non attraversa.

«Vai bene così, Melissa. Nessuno ti importunerà per il tuo aspetto.»

Parla quello che si è appena ripristinato lo smoking…

«E, se desideri fare una doccia, ai piani superiori ci sono molte stanze per gli ospiti. Non avremo difficoltà a trovarne una libera per te.»

«Oh.» Come se davvero potessi accomodarmi nella stanza degli ospiti di una tenuta dei Marte e farmi la doccia mentre tutti, Stefano compreso, festeggiano l'Uomo dell'Anno al piano di sotto. «Okay, sì, non penso che sia il caso.»

«Come preferisci. Ma ricorda che, nonostante gli invitati, nonostante l'occasione speciale e nonostante sia un posto nuovo per te, è sempre casa mia. Dunque, qualche libertà la possiamo anche prendere.»

Casa sua.

O meglio, una delle case in possesso della sua famiglia. Quindi anche sue. A meno che il patrimonio immobiliare, nel Regno di Marte, non sia stato contrattualizzato con criteri di tipo patriarcale. Qualcosa come "l'eredità si sbloccherà solo previo matrimonio con una donna approvata e la messa al mondo di almeno due figli". Visto quello che suo padre è riuscito a pattuire per l'azienda, non mi stupirebbe se anche il resto fosse soggetto a ridicole clausole.

«Andiamo?»

Pone la mano destra alla base della schiena, sfiorandomi

appena sopra la stoffa del vestito. Non riesco a determinare con precisione quando il nostro rapporto abbia assunto una piega confidenziale.

Non so con precisione quando il mio stupido cuore si è alleato con i miei stupidi ormoni, schierandosi a favore dell'uomo della vasca. Ma so con sufficiente certezza che le mie probabilità di sopravvivere alla serata sono talmente esigue che non riuscirò a confrontarmi con Sabrina in merito.

Entrare nella casa colonica dei Marte con a fianco il loro prezioso erede mi riporta indietro nel tempo di un mese, quando ho attraversato la soglia di un altro Gran Ballo da sola e piena di speranze.

Solo che stavolta ho ancora più dubbi sulla qualifica con cui presenzio. A giudicare dagli invitati, non si tratta di una festa rivolta ai dipendenti della MarsTech. Nella grande sala agghindata riconosco solo qualche volto del direttivo.

L'istinto di conservazione mi costringe ad appigliarmi al braccio di Stefano. Non tanto per la quantità di gente, sufficientemente elevata per non poterla definire una festa intima e sufficientemente selezionata per non poterla definire un evento allargato, e neanche per la cura dei dettagli dei tavoli allestiti o degli angoli floreali che rendono ancora più accogliente una sala rustica già di per sé calda, con il camino in centro e i mattoni a vista.

Non sono l'apparenza e il lusso ad agitarmi. È che, di nuovo, non c'entro granché con questo posto o con queste persone. È il suo territorio, un altro luogo dove lui sa come muoversi e io sono di troppo. Il fuggiasco non fugge più ma l'imbucata persiste nell'errore.

«Tutto bene?» mi domanda Stefano, prima di salutare con la mano alcuni signori che attirano la sua attenzione.

«Perché mi hai portato qui?» sussurro. «Seriamente, perché? E non tirare fuori Leonardo e la sua festa, per favore.»

«Hai presente come ti sentivi tu ieri sera? Ecco. Stasera è il mio turno. Avevo bisogno di un supporto.»

Sto per ribattere che per questo esistono gli amici o comunque altre figure più consone, ma mi fermo per tempo. Perché, nonostante tutto, lui mi è stato vicino. Senza che glielo chiedessi.

Forse per lui è stata solo una coincidenza casuale nello scorrere degli eventi. Però per me non è stato un gesto da nulla. E, in cuor mio, ricambiare non mi dà fastidio. Anche se i rapporti non si basano su una squallida conta di quanto si dà e si riceve e la gentilezza non si dovrebbe pesare al grammo.

Solo in un secondo momento analizzo più a fondo la sua frase e, di conseguenza, mi concedo un ragionevole dubbio. «Quando hai deciso di trascinarmi qui?»

«Sincerità?»

«Sono in mezzo alla tua famiglia e ci sono stata portata a tradimento. Direi che come minimo mi merito la versione sincera.»

Lui dispensa un saluto verso fondo sala, prima di parlarmi all'orecchio. «Okay, sinceramente allora. Ieri sera. Nella tua camera. E stamattina, quando abbiamo parlato della mia questione aziendale, ne ho avuto la certezza.»

Cerco di fare chiarezza nelle sue parole vaghe. «La certezza di cosa?»

«Ste! Sei arrivato!»

Una voce squillante ci sorprende alle spalle. Appartiene a una ragazza che potrebbe avere la mia età: indossa un vestito color panna quasi impalpabile, che le svolazza attorno conferendole l'aria di una ninfa dipinta. È più minuta di Stefano, ma sul viso riconosco alcune somiglianze. I colori scuri degli occhi, la linea piena delle labbra. Devono aver preso dallo stesso lato della famiglia.

«Nostra madre» dice la ragazza. «Siamo stati quasi clonati da lei. Be', di sicuro Ste, io purtroppo ho preso l'altezza da nostro padre… Comunque, sono contenta che siate riusciti a raggiungerci.»

Okay, mi è chiaro perché Stefano volesse del supporto. Ora resta da definire chi darà supporto a me.

«Melissa, lei è mia sorella Caterina» ci presenta lui. «Caterina, Melissa. È una mia…»

Collega? Dipendente? Amica?

«Siamo venuti insieme.»

«Questo lo vedo da sola» commenta sua sorella, con lo stesso sguardo furbo che sono abituata a riconoscere su di lui. Lo stesso sguardo che si posa sul braccio cui sono ancora aggrappata.

Cerco di ritrarre la mano, ma lui mi blocca con un'alzata di sopracciglio.

«Mamma ti cercava» prosegue lei. «Alla tua accompagnatrice ci penso io, per un po'.»

Per un po'? Non dovevamo trattenerci "il minor tempo possibile"?

Ah, ma chi voglio prendere in giro?

Lancio uno sguardo di supplica a Stefano, che deve aver dimenticato le recenti promesse sulla breve permanenza in casa Marte.

«Non potresti chiedere una compagnia migliore, Melissa» mi rassicura lui. «Tra i presenti in questa sala, meglio specificare.»

«Stronzo» ribatte sua sorella.

Stefano non batte ciglio. «Cate, la mia accompagnatrice gradirebbe rinfrescarsi. La puoi accompagnare di sopra, mentre mi getto nella mischia del divertimento sfrenato?»

«Veramente non ce n'è bisogno, dav…»

Non faccio in tempo ad aggiungere altro, che Caterina Marte mi afferra per l'altro braccio libero. Sono divisa tra i due eredi della MarsTech e non riesco ancora a capacitarmi di come sia successo.

«Con vero piacere! Ho portato un piccolo campionario di Vanessa Montoro che non vede l'ora di trovare il corpo giusto. Secondo me, su Melissa sarebbe perfetto.»

La risata di Stefano giunge improvvisa. «Non puoi essere così presuntuosa da pensare che chiunque si lasci vestire e svestire a tuo piacimento, Cate.»

Lei inclina la testa. «Perché no?»

«Fidati, hai di fronte a te un esempio di testardaggine che raggiunge come minimo il tuo livello.»

«Ancora meglio! Adoro le donne che sanno quello che vogliono.»

Osservo i due fratelli mentre parlano di me con una nonchalance che mi mette un filo in imbarazzo.

Stefano si sfila dalla mia presa e, nel farlo, mi accarezza il gomito. Un gesto che non ha niente di casuale, con i polpastrelli che indugiano sulla mia pelle e i suoi occhi che non mi lasciano un secondo.

«Hai presente quando dici di no a me?» mi chiede. «Ecco, non trattenerti nemmeno con lei, soprattutto se i termini stranieri superano il cinquanta percento delle parole totali.»

«Malfidente!» sbotta sua sorella. «Lo sai che agisco solo in nome del buongusto. E poi, non tratterei mai male la tua programmatrice.»

Non trattengo un moto di sorpresa per la naturalezza con cui mi apostrofa, come se fossi un argomento già trattato nei loro discorsi. Deve essere un effetto collaterale della bizzarra conversazione, o della serata fuori programma o del mondo irreale che per qualche ora sarò costretta ad abitare.

«Ci vediamo dopo, Melissa» mi saluta Stefano.

Credo che stia per avvicinarsi e darmi un bacio pro forma sulla guancia, invece fa cadere le braccia lungo il corpo e si dirige verso il centro della sala. Resto a fissare la sua schiena che sparisce nella confusione di uomini e donne che non vedevano l'ora si liberasse per agguantarlo. Lo vedo stringere la mano di un direttore di reparto, prima che un nugolo di eleganti signore mi copra la visuale.

«Dicevamo, Vanessa Montoro. Taglia quarantadue, immagino. Altezza... un metro e settanta?»

Mi volto verso Caterina Marte. Ha l'aria di essere molto divertita.

«Uno e sessantotto.»

«No! Come ho fatto a sbagliare? Ah, le scarpe. Hai il plateau!»

D'istinto, abbasso la testa verso il pavimento. Spero che Stefano si sbrighi a espletare le pubbliche relazioni, perché non so quanti argomenti in comune potrei trovare con sua sorella. Sharon avrebbe riscosso molto più successo.

«Comunque, intanto ti accompagno di sopra. Poi vediamo.»

Ancora appesa al mio braccio, mi trascina verso una porta laterale sulla sinistra, che non avevo notato. Attraversiamo un corridoio di servizio e raggiungiamo una scalinata di marmo rosso. Solo a quel punto mi lascia il braccio, appoggia la mano sulla ringhiera di ferro battuto e sale i gradini prestando attenzione a non intrappolare i tacchi a spillo nel velo del vestito che dietro scende fino a terra.

A corto di alternative, la seguo. Caterina sale al secondo piano, percorre il corridoio fino alla quarta stanza e chiude la porta alle nostre spalle. La musica e le chiacchiere della festa si trasformano in un ovattato rumore di fondo, attutito dai muri spessi che contribuiscono a posizionare la necessaria distanza tra me e il Gran Ballo.

Resto impalata a osservare l'ambiente, mentre la sorella di Stefano rovista nell'armadio a muro. La camera è un concentrato di arredamento country chic, un insieme di mobilio rustico ma elegante sui toni del bianco: la testiera del letto matrimoniale in legno, i comodini in stile romantico, due adorabili poltrone francesi che attorniano un vezzoso tavolino. La camera di una principessa.

«Credo che ti stia suonando il cellulare» dice Caterina, riemergendo dall'armadio con cinque o sei grucce da cui pendono alcuni preziosi abiti.

«Pensavo che scherzassi» rispondo, incapace di distogliere lo sguardo dalla moltitudine di vestiti che culla tra le braccia. «Quando parlavi di quella tipa, Vanessa... pensavo che scherzassi.»

«Oh, non scherzo mai su Vanessa Montoro! È quasi una figura sacra per me. Come per voi lo è Java, sai.»

«Non... non hai intenzione di prestarmi uno di quei vestiti, vero?»

Caterina inclina la testa, paziente. «Tranquilla, mi sono appena arrivati dall'atelier. Non li ha mai indossati nessuno. Te lo posso garantire.»

Qualche volta io e Sabrina ci siamo prestate anche le mutande, quando una delle due restava senza per carenza di lavatrici pulite o asciutte. Ma non mi sembra il caso di portarlo come esempio della mia capacità di adattamento.

«Non è per quello. È che... resto poco. *Restiamo* poco. Sarebbe uno spreco e...»

Lei si fa seria. «Non è uno spreco. È un vestito che ti si adatterebbe alla perfezione. E non resterai poco.»

È il tono con cui lo dice a preoccuparmi, più delle parole in sé.

«Stefano ha detto che...»

«Che si tratta di fare gli auguri, stringere qualche mano e svignarvela?»

«Be', più o meno, ma...»

Caterina appoggia le grucce sui guanciali del letto, stende i vestiti e si siede in modo da non sgualcirne nemmeno un centimetro. «Pensavo che conoscessi mio fratello.»

Scoppio in una risata che mi fa andare per traverso qualche goccia di saliva. «Stai scherzando? Non lo conosco affatto.»

Forse avrei dovuto trattenermi, visto che è sua sorella, però è la verità.

Non conosco Stefano Marte. Ho delle informazioni su di lui. So che è uno stakanovista brillante, che è testardo e che ha problemi con i rifiuti. So che sa giocare agli sparatutto, che gli piace la mia birra e che bacia benissimo.

Ma non so chi è lui *per davvero*.

«Caspita, ora si spiegano un bel po' di cose» mormora lei. «Ti va di sederti o preferisci prima farti una doccia?»

«Tornare a breve nel mio appartamento è un'utopia, vero?»

Caterina stringe le labbra. «Se ti può consolare, queste ore voleranno.»

«E perché?»

«Perché… oh, immagino perché non hai idea di quello che ti aspetta, dunque non avrai proprio il tempo di annoiarti. Rispondi?» domanda, indicando la mia borsa.

Il mio cellulare sta suonando di nuovo. Lo estraggo dalla taschina interna della borsa e leggo LEONARDO a caratteri cubitali sul display. Niente suoneria personalizzata, stavolta.

Rifiuto la chiamata senza ripensamenti.

Non so cosa voglia dirmi ma so che, di qualsiasi cosa si tratti, non la voglio sentire. Inserisco la vibrazione e ficco il telefono nel fondo della borsa, sepolto dal portafoglio, dai fazzoletti, da un hard disk portatile e dalle chiavi di casa.

«Posso davvero farmi una doccia?»

Se prima mi sembrava un'idea balzana, adesso lavarmi di dosso la giornata sotto lo scroscio dell'acqua è un palliativo che non mi dispiacerebbe concedermi.

Caterina sorride. «Certo! Vieni.»

Mi fa strada verso una porta in fondo alla stanza, che dà su un piccolo bagno. La luce calda illumina una vasca provenzale, un lavabo doppio e un mobiletto di legno massiccio da cui proviene un inebriante profumo di lavanda. È un'atmosfera così accogliente che sono tentata di chiudermici dentro e uscire tra qualche giorno.

«Gli asciugamani sono nel pensile sopra il lavandino. Lo shampoo ce l'ho solo all'olio di Argan, spero che vada bene.»

«Anche troppo» rispondo a mezza voce.

«Non dire stupidaggini, è il minimo. Se hai bisogno di qualcosa, io sono in camera» dice, prima di lasciarmi sola.

Percorro i bordi della vasca con le dita e mi lascio cullare dal rumore dell'acqua che cade contro la ceramica prima e dentro altra acqua poi. È venerdì sera, Leonardo compie gli anni, i miei amici lo stanno festeggiando in un appartamentino che qualsiasi invitato alla festa del Re in Carica considererebbe una buca da golf. Mentre io mi sto immergendo in una vasca che costerà più o meno come il mio affitto annuale, in attesa che il Principe del Regno di Marte si decida a riportarmi a casa.

«Questo non è reale.»

L'acqua è reale. Il profumo di lavanda è reale. La sensazione di pulito che mi avvolge quando mi tampono il corpo con il morbido asciugamano di canapa è reale.

Ma tutto il resto non è reale. È solo un caotico insieme di circostanze che si è concretizzato in una forma illusoria e precaria.

La realtà è distante anni luce da qui. È nel mio appartamento, tra i miei amici, con Sabrina. Mio malgrado, è anche nelle chiamate perse di Leo.

«Okay, ho riflettuto parecchio e penso di essere arrivata a un compromesso accettabile. Indosserai un abito stiloso e di classe ma che non tradisca il tuo carattere, dunque un connubio tra semplice, originale e unico» dice Caterina, non appena esco dal bagno con l'accappatoio avvolto addosso e la biancheria intima riciclata, che schifa anche me ma che non prevede alternative.

«Guarda, grazie ma...»

«Niente ma. Se vuoi ricambiare il piacere, sarai la mia modella per stasera.»

«Scusa?»

Caterina ripone un vestito nell'armadio. «Chiedo a Enrico che mi consegni, diciamo, una decina di scatti buoni. Possiamo anche allestire in velocità qualcosa in giardino, eventualmente. Ho i faretti adeguati.»

«Scusa?»

«Altrimenti non fa niente, possiamo tentare un *maquillage* improvvisato tra *street photography* e ritrattistica glamour.»

«Non... scusa, non ti seguo.»

«Sul tipo di abito o sul tipo di foto?»

«Sul tipo di problema che avete voi Marte con i no.»

Caterina si ferma con le braccia a mezz'aria. «Ah! Forse è dovuto al fatto che nostra madre è sempre stata molto permissiva. Credo si chiami educazione complementare. Sai, per controbilanciare l'operato di nostro padre.» Solleva due vestiti, li fa ondeggiare, prima la mano destra, poi quella sinistra. «Fairytale o J'Adore?»

«Cosa cambia?»

Caterina spalanca gli occhi. «Sono due modelli completamente diversi, uno ha un taglio alto in vita su...»

«No, intendo, cosa cambia se mi rimetto il mio vestito, quello con cui sono venuta.»

Sì, ci ho un po' sudato dentro. È naturale, visto che lo porto dalle sette di stamattina. E sì, vorrei davvero indossare qualcosa di pulito. Ma mi sento già abbastanza in imbarazzo ad aver usufruito del bagno e dell'asciugamano di casa. Figurarsi come mi sentirei con addosso un vestito prestato dalla sorella di Stefano.

«Oh! Ehm, è che... Ci sarebbe un *dress code*, stasera. Tutti gli invitati dovrebbero rispondere a un codice elegante.»

Davanti alla mia espressione attonita, lei si affretta a dire: «Mio fratello ignora sempre queste cose, non è colpa sua se non ti ha avvertito. È che... sai, gli altri si sono presentati seguendo le richieste della padrona di casa e...»

«Capisco» mi ritrovo a mormorare.

Lui e il suo *bow tie* e io conciata a caso.

«Hai cambiato idea riguardo al vestito?» azzarda Caterina, davanti alla mia aria funerea.

«Cambiare idea sembra il mio nuovo imperativo categorico» rispondo. «Okay, lo faccio. Quello che vuoi. Le foto e...»

«Sei arrabbiata.»

«Certo che sono arrabbiata! Tuo fratello è l'essere più criptico di questa terra!»

«Il fatto che tu lo voglia comprendere, però, mi sembra di buon auspicio.»

«Ma io non voglio comprenderlo! Io non voglio niente! Non so nemmeno perché si sia preso la briga di portarmi qui senza avvertirmi che bisognava presentarsi in un certo modo... come se non fossi una portatrice sana di figure di merda!»

Caterina ridacchia. «Uh sì, decisamente. Ora capisco.»

«Cosa?»

«Perché gli piaci.»

«Sì, infatti» le faccio eco, sarcastica.

«Su questo non ho intenzione di discutere. Sei abbastanza intelligente per capire che è così, Melissa.»

Wow. Anche la piccola di casa sa tenere le briglie della conversazione. Un marchio di fabbrica della dinastia Marte.

«Gli piaci. Vi piacete. Non avete quattordici anni, potete anche dirvelo, eh.»

«Non sono sicura che questa conversazione mi piaccia.»

«Preferisci tornare ai vestiti?»

«Sei tremenda. Siete tremendi. Il vostro dna potrebbe essere usato per creare un nuovo tipo di tortura legalizzata.»

«Lo so. Ma lo faccio a fin di bene. Mi credi?»

No, vorrei risponderle.

Ma sarebbe una bugia, perché invece le credo.

Nonostante le sue folli idee sui vestiti e il suo modo di parlarne, sento una sintonia simile a quella che ho provato quando mi sono trasferita nell'appartamento di Sabrina. Sapevo che con quella ragazza sarei andata d'accordo nella stessa misura in cui so che l'esuberanza di Caterina Marte si muove su nobili intenzioni. Che poi con quelle stesse nobili intenzioni possa provocare disastri più o meno arginabili, è un'altra questione.

«J'Adore» rispondo.

Lei batte le mani, felice. «Ci avrei scommesso! Lo avrei scelto pure io, per il tuo fisico. Vedrai, ti starà benissimo.»

Un quarto d'ora più tardi, le do ragione.

Caterina mi spiega che tutti i pezzi della stilista sono realizzati a mano. La parte superiore è lavorata a crochet su un'antica ruota da filatura e colorata con pigmenti naturali estratti da alcune piante sudamericane. Un procedimento che rende ogni capo unico e irripetibile. «Nessuno ha un vestito identico a questo. Anche quelli realizzati sullo stesso modello, e sono pochi, non sono identici per via delle sfumature naturali del colore. È un pezzo unico.»

Lo descrive in modo talmente partecipato da farmi sorprendere a tastare il tessuto e la gonna vaporosa, quasi mi trovassi di fronte a una piccola opera d'arte che ha la peculiarità di poter essere indossata. Devo ammetterlo: è brava nel suo lavoro almeno quanto il fratello lo è nel suo.

«Senza offesa, ma credo che tu mi sia debitrice» commenta, mentre mi guardo allo specchio.

«Lo credo anche io» dico a mezza voce.

Un vestito non cambia chi sono, ma il buongusto di Caterina unito al talento della stilista camuffano la mia natura casual in un insieme armonico che raramente mi sono vista addosso. Caterina aveva ragione: l'abito mi dona.

Usciamo dalla camera e la musica della festa ci avvolge, un concerto per clarinetto mischiato al vociare brulicante degli invitati.

«Non te la prendere con lui» mi prega, quando scendiamo le scale. «Forse non dovrei esprimermi, ma io sono felicissima che tu sia qui stasera.»

Scuoto appena la testa. Che non si stia riferendo al mio spirito collaborativo o alla mia straripante allegria, mi sembra evidente. «Perché?»

«Caspita, sai ancora meno di quanto ho immaginato.»

«A essere precisi, non so niente. Te l'ho detto.»

Siamo arrivate agli ultimi scalini e lei mi prende sottobraccio. Mi tira in parte e devia verso la cucina, dove una gigantesca isola è accerchiata su due lati da un mobile di legno massiccio. Anche qui sono presenti gli inservienti del catering, che stanno guarnendo e portando fuori vassoi colmi di antipasti dall'aspetto invitante. Quasi spero che si fermi per assaggiarne uno, invece Caterina imbocca una porta di servizio, in fondo. Ci ritroviamo sotto un porticato che si affaccia su una porzione di giardino immersa nel tramonto violaceo, gli ultimi baluginii di luce prima della notte.

«Allora, cosa vuoi sapere?» chiede, sedendosi su una poltroncina di rattan.

«Non ti sto facendo perdere tempo?» le chiedo. «Sei la figlia del festeggiato.»

Caterina sventola la mano in aria. «Sei carina a preoccuparti, ma no. Al contrario di mio fratello, io sono al sicuro fino al taglio della torta.»

«Capisco.»

«Non credo, o meglio, spero per te che tu non capisca. Ma grazie del pensiero.»

«È per… per via della MarsTech» deduco, ricordando il discorso di Stefano della mattina stessa.

«È per via di nostro padre, dunque della MarsTech. Ma dubito che mio fratello ti abbia detto che per lui esisto solo nelle occasioni in cui *bisogna* presenziare come *famiglia unita*. O che mi considera troppo superficiale per discorrere con i suoi colleghi. O che per lui il mio lavoro è una mera ribellione alla sua stupida azienda. No?»

Resto immobile, in silenzio.

«No, scusa, drammaticità non richiesta. Riformulo. Ti ha accennato a qualche problema di comunicazione tra noi?»

«Mi ha detto che non hai voluto saperne di entrare in azienda.»

«Puoi biasimarmi, dopo aver visto come ha ridotto lui?» Caterina accenna un mezzo sorriso. «Uno dei vantaggi dei secondogeniti: studiare a distanza gli errori dei primogeniti e schivarli con abilità.»

La MarsTech non è quell'oasi di pace che sembra. O meglio, per gli altri lo è, ma non per me.

«È sempre stato al passo con le richieste di mio padre, Ste» racconta. «Frequenta l'ufficio di nostro padre da quando è nato. Le sue estati da ragazzino? Tutte trascorse a lavorare tra i computer. Che, intendiamoci, tu avrai fatto la cameriera o la babysitter e non ci trovo niente di male a impegnarsi. Al contrario.»

Non ho il coraggio di interromperla.

«Non è lavorare, il problema. E nemmeno essere dediti al cento percento a una causa. Il problema è farlo per ottenere un'approvazione, perché quello è l'unico modo per essere considerati da tuo padre. Quello è il problema. Sapere che o lo assecondi, oppure ai suoi occhi non vali niente.»

Le sue parole si scavano la strada dentro il mio stomaco e si annidano nella mia pancia come un sasso non digerito. Non dovrebbe essere lei a raccontarmelo. È la *sua* storia e merita la *sua* voce.

Invece lui non c'è e la mia curiosità, malgrado tutto, non ferma la voce della sorella.

«Lo so che per te non sarà un dramma... cioè, da fuori sembra facile. Azienda di famiglia, futuro assicurato, nessun problema di soldi, la certezza di avere un porto sicuro dove approdare... Stronzate. Lo avevano chiamato per un posto a San Francisco, sai? Un'occasione irripetibile. E nostro padre lo ha fatto rinunciare, rinchiudendolo in una magnifica prigione dorata.»

Dunque Stefano aveva ragione, abbiamo più di qualcosa in comune: qualcuno che ci ha ridimensionato il futuro al nostro posto. Perché non me l'ha detto, la sera prima? Perché non si è confidato con me, come io ho fatto con lui?

«Credo di aver parlato troppo» dice lei. «È che durante le feste familiari obbligate divento isterica. Non vedo l'ora che sia domenica.»

«Però non mi hai spiegato perché sei contenta che io sia qui.»

«Oh, fidati. Lo sono. Ma non per me. Cioè, anche per me, visto che mi hai regalato un po' di tregua e che con questo vestito coprirai un post sul mio blog. Ma soprattutto non per me.»

«Non sei seria, vero?»

«Su cosa, sul post del mio blog? Avrai un sacco di visualizzazioni. Comunque, certo che sono seria. Forse non dovrei dirtelo, ma io so della vasca da bagno.»

Arrossisco di colpo.

«Eri alla festa?»

«Ti prego, non ci avrei messo piede nemmeno se si fosse presentato David Gandy in costume. No, me ne ha parlato mio fratello. Mi ha raccontato che mio padre vi ha interrotti. E che gli è preso un colpo a trovarlo scalzo nel bagno con una ragazza mentre al piano di sotto tutti lo cercavano. Ne ha parlato per settimane, lo ha cazziato per settimane. Sei famosa nella nostra famiglia.»

Era suo padre? L'uomo che ci ha sorpresi era suo padre?

«È da quella sera che mio fratello è tornato a piacermi un po' di più. Prima era… cioè, sotto sotto era sempre lui, ma essere fidanzato con Olivia lo ha reso un deficiente imbalsamato.»

Olivia.

Da qualche parte l'ho già sentita nominare, ma non riesco a collocare dove.

«Gesù, non sai nemmeno di Olivia. Ma avete parlato di qualcosa oppure vi siete dedicati a una sola attività?» domanda. «Va be', allora possiamo anche rientrare.»

Caterina si alza mentre io cerco di star dietro ai suoi cambi di umore. Assomiglia a mio padre, per un certo verso. E, proprio per questo, so che sarebbe inutile approfondire un qualsiasi argomento. La loro finestra di attenzione è limitata e l'accesso ormai è precluso fino alla prossima apertura.

Tallono la sorella di Stefano all'interno. Superiamo la cucina e siamo di nuovo nel salone agghindato. Caterina scandaglia i presenti, mi prende a braccetto e mi accompagna verso l'imponente camino che torreggia a fondo sala. Ci impiego un attimo a individuare la nostra destinazione.

Stefano è in piedi, con il *bow tie* leggermente allentato sotto il pomo d'Adamo; stringe un calice di vino tra le dita e sta parlando con una donna che avrà pressappoco la mia età, ma che di sicuro non appartiene alla mia specie. Quattro centimetri di occhi verdi, zigomi alti, viso affusolato. E un corpo che potrebbe essere usato come arma motivazionale per le diete più famose.

Quando mi scorge, Stefano accenna un sorriso tirato. «Ehi, eravate sparite.»

Sto per bofonchiare qualcosa, ma Caterina mi precede. «Ste, ho mostrato a Melissa la nostra casa. Pensa, si è sciroppata anni e anni di aneddoti tra fratelli! La tua ragazza è proprio adorabile» dice, stritolandomi il braccio. Poi si rivolge alla donna, solleva gli angoli della bocca ma non sorride. «Ah, ciao Olivia. Ci sei anche tu, che gioia.»

Olivia.

L'ex fidanzata Olivia.

La donna mi squadra con attenzione, prima di classificarmi pericolosa quanto un acaro in pensione. «Così è lei la *famosa* Melissa! È un piacere.»

Mi porge la mano, che resta sospesa nel vuoto.

Non dovrei essere qui.

Perché sono qui, in mezzo a persone che non mi conoscono, in mezzo ai loro problemi che non comprendo, nella rete di bugie e di distanziatori familiari e di maschere dozzinali che non fanno altro che sovrapporsi e confondere e mentire?

Perché mi hai portata qui, Stefano?

Undici

Trascorro due ore a sorridere, stringere mani e ascoltare vaghi discorsi accanto a Stefano, con le sue dita che si intrufolano a tradimento tra le mie e io che mi guardo le spalle manco fossi in una casa di assassini seriali.

Caterina aveva ragione: non ho occasione di annoiarmi. Le occhiate del padre di Stefano e quelle della sua ex fidanzata non me ne danno il tempo.

Il braccio di Stefano è l'unico porto sicuro, visto che Caterina sparisce assieme al fotografo ogni due minuti, ufficialmente per seguire lo sviluppo delle foto per il blog e ufficiosamente perché odia questo posto quasi quanto lo sto odiando io.

Potrei esibirmi in una trattazione universitaria o in una figuraccia pietosa, ma il risultato non cambierebbe: la mia presenza sarebbe comunque inopportuna. Così resto appesa al braccio di Stefano e lo guardo sfinirsi di parole. Parla con il presidente della Camera di commercio. Parla con il cugino di famiglia che si occupa di questioni doganali. Parla con la vicepresidente dell'Associazione di Volontariato di Nonsocosa. Parla e sorride e finge.

E io resto lì. Statica. Un'inutile appendice umana.

Dopo il taglio della torta e il brindisi ufficiale, Stefano viene agguantato dall'ennesimo titolato di turno e io mi defilo con la scusa del bagno. Mi sto risciacquando le mani nell'anticamera, godendomi la flebile calma del momento, quando dalla toilette esce Olivia.

«Sei stanca, tesoro?» mi chiede. «Lo so, è dura.»

Anche se è chiaro che per lei questa sia normale routine e si stia solo prendendo gioco di me. Esco nel corridoio, attraverso la sala e la cucina. Raggiungo il sottoportico posteriore e inghiotto una boccata d'aria. Non appena mi vede, un ragazzo della ristorazione alza la schiena dal muro e spegne la sigaretta strisciandola a terra, sul piastrellato.

«Oh, scusa, è la tua pausa?»

Invece di rilassarsi, lui irrigidisce le spalle e torna dentro, bofonchiando una sequela di giustificazioni balbettate.

Wow. Ora sono pure dall'altro lato della demarcazione.

Mi siedo sulla sedia in rattan, nel punto dove Caterina Marte un paio di ore prima mi ha vomitato addosso la sua situazione familiare, e resto in balia della brezza serale. Mi accoccolo contro lo schienale e ammiro la notte che si adagia sulla campagna brianzola, il buio che mi avvolge, l'unica forma di pace possibile in questa casa.

«Melissa.» Stefano è appoggiato allo stipite della porta. Non so da quanto sono in giardino, né da quanto lui sia lì. «Ehi, ti stavo cercando.»

Cammina incerto e si accuccia di fronte a me, in bilico sulle caviglie. La sua mano si appoggia sul mio avambraccio e risale sul gomito, fino alla stoffa della manica del vestito che sua sorella mi ha prestato.

Mi costringo a guardarlo in volto, e quello che vedo non mi piace per nulla. La debole luce che proviene dalla finestra alle mie spalle non nasconde le occhiaie e nemmeno la stanchezza che quasi lo trasfigura.

«Sei stanca? Vuoi che ti riporti a casa?»

Il fatto che io non abbia toccato alcol, stasera, mi permette di accorgermi che lui ne ha bevuto anche per me.

«Perché, saresti in grado di portarmi a casa?» domando, alzando un sopracciglio.

«Sono solo... è solo qualche bicchiere. Possiamo aspettare che li smaltisca. Oppure puoi guidare tu.»

La sua mano è ancora sul mio braccio, il calore del pollice si àncora nell'incavo del gomito. Lo ritraggo di scatto e distolgo lo sguardo da quel viso che mio malgrado trovo affascinante anche quando è disfatto.

«Non ho la patente, Stefano. E tu lo sai bene.»

«Pensi che abbia bevuto apposta per non accompagnarti a casa?»

«Oh, non lo so. Visto che tutta la serata è stata un tuo grande piano... un particolare in più, uno in meno. Che differenza vuoi che faccia?»

Stefano si stranisce. «Cosa stai dicendo?»

Sto per mordermi la lingua. Ma il risentimento prende il sopravvento e non riesco a trattenermi.

«Sono qui perché volevi far incazzare di nuovo tuo padre?»

Il suo volto è una maschera composta.

«Non preoccuparti di fornirmi una spiegazione. Posso sempre parlare da sola o chiedere a tua sorella.»

Un altro momento di silenzio, un'altra colata di gelo.

«Ti chiamo un taxi.»

Non è rassegnato, o stanco.

Solo arrabbiato.

«Dovevo immaginarlo che non mi avresti spiegato niente.»

«Dovevo immaginarlo che mia sorella non sarebbe stata capace di tacere.»

«Almeno qualcuno si è degnato di dirmi che...»

«Che cosa? Che come famiglia siamo un fallimento? Fidati, lo sapevo già. E comunque, la prossima volta puoi sempre prendere l'iniziativa e chiedere senza disturbare gli intermediari, Melissa. Provaci qualche volta. Funziona.»

«L'ho appena fatto! Ti ho chiesto perché mi hai trascinata qui, te lo sto chiedendo da quattro ore!»

«Vuoi sapere perché ti ho portata qui e lo vuoi sapere da quattro ore» mi fa eco. «Cioè, non l'hai capito. Non è evidente. Vuoi saperlo.»

Sospiro. «Se c'entrano tuo padre o la tua ex ragazza...»

Lui ride, una risata tetra che mi ribalta lo stomaco. «Mio padre. La mia ex ragazza. Non sai fare di meglio di così?»

«Senti, Caterina mi ha spiegato che...»

«Caterina è mia sorella» m'interrompe. «Se tu avessi fratelli, capiresti che sono le persone che ti conoscono di più e allo stesso tempo non ti conoscono affatto, e che la loro visione di te è distorta da anni di proiezioni falsate e... Caterina ha la sua versione. Io ho la mia. Una versione che, correggimi se sbaglio, non ti è mai interessata finora.»

«Forse è il caso che chiamiamo quel taxi» rispondo, alzandomi dalla sedia.

Basta quel gesto per fargli mutare appena l'umore. L'arrabbiatura si dirada di poco, per lasciare uno spiraglio a un accenno di panico.

Mi allontano di un passo e gli do le spalle, anche se non ho alcuna intenzione di rientrare nella Festa degli Orrori. Voglio solo... respirare.

Lui mi prende per un braccio, mi fa voltare. Ha una stretta delicata, non mi sta afferrando, mi sta solo toccando. Potrei sgusciare via in ogni momento. Ma non lo faccio e mi ritrovo vicina, molto vicina a lui. Sono costretta ad alzare la testa per guardarlo in faccia.

Una sorta di elettricità scorre nella sua mano, attraversa il mio corpo e si scarica a terra.

Stefano apre la bocca, ma non parla.

Si china su di me e posa le sue labbra sulle mie. Sento il sapore dell'alcol di un vino rosso che non conosco. Sento i nostri nasi che si toccano, la barba corta che mi punge, l'odore del suo respiro mescolato a quello della sua pelle. La morbidezza della sua bocca premuta sulla mia, per studiare la mia reazione. Per chiedere il permesso.

Non appena capisce che non lo scaccerò, serra le braccia attorno al mio corpo, schiude le labbra e mi bacia. Sono bloccata tra il torace e i suoi polsi intrecciati contro la parte bassa della mia schiena, e non posso uscire da quella che è diventata una vera e propria morsa.

Posso solo abbandonarmi a quel bacio disperato, dato con veemenza, pieno di recriminazioni vicendevoli che si sfogano sulle labbra dell'altro. Stefano scioglie la presa da dietro la mia schiena e mi intrappola le guance con i palmi, mi succhia la lingua, mi mangia le labbra. Mi spinge verso il tavolo di rattan e mi ci fa sedere sopra, senza staccarsi.

Non c'è dolcezza in questo bacio. C'è solo urgenza, urgenza di non perdersi ancora, urgenza di ritrovarsi prima che sia troppo tardi.

Mi prende le ginocchia con le mani, le apre, ci si posiziona in mezzo, le labbra sempre tra le mie.

Dovrei interromperlo.

Invece lascio che le sue mani percorrano le mie cosce, arrivino fino alle natiche e attirino il bacino verso il suo. Lascio che i miei piedi si avviluppino attorno alle sue ginocchia e che le sue dita marchino ovunque la mia pelle. Lascio che il peso del suo torace si imprima su di me, quando si sporge per averne ancora, per averne di più.

Intrufolo le mani sotto la sua camicia, sfilatasi dai pantaloni. Il gesto lo prende così alla sprovvista che Stefano smette di baciarmi per un attimo, appoggia la fronte sulla mia e sospira.

La sua vicinanza ha il potere di annullare ogni pensiero, di vanificare qualsiasi distinzione tra giusto e sbagliato. Tra una buona e una pessima idea.

Razionalmente so che lui è brillo e che questa è una delle

peggiori mosse, per me. Ma so anche che non riesco a smettere. Che non *voglio* smettere.

Così faccio risalire la mano sulla sua schiena, lentamente. Lui mi prende il viso, mi scosta una ciocca di capelli che sta per finirmi in bocca. Sembra incredulo della situazione. Deciso a non lasciarsela sfuggire.

Quando appoggia nuovamente le labbra sulle mie, accarezzandole piano con la lingua, torna la struggente, eccitante dolcezza della vasca da bagno. Sa che non me ne andrò, almeno per adesso, dunque si prende tutto il tempo necessario per essere delicato, per…

«Almeno qualcosa su voi due l'ho capita giusta.»

La voce di Caterina arriva con un considerevole ritardo di comunicazione e porta con sé un briciolo di consapevolezza su quanto stiamo facendo.

Su un tavolo di rattan, in giardino, durante la festa del Re in Carica, mentre gli invitati stanno per avviarsi verso la fine della serata.

Stefano si ferma per primo, sfila la sua mano risalita nella manica larga del mio vestito. Sto per togliere la mano dalla sua schiena, ma lui me la ferma a metà strada, la prende e me la tiene stretta.

«Cosa vuoi, Cate?» Anche se quello che intende nemmeno troppo velatamente è «Sparisci».

«Mamma» risponde lei, come se fosse una spiegazione sufficiente. «Bella posizione, comunque. Mi piace come la gonna si spande sul tavolo e anche come la camicia esce a sbuffo dai pantaloni. Oltre alle vostre impagabili facce. Le mie follower ne andrebbero matte.»

«Cate!»

«È solo la verità, Ste. Vi aspetto dentro. E, Melissa: di' di sì. Non è un consiglio. Cioè, è un consiglio, ma tu prendilo come un… come avevi detto? Un imperativo categorico.»

Rientra senza che possa indagare oltre. Restiamo qualche secondo vicini, indugiando in qualcosa che non sarebbe dovuto accadere.

Poi Stefano mi lascia la mano, fa un passo indietro e si rassetta la camicia, riannoda il *bow tie*. Io rimango seduta, incapace di realizzare quanto successo. Dondolo le gambe e mi tasto i capelli alla cieca. Lui mi prende una ciocca ribelle e la riporta dall'altro lato della riga.

«Seguirai il consiglio di Caterina?»

«Dipende, tu sai qual è la domanda?»

Annuisce.

«E non mi piacerà» deduco.

«Neanche un po'.»

«Però piacerà a te.»

Lui si morde le labbra. «Molto.»

Un'ipotesi remota mi si paventa davanti.

«Non mi fermo per la notte.»

Lo scenario mi sembra così assurdo che quasi mi pento di averlo pronunciato a voce alta, ma preferisco metterlo in chiaro lo stesso. Posso prendere un taxi e tornare a casa. Anche se non ho idea di quanto intaccherà le mie finanze, visto che sono almeno a ottanta chilometri di distanza da Milano e non ho ancora percepito il primo stipendio. Ma non importa. Non posso fermarmi per la notte. Non è un'opzione praticabile.

Stefano mi afferra i fianchi, punta i suoi occhi su di me come un avvoltoio con la sua preda.

«Resta.»

Quell'unica parola mi si incaglia dentro, mette radici nel mio cuore.

«Resta.» La sua voce è una specie di supplica. «Solo per stasera.»

Non si rende conto di quanto mi sta chiedendo.

«Stefano...»

«Per favore, resta. Mi hai chiesto perché ti ho portata qui. L'ho fatto perché... perché mi piace starti vicino. Perché speravo che trovassi un motivo per rimanere, speravo di *convincerti* a rimanere.»

«Ma...»

«No, aspetta, non ho finito. Melissa, io penso alla sera dell'inaugurazione dal secondo in cui sei sparita scalza dalla porta del bagno. Ci ho provato, ho provato a tenerti a distanza, a illudermi che tu non esistessi. Giuro che ci ho provato sul serio. Eppure...»

Una vocina nel cervello mi segnala che i livelli di pericolo stanno raggiungendo vette inesplorate. Che dovrei chiedergli cosa ne è stato delle ottime potenzialità in cui crede che hanno giustificato la mia assunzione o anche solo in che misura il vino sia responsabile delle sue parole che – ne sono sicura – domani avranno un'altra intonazione e un altro significato.

Stasera sono le parole di un uomo sotto pressione. Domattina saranno parole circostanziali, spente, svuotate come grondaie alla luce di un nuovo giorno.

«Non è leale, Stefano» mormoro. «Non puoi chiedermelo. Non sei leale.»

Lui mi guarda, e nei suoi occhi castani leggo un tormento tangibile. «Lo so.»

«Che non posso restare?»

«Che non gioco leale. Eppure non mi sembrava che la cosa ti dispiacesse, poco fa.»

«Ma non c'entra, St...»

E, forse per non sentire più obiezioni che io stessa fatico a racimolare, forse per ricordarmi che la ragione può esibirsi in trattazioni chilometriche, ma l'istinto è spudoratamente schierato dalla sua parte, forse per rimarcare l'attrazione che mio malgrado ci unisce, si riavvicina e mi bacia di nuovo. Con le sue labbra delicate e leggere, con il suo corpo premuto sul mio. Con la stessa disperata necessità che sento io di assaporare la sua bocca.

«Stefano! E allora, ti muovi?»

Caterina torna ad affacciarsi sul portico. Quando ci vede, allarga le braccia.

«Oh, ma lo sapete che abbiamo un sacco di stanze, al piano di sopra?»

Stefano si stacca, mi porge una mano, mi aiuta a scendere dal tavolo.

Ho l'impressione di essere ancora più in disordine di prima, e i miei tentativi per sistemare i capelli dal secondo attacco principesco mi rendono solo più scarmigliata.

Stefano mi lancia un'occhiata vittoriosa. «Rimarrai.»

Non è un consiglio e nemmeno un ordine. È una semplice constatazione.

Non me la prendo nemmeno per la sicurezza con cui lo afferma, che di primo acchito mi farebbe innervosire. Perché, quando torniamo nella sala, realizzo che non c'era presunzione nella sua voce.

La maggior parte degli invitati si è ormai dileguata; tra i pochi rimasti, alcuni stanno confluendo verso il piano di sopra e altri si stanno congedando dai padroni di casa. Ed è proprio verso il Re e la Regina che Stefano mi sta accompagnando.

Suo padre, un uomo con un piglio deciso che rende affascinanti dei tratti del viso non particolarmente belli, incassati su un corpo di media statura con un accenno di pancetta sotto la camicia sartoriale.

E sua madre, una donna alta, longilinea e portatrice sana dell'essenza di eleganza. Ex indossatrice e modella sul cui viso così familiare si mescolano la bellezza degli anni e la coscienza del proprio fascino.

Il genio e la dea.

Due opposti che si sono calamitati. È chiaro come i reggenti abbiano unito il proprio singolo potere in un'alleanza imbattibile. Se ne stanno al centro a incombere su tutti come i nuclei degli atomi, circondati, ammirati, intoccabili.

Mi è anche chiaro che, a qualsiasi loro richiesta, la mia sarà una risposta affermativa. E questo Stefano lo sapeva.

L'ha sempre saputo, perché lui non gioca leale.

«Buonasera, Melissa» mi saluta la madre, porgendomi la mano.

Stringo prima quella di lei, piccola e morbida, poi quella di lui, che ha una presa forte e ruvida e mi guarda come guarderebbe un cameriere che si è rovesciato addosso un barattolo di salsa tartufata.

Il pensiero va ai miei capelli in disordine, ma ormai sono come sono. E comunque poteva sempre andarmi peggio, ricordo a me stessa.

«Mi dispiace molto che non ci sia stata occasione di presentarsi in modo più adeguato prima, ma come hai potuto notare la festa è stata molto partecipata.»

Lei parla, suo marito tace. Ma è come se la voce di lei fosse un flebile sussurro e il silenzio di lui rimbombasse tra le pareti della sala.

«Non c'è problema» dico, con voce calma. «Capisco perfettamente.»

«Mi dispiace anche che Stefano si sia scordato di avvertirci della tua presenza. Mi sarei occupata volentieri di riservarti un'accoglienza adeguata, nella vostra camera. Comunque, spero di considerarti nostra ospite fino a domenica. Pensiamo che sia un'occasione speciale per poterci conoscere meglio.»

Deve essere una sorta di scherzo.

Solo che nessuno sta ridendo.

Solo la mia incredulità, che sta scoppiando in una silenziosa, isterica risata interiore. Devo mordermi le labbra per impedire che diventi anche esteriore e inappropriata.

La Regina è una statua di cera intagliata in un'espressione di perenne gentilezza. Il Re è un tronco di ostilità manifesta.

Il loro Principe preme la mano sul mio fianco.

Potrei sul serio dare fuoco al suo computer, lunedì.

«Mamma, Melissa domenica è impegnata con la sua famiglia» dice Stefano.

La sua tranquillità un po' mi calma. Invece, la sua frase e il fatto che si sia ricordato del pranzo con mia madre mi stupiscono.

«Naturalmente può trattenersi quanto preferisce» risponde la Regina.

Questo non è reale, mi dico. È solo una finzione che dopodomani sarà sbiadita, come un accidentale ricordo secondario.

«Vi ringrazio molto per l'invito e l'ospitalità» dico. «Mi fermerò con piacere.»

Nell'istante in cui lo pronuncio, l'istinto registra l'errore prima della mia coscienza.

«Mamma, papà, noi saliremmo in stanza. È stata una lunga giornata.»

Un'ondata di panico mi sommerge. Fino al giorno prima, Stefano era "solo" il mio CTO. Stanotte dormiremo assieme.

No, mi correggo, stanotte non dormiremo affatto insieme. Lui troverà una soluzione.

I genitori di Stefano ci salutano, non prima che sua madre mi abbia invitato a una partita di tennis programmata per il giorno seguente, assieme alle altre invitate. Caterina ci ferma davanti alle scale e, quando mi vede, alza il pollice verso di me.

«Lo sapevo. Dio, questo weekend è appena diventato degno di essere vissuto.»

Schiocca un bacio sulla guancia di Stefano, mi strizza l'occhio e se ne va verso Enrico il fotografo, che sta riponendo l'attrezzatura professionale dentro uno zainetto imbottito.

Sono senza parole.

Non mi sono rimaste nemmeno quelle per protestare, così salgo in silenzio, lasciando che Stefano mi faccia strada fino al primo piano, dentro una stanza che rispetta lo stile di quella di Caterina, ma lo declina su toni molto più caldi. La parete su cui è addossata la testiera del letto – qui di mogano – è in muratura a vista e le luci delle lampade sui comodini regalano all'ambiente un'atmosfera accogliente, enfatizzata dal parquet opaco e dal grande armadio coordinato.

Ai piedi del letto, per terra, c'è una valigia rossa. Chiusa. È quel particolare a risvegliarmi dallo stato di mutismo. Il fatto che Stefano abbia una valigia, che sia preparato per l'occasione, che sia sempre preparato per tutte le occasioni.

Mentre io sono qui con un paio di mutande, nessun cambio, un vestito prestato e una borsetta che ho lasciato in camera di sua sorella. E, a quel punto, realizzo quale sia la mia unica via di fuga.

«Vado da tua sorella» annuncio.

«Va bene» risponde, sfilandosi il *bow tie*. «Ricordi dov'è la sua stanza?»

«Ah, quindi... Cioè, voglio dire, ricordo dov'è la sua stanza, grazie.»

Lui appoggia il *bow tie* sul comodino, si acquatta davanti alla valigia e apre le due zip dal centro.

«Be', allora...» mormoro. «Buonanotte.»

Stefano alza la testa, interrogativo.

«Ci vediamo domani mattina. Mandami un sms per dirmi dove ci troviamo.»

La sua bocca si storce in una smorfia. «Scusa?»

«Così ci accordiamo per... boh, fare colazione, o incontrare i tuoi genitori, o giocare a tennis, confidando che tutto questo per te abbia un senso.»

«Scusa?»

«Sto cercando di dire che non trovo una ragione sensata per giustificare la mia presenza, ma forse sono troppo stanca e non riesco ad articolare un pensiero di senso compiuto.»

«Fidati, ti sei spiegata benissimo.»

La sua voce è gelida, gli occhi stretti a fessure. Offesi.

Lui è offeso.

Si alza in piedi, mi viene talmente vicino che mi sovrasta.

«Non ti è bastato quello che ti ho detto in giardino? Non l'hai sentito, oppure come sempre non mi hai creduto?»

«In giardino mi hai baciata. Per farmi stare zitta. E, per quanto siano stati dei baci meravigliosi, non credo che quello sia il modo migliore per...»

Mi ritrovo le sue labbra sulla bocca. Le sue mani sulla mandibola, sulle orecchie. La sua lingua che scivola sulla mia, che la pungola, che mi risveglia terminazioni nervose sopite.

Vorrei scacciarlo, allontanarlo, morderlo. Invece lo ricambio senza cognizione, e più lo bacio più il mio corpo riconosce nelle sue mani e nella sua bocca un senso di appartenenza che né ho chiesto, né desidero.

Quando smette all'improvviso, lasciandomi a boccheggiare con le labbra che reclamano le sue, un'espressione tronfia ha soppiantato il suo broncio, fiero di aver segnato un punto a suo favore.

«E così vuoi andare a dormire da mia sorella» dice, anche se credo intenda «E così è questa la misura in cui sai resistere».

Arrossisco. «Mi sembra la soluzione migliore.»

«Eppure non smetti di baciarmi.»

«Sei tu che cominci» mi difendo.

«Caspita, una motivazione da Nobel» mi schernisce. Poi torna serio. «Lo sai che mia sorella non ti farà dormire da lei.»

«Non mi sembra così schizzinosa... Voglio dire, un po' lo sembra, ma non credo mi butterebbe fuori dalla stanza.»

«Invece lo farà, perché glielo chiederò io.»

Aggrotto la fronte. «Sei pessimo quando cerchi di fare l'uomo alfa.»

«A essere pessimi sono i tuoi tentativi, Melissa. Tentativi che, pur usando tutta la fantasia, davvero non riesco a spiegarmi.» Dismette la sua versione invincibile, si passa una mano tra i capelli. «Pensavo che stessi bene con me. *Mi sembra* che tu stia bene con me.»

È proprio quello il problema, vorrei dirgli. Che sono tanto in pace nel suo raggio ristretto quanto in difficoltà quando torno nel mondo reale.

«Perché lo neghi?»

«Non lo nego affatto. È solo che non posso assecondare la cosa. Non *possiamo*, in realtà, ma tu adesso sei alterato e tocca a me mantenere la mente lucida per entrambi.»

«Ti sbagli se pensi che il mio comportamento sia dovuto all'alcol. Non sono ubriaco. Forse sono un po' più... rilassato, ma so quello che dico. E so quello che faccio.»

Scuoto la testa. «Ste, ho partecipato a un numero sufficiente di feste universitarie per riconoscere i sintomi di una certa ebbrezza e anche le frasi tipiche. E "So quello che faccio" viene sempre prima del"Ops, non lo sapevo affatto".»

Si limita a guardarmi, poi allunga una mano verso la mia. La prende. La tiene.

«So quello che faccio» ripete. «E so che domani mattina non me ne sarò pentito.»

«E lunedì? Lunedì, in ufficio. Ricordi? Sede della Mars-Tech, tu undicesimo piano, io quarto. Lunedì te ne sarai pentito?»

Stefano sbatte la palpebre. «Non... non voglio pensare a lunedì.»

Che non è affatto una risposta incoraggiante.

«Ecco, io però ci penso eccome. Già è abbastanza imbarazzante che i tuoi genitori ci pensino una coppia. Non voglio che si alimentino altri pettegolezzi infondati. Forse per te è la normalità presentarti a casa con donne diverse ogni settimana, ma posso assicurarti che la mia frequenza è molto diversa.»

Una frase sbagliata.

Lui lascia la mia mano, e per qualche secondo ho la sensazione di essere stata amputata.

«Come al solito, pensi sempre così bene di me.» Si massaggia la fronte con il pollice e l'indice, unisce le sopracciglia. «A questo punto ti direi che non ho mai portato a casa nessuna ragazza che non fosse la mia fidanzata, ma perché sprecare fiato, se tanto comunque non mi crederai?»

Il cervello si riempie di silenzio, incapace di elaborare quelle semplici parole e immagazzinarle negli slot di memoria.

«Non che ne abbia portate a casa molte, di fidanzate» aggiunge. «Solo Olivia.»

Di nuovo non riesco a elaborare un pensiero, una domanda, una spiegazione.

«E, prima che ti venga in mente qualche altra genialata come pensare che ti abbia portata qui per provocarla o cose simili, ti invito a rifletterci molto, *molto* bene.»

Mi mordo la lingua, colpevole.

«Puoi rinfacciarmi che sono un egoista e un testardo. Ma non ti sto mentendo e non mi sto prendendo gioco di te. Voglio solo…»

Le sue parole muoiono nella stanza.

La mia mente le sta analizzando tutte alla ricerca della fregatura. La cerca nelle pieghe della sua voce, nell'intonazione, nella gestualità delle sue mani, nel non verbale del suo corpo, del suo volto.

La cerca ovunque.

E non la trova.

Stefano se ne sta in piedi e mi sembra di non aver mai visto un uomo così bello e così azzardato, come un libro in edizione limitata la cui copertina nasconde una storia pronta a stravolgerti. Perché Stefano non è solo un bel corpo o un cervello da ammirare, è un caotico insieme di rassicuranti similitudini e incomprensibili differenze, un insieme che non riuscirò mai del tutto a capire.

«Io dormo a destra» dichiaro. «E dormiremo.»

Lui sorride, un sorriso malizioso che mi rivolta la pancia. Devo impormi molto autocontrollo, prima di rispondergli.

«Dormiremo *e basta*, Stefano. Qualsiasi altra cosa è fuori dalla negoziazione.»

«Sei crudele.»

Si morde le labbra, mi riprende i fianchi con le mani e mi tira verso di lui, mi accarezza con i polpastrelli attraverso il tessuto del vestito. Mi alzo sulle punte dei piedi prima di accorgermi che sto cercando la sua bocca.

«Se mi baci, non lascerò chiusa questa negoziazione» dice. «E, giusto perché tu lo sappia, me la cavo bene nella definizione delle clausole a mio favore.»

Non che nutrissi dei dubbi al riguardo.

Approfitto del tempo che lui trascorre in doccia per salire al piano di sopra e intrufolarmi in camera di Caterina, recuperare la borsa e chiedere in prestito un pigiama. Che non ha, visto che a quanto pare indossa solo dei babydoll. Così ripiego su un completo corto da fitness e per sicurezza lo indosso nel suo bagno. Caterina mi rifornisce anche di un kit di cortesia, in cui trovo uno spazzolino, del dentifricio e un sapone cremoso. Mentre scendo le scale della tenuta dei Marte pronta per correre la marcetta, recupero il cellulare, leggo le notifiche e sento una strana morsa ad altezza del petto.

Tredici chiamate perse di Leonardo.

E cinque messaggi. Quattro sono sempre suoi e declinano in varie forme lo stesso concetto: dove sei?

Uno è di Sabrina, in risposta al mio in cui l'avvertivo che sarei rimasta fuori per la serata. Le scrivo in velocità che mi tratterrò fuori anche per la notte e la sua risposta è istantanea.

DIVERTITI CON MISTER MARSTECH. È UN ORDINE.

P.S. LEO È PASSATO QUI. IO ERO ANCORA IN STUDIO. HO TROVATO UN BIGLIETTO ATTACCATO ALLA PORTA DELL'APPARTAMENTO. TI MANDO FOTO.

Il secondo seguente, una notifica mi avverte dell'arrivo della foto della mia porta, a cui a sua volta è appesa la fotografia di un tovagliolo da bar che mi catapulta indietro di due anni e mezzo.

L'ho scattata all'inizio del primo semestre dei corsi specialistici. Leonardo si era trasferito da un'altra università ed era entrato da poco nel nostro gruppo. Avevamo preso l'abitudine di ritrovarci nell'aula studio agli orari più impensabili, pur di trovarla vuota. All'inizio lo facevamo tutti: io, Pietro, Giorgio e Leonardo. Ma erano bastate due settimane a rendere evidente che eravamo io e Leonardo a proporre di andare a studiare anche il venerdì sera o la domenica mattina. Era il nostro modo per rincorrerci, per appurare che anche l'altro non avesse persone più importanti a cui dedicarsi.

Ci ritrovavamo nelle aule deserte, di giorno o di notte, e studiare diventava il pretesto per stare insieme. Un venerdì ci eravamo dati appuntamento sul tardo pomeriggio, ma ero talmente stanca da abbandonare la nostra routine di chiacchiere e libri e tornare a casa con l'umore storto, per via di un esame ostico.

Il mattino seguente, sopra il solito tavolo c'era un tovagliolo di carta sul quale era stata disegnata a penna una tazzina da caffè. Attorno c'era scritto: *Le giornate dovrebbero iniziare con un abbraccio, un bacio e un caffè. Perché la colazione deve essere abbondante*. Poco dopo, Leo era comparso con due caffè da asporto. All'abbraccio e al bacio ci avevo pensato io.

Il tovagliolo l'avevo tenuto da conto, e una copia della foto da me scattata era appesa alla porta dell'appartamento e scarabocchiata con una scritta blu, a mano.

Un caffè? Domenica alle 16.00, al bar prima dei metal detector?

Chiudo la foto, getto il cellulare nella borsa e scendo le scale verso la camera di Stefano.

Dodici

La mattina seguente, mi accoglie la luce del giorno che filtra dalla fessura dei balconi. La casa è immersa nella quiete, anche se in lontananza sento passi attutiti, rumori indefiniti e un debole ma continuo vocio.

Mi volto piano, gesto non necessario per rilevare che sono da sola. Il letto di mogano è vuoto, il cuscino e le lenzuola sono stropicciati nel punto dove Stefano ha dormito.

Io e Stefano Marte abbiamo dormito insieme.

Anche se, a essere precisi, "dormito" è un'iperbole, almeno per me. Anche se mi era chiaro che Stefano avrebbe mantenuto la parola data rispettando i miei spazi, ero comunque tesa.

Ero tesa quando mi sono voltata sul fianco rivolgendogli la schiena, quando la sua mano mi ha accarezzato il braccio e si è fermata lì, in un abbozzo di abbraccio notturno. Ero tesa perché sapevo che nemmeno lui stava dormendo ed ero tesa al pensiero di affrontare l'imbarazzo della mattina seguente, quello dei capelli scarmigliati, la faccia stropicciata e la necessità di bere un bicchiere d'acqua prima di esalare anche un solo saluto.

Non so quando mi sono addormentata con precisione, ma so che Stefano si è addormentato e si è alzato ben prima di me.

Cammino a piedi nudi sul parquet e apro i balconi, facendo entrare il chiarore del sole. La giornata è splendida, il profilo delle Alpi cozza contro l'azzurro limpido del cielo. Ma non è tanto il panorama idilliaco a sorprendermi, quanto ciò che sto sovrastando dalla mia postazione di vedetta. Nel buio e nella frenesia della sera, non avevo notato quanto si estendesse la tenuta, né che genere di intrattenimenti fossero compresi nel pacchetto.

Sporgo la testa oltre il davanzale e sbircio di sotto: due campi da tennis, uno da golf e una piscina. Devo essere stata catapultata dentro una serie tv anni Novanta ambientata in qualche ricco quartiere della costa californiana.

Identifico anche la fonte del vociare, ora più intenso: alcuni nugoli di persone scorrazzano tranquilli nel giardino, sul limitare dei campi sportivi. Vedo un tavolo apparecchiato a buffet e due eleganti ombrelloni da giardino da cui la gente si allontana e si avvicina a intermittenza.

Stringo gli occhi e cerco di mettere a fuoco, tra la moltitudine di teste presenti, l'unica che vorrei decapitare. Ma non lo scorgo da nessuna parte.

Ritorno in camera e rimugino sul da farsi. Ho assoluto bisogno di trovare dell'intimo e un vestito pulito. Allo stato attuale, non mi resta che scendere alla ricerca di un aiuto, incrociando meno persone possibili mentre sono vestita con i pantaloncini e la canotta da marcia sportiva. Solo in un secondo momento noto che sul comodino è appoggiato un pezzo di carta, su cui è scarabocchiato un messaggio.

Non volevo svegliarti, sono andato a correre. Ti aspetto giù.

Ste

È andato a correre.
Logico che uno del genere corra.

Magari gioca anche a golf, sa usare due racchette da tennis in contemporanea ed è campione di gare di apnea subacquea. Per inciso, un tentativo di annegamento lo azzarderei lo stesso.

Prendo la borsa, controllo che ci sia il cellulare ed esco nel corridoio.

Scendo le scale, fiduciosa che siano già tutti in giardino presso la Regale Colazione. Proprio mentre raggiungo il piano di Caterina, una figura longilinea incrocia la mia strada e si ferma di fronte a me.

«Oh, Melissa.» Olivia ha i capelli raccolti in una coda alta e indossa un vestitino sportivo di cotone che io non avrei remore a usare per una festa serale, piuttosto che di prima mattina per fare sport. «Ci sei, allora! Pensavamo non saresti più scesa.»

«Oh, ehm...»

«Siamo tutti giù. Dai, ti accompagno.»

Non so in che rapporti sia rimasta con Stefano, se sia stato lui a troncare la loro relazione, se abbiano mantenuto una buona amicizia. Non so nemmeno che diamine ci faccia al compleanno del suo suocero mancato, se è per quello. Ma non mi stupisce vedere che non mi considera una minaccia, nonostante abbia appena trascorso la notte con il suo ex fidanzato.

«Giochi a tennis con me e Magda?» domanda, mentre scendiamo le scale. «Ci teneva tanto a fare una partita insieme.»

Magda? La madre di Stefano?

«Be', ecco, in realtà non so giocare.»

«Davvero? Ma proprio neanche un po'?»

Scuoto la testa, sperando che non mi interroghi sulle mie abilità sportive. Non credo che gli allenamenti con il Kinect Sports siano validi, in questi casi.

«Vorrà dire che cercherò di essere clemente» esclama.

«Mi alleno tutte le settimane. Mi aiuta a scaricare la tensione. Anche a Stefano piace molto, magari gli chiediamo di unirsi. Per quanto sostenga di lasciarmi sempre vincere, sappiamo entrambi che sono più brava io!»

La sua complicità... la *loro* complicità. La stessa che avrei io con Leonardo, derivata da anni di momenti condivisi.

«Ah.» Deglutisco. «Be', perché no.»

«Sapevo che avresti accettato! Avevo ragione io. Gliel'avevo detto, prima, che a te sarebbe andato bene.»

«L'hai... visto? Dov'è?»

Olivia serra le labbra, e a questo punto ho la certezza di farle pena. «Oh, tesoro, Ste va sempre a correre i cinque chilometri, c'è un percorso molto bello da queste parti. È una delle "sue cose", ecco.»

Cose che io non conosco.

Ma nessuna delle due ha bisogno di specificarlo.

Attraversiamo la sala che ha ospitato la festa, che da quanto è pulita e in ordine sembra non venga utilizzata da mesi e non da meno di dodici ore – chi diavolo hanno assunto i Marte per sistemarla, gli Oompa-Loompa? – e ci affacciamo sul giardino. Uomini e donne in tenuta sportiva chic passeggiano sul lastricato, alcuni si fermano attorno al tavolo della colazione, altri sono accomodati sui divanetti da giardino, altri ancora stanno osservando due coppie che giocano a tennis e un gruppo lontano che rincorre una pallina da golf. Uno scenario che non posso, *non posso* davvero affrontare indossando dei mutandoni. Nel modo più assoluto.

«Melissa, finalmente!»

Una mano mi agguanta per un braccio e una nuvolata di capelli m'investe la faccia. Caterina Marte mi stringe in una specie di stritolamento sbilenco.

«Muoviti, dobbiamo andare.»

Santo cielo, non verso una maratona, o un'altra partita, o una sessione di fitness con istruttore privato, per favore!

«Cate *cara*, Melissa è impegnata con me e tua madre» dice Olivia.

«Olivia *tesoro*, Melissa deve posare per il mio blog, e con mia madre ci ho già parlato io. Dovrai trovare qualcun'altra a cui mostrare il tuo rovescio. Ma tranquilla, qui tutti non vedono l'ora che tu entri in campo per stracciarli!»

E, senza lasciare ulteriore spazio di manovra, mi prende per un gomito, mi spinge verso casa e richiude la porta sulla faccia attonita della sua ex cognata.

Ci guardiamo in silenzio, con un sorriso complice che solo una comunanza riesce a strappare – che in questo caso sia Olivia, è ancora meglio.

Poi mi rammento della fregatura.

«Devo davvero posare per il tuo blog?»

Lei scaccia una mosca invisibile con la mano. «Intanto vediamo di toglierti di dosso il mio orrendo completo da tapis roulant.»

Osservo alternativamente la porta che conduce al giardino e la sorella di Stefano, e in mezzo secondo decido che è il male minore. Giunte in camera arrivo anche a pensare che è la mia unica speranza così, mentre fruga in una valigia, comincio a sondare il terreno per il piano "Recupera anche tu una mutanda pulita".

«Senti, Caterina, c'è un paese qui vicino?»

Lei emerge porgendomi un paio di jeans e una camicia che a un sommario esame sembrano della mia taglia.

«E dove credi che ti stia portando?»

«Stiamo uscendo?»

«Tesoro, sarò anche appena sveglia e mezza intontita, ma sono sempre una donna. Mio fratello potrà anche credere che i vestiti si moltiplichino da soli dentro gli armadi, ma io so che qualcuno ce li deve mettere. E so che non hai cambi.»

«Dio, ti ringrazio. Una persona normale in questa casa.»

Caterina ridacchia. «Non secondo i canoni vigenti, ma grazie.»

«Sono io che devo ringraziare te. Sei... Grazie. Davvero.»

Afferro i vestiti provvisori e li indosso in bagno. I jeans mi stringono sui fianchi, la camicia invece è leggermente larga sul seno, ma mi sento dieci volte più sicura che in tenuta da marcia. Caterina mi riporta al piano terra. Stiamo per uscire, quando una voce mi ferma a metà corridoio.

«Che rogna, non si può fare un passo che siamo braccate da ogni lato!» sbotta la mia accompagnatrice.

Le braccia di Stefano mi circondano il busto da dietro. Mi volto dentro la sua presa, ritrovandomi il suo viso a qualche centimetro dal mio.

«Buongiorno.»

«Ste, fuori dalle palle. Siamo uscendo.»

Lui non smette di fissarmi. «Dove vai?»

«Sorpresa!» risponde sua sorella. «Prometto che la tratterò bene. Sia lei, sia la tua macchina.»

«Tu sei pazza.»

Caterina alza il volume dell'autoradio. Le casse sparano la batteria e i giri di chitarra di *Holiday*, che accompagna il rombo del motore su di giri sotto la sua guida. Che non è sconsiderata di per sé, quanto sconsiderata nella situazione generale.

«Dio, ancora non ci credo che mio fratello abbia acconsentito!»

«Dio, ancora non ci credo che tuo fratello abbia una Ferrari!» urlo, sovrastando la quantità di decibel che stiamo producendo.

«Tecnicamente è di mio padre. Ma in famiglia la consideriamo sua. E comunque, solo lui e papà hanno il permesso di guidarla.»

Stiamo attraversando il centro del paese più vicino con

la cappotta aperta, come presumo farebbero gli adolescenti agiati di *Orange County*. Con ottima musica di dieci anni fa, il volume a palla e un senso di libertà sprigionatosi per essere fuggite disertando l'appuntamento tennistico con "le donne della tenuta Marte".

«Adoro questa canzone» dico.

«E allora, diamoci dentro!» esclama Caterina, alzando il volume. «Hai presente, come nel video?»

«Billie Joe che si scatena sulla decappottabile, con i compari della band che agitano le braccia e le bacchette al cielo?»

«Dio, quanto ero innamorata di Billie Joe!»

«E chi non lo era? Ho consumato il DVD del concerto di *Bullet in a Bible*.»

Il cofano si ferma a ridosso della linea dello stop del semaforo, in attesa del verde. La strada è stretta, davanti a noi svetta la chiesa del paese sonnacchioso, accanto c'è una piccola distesa di tavolini su cui sono svaccati alcuni ragazzi in ricovero post venerdì sera, con gli occhialoni scuri calati sulla faccia, le tazze dei cappuccini e gli smartphone silenti poggiati vicino a una brioche gigante.

Che prima guardano la Ferrari. Poi guardano noi. Poi tornano sulla Ferrari e forse pensano che in mano nostra sia la macchina più sprecata al mondo.

Senza slacciarsi la cintura, Caterina si solleva dal sedile e agita le braccia in alto, salutandoli con foga.

«Okay sì, tu sei pazza.»

«E tu non lo sei abbastanza! Dov'è finita la ragazza della vasca?»

La guardo storta.

Almeno finché lei non cambia canzone, sceglie *American Idiot*, mi prende la mano sinistra muovendola in aria e urla «*England!*» in un chiaro richiamo concertistico dei tempi andati.

Così chiudo gli occhi, mi immagino di essere nella Panda di Pietro con Sabrina, penso che siamo reduci da un party di Fisica e stiamo andando alla ricerca di una colazione decente, visto che abbiamo finito i biscotti e che la guarnizione della moka non tiene più e ci siamo dimenticate di comprarne una nuova – evento reiteratosi per diverse settimane, qualche mese prima.

E comincio a scatenarmi anch'io, cantando come una rockstar sul palco.

Che è anche facile, visto che sono le canzoni della mia adolescenza e ho eseguito un numero infinito di test di fronte allo specchio, con la tuta da casa e il pugno chiuso al posto del microfono, nelle pause tra una versione di latino e lo studio di una funzione.

Al verde Caterina accelera; il motore sotto il cofano risponde con un rintrono che parte sordo e diventa affilato. L'aria fresca della mattina si infila tra i capelli, la stoffa della camicia frusta la pelle sulle braccia, la musica pur alta si confonde con il vento e il rombo del motore.

Mi adagio sul sedile e fisso la sorella di Stefano, con le braccia tese sul volante, l'espressione rilassata e la bocca che canta parole poco conformi al testo della canzone. E un senso di tranquillità mi avvolge, anche se so di non conoscerla e so anche che non abbiamo nulla in comune. Forse perché è la mia unica alleata, forse perché entrambe amiamo Billie Joe. Forse è sufficiente questo per decidere che qualcuno ci piace, forse è sufficiente anche per stabilire che ci possiamo fidare, almeno per una mattina.

Caterina infila il muso rosso dell'auto in un ampio parcheggio delimitato da un lungo muro con i mattoni disegnati, che si interrompe all'altezza di un ingresso a varco sul quale capeggia un'insegna elegante. FASHION OUTLET.

La musica dell'autoradio s'interrompe, ma l'entusiasmo di Caterina resta costante per le successive ore.

Riusciamo a mangiare una colazione decente – «Scusa se ti ho trascinato via prima che arrivassi alle tavole imbandite, ma ho dovuto. Sono una trappola! Mia madre aborrisce le donne consumatrici di carboidrati semplici e complessi» –, lei si occupa di qualche scatto naturale per il suo blog mentre camminiamo nei negozi – «Okay, ora inclina la testa, fingi di guardare l'orlo del vestito, accarezza la doppia cucitura e... Melissa, perché hai lasciato il vestito? Dobbiamo coprire il post casual della settimana prossima! Vuoi o non vuoi questo vestito di Calvin?» –, riusciamo a comprare dell'intimo nuovo – «Posso accompagnarti? Sono esperta in biancheria intima, ti consiglierei quale modello potrebbe funzionare meglio per mio frat... ehi! Lascia subito la Nikon, non è divertente!» – e ad acquistare qualche *outfit* per me e per la principessa della casata Marte, mentre tocca a me occuparmi del compito fotografico – «Sei sicura di saperla usare? Hai impostato la messa a fuoco automatica? Ricorda, l'orizzonte a due terzi o a un terzo, il soggetto in corrispondenza delle griglie nell'anteprima... Ma come, hai già scattato? Mentre parlavo?»

Torniamo alla macchina trasformate in frivole abitanti dell'Upper East Side, con le borsette cartonate che dondolano appese ai polsi, se non fosse per la carta ricaricabile prosciugata, per la quale mi sento abbastanza in colpa ma le cui uscite – mi consolo – verranno risanate dal primo stipendio.

Caterina mi fa depositare gli acquisti sul risicato sedile posteriore, tranne quello di Calvin Klein – che, in cambio di una serie di post sul blog per la sponsorizzazione del punto vendita, ci ha omaggiato di alcuni vestiti – che posiziona strategicamente sulle nostre ginocchia. Inserisce l'autoscatto nella reflex, mi fa voltare in modo che si legga bene il brand della shopper e anche il tipo di automobile su cui siamo, mi abbraccia e scatta.

Non contenta, prende il cellulare e ci fotografa anche con quello, poi smanetta con i tasti e annuisce soddisfatta.

Hashtag: #CateWearsCalvin, #MilanLifestyle, #Friends.

Volta lo schermo del telefono verso di me. Ci siamo noi, i nostri sorrisi, il logo dello sponsor. Scorro con l'indice e vedo che, mentre camminavo per l'outlet, ne ha caricate altre due: in una io sto beatamente fissando una specie di rete da pesca spacciata per abito da sera, lei sbuca con la testa nell'inquadratura e fa la linguaccia. Deve averla scattata almeno una quindicina di volte per un risultato così netto, a fuoco, simpatico e naturale.

Scorro indietro e vedo la nostra colazione, poi lei in piedi sulla prua di una barca, la sua mano che stringe una borsa triangolare, lei in costume da bagno ripresa da dietro, lei di fronte a un piatto ricolmo di tagliatelle, ancora lei con lo stesso costume da bagno di prima e che tiene in mano una ciotola di frutta ricoperta di panna e gocce di cioccolato, di nuovo lei in bilico tra due valigie di marca davanti alle porte automatiche di un aeroporto, lei che addenta il primo morso di un hamburger a tre piani.

«Non lo mangi davvero» commento. «Tutto questo cibo, non lo mangi.»

Caterina gira la chiave nel quadro. Il rombo della Ferrari in sottofondo è la voce di una primadonna che richiede ogni attenzione.

«Mi piacerebbe ma no, molto spesso non lo mangio.»

Ora che ci faccio caso, mentre io divoravo la brioche, lei si è concessa solo una spremuta d'arancia. Però la mia brioche l'ha presa, l'ha posizionata al centro del tavolo e, poco prima di scattare, ha appoggiato la mano vicino, mettendo in mostra l'orologio e i braccialetti, in un sottinteso abbastanza immediato.

«Quindi come funziona, ordini il cibo, ti ci fotografi assieme e poi lo dai a qualcun altro?»

«Sì, almeno con quelli peggiori.»

«Cioè, non li assaggi nemmeno?»

Caterina scuote la testa. «Se mangiassi fritti e ciambelle con la frequenza con cui li posto online, nel giro di un mese diventerei talmente flaccida da perdere ogni collaborazione. Ma non posso nemmeno fare la rompipalle salutista, perché... be', perché nessuno vuole sentire che puoi essere tonica solo se mangi in modo sano e fai attività fisica. Funziona di più il messaggio "Vedete, sono una di voi! Mi strafogo anch'io! E non ingrasso perché sono miracolata!". Lo trovi brutto?»

«Be', a dir la verità, è un po'... sleale.»

«Lo so» annuisce. «Sto cercando di svincolarmi dai modelli classici. Alcuni sponsor lo capiscono. Ma, al momento, la maggioranza dei post devono essere allineati agli standard. Mi piace moltissimo il mio lavoro, ma c'è una concorrenza così serrata che anche un passo falso può essere fatale.»

«A proposito di passi falsi, credo che inserire me nel tuo blog non sia stata una mossa geniale. Forse ti sarebbe andata meglio con una come Olivia.»

«Tu sei naturale, funzioni per questo. Olivia non la vorrei nemmeno se mi donasse la sua collezione di accessori Balenciaga. Già non sopporto il fatto di dovermela ritrovare a queste feste, dopo che lei e Stefano...»

Si ferma di colpo.

Mi guarda.

Mi correggo: mi trapassa.

«Oh no, Melissa. Sei furba, ma no.»

Freno la lingua. «Cosa?»

«Non mi farai parlare di mio fratello e di Olivia. Se ti interessa, devi chiederlo a lui. Anzi, ti invito caldamente a farlo.»

«Ci ho provato. Cambia argomento.»

«Provaci di più. Ma non mettermi in una posizione difficile.»

«Eppure ieri sera non avevi alcun problema a parlare... Aspetta. Ti ha chiesto di chiudere i rubinetti, vero?»

Lei non risponde.

«Oh, non ci credo. Uomo alfa del cavolo!»

Caterina tace.

Avremo anche trascorso una mattinata in allegria, comprando vestiti e scattando foto e trovando una certa complicità, ma lei resta sempre la sorella di Stefano. Quando arriva il momento di tirare la linea, io cadrò sempre fuori dalla loro cerchia.

«Però posso darti qualche informazione pubblica» propone. «Qualcosa che sanno tutti e che potresti aver appreso da qualcun altro.»

«Sei tremenda. Siete tremendi. Tutti voi Marte. È il vostro marchio di fabbrica.»

«Quindi non vuoi approfittare di questo piccolo cavillo?»

«Oddio, certo che voglio!»

Quando la Ferrari torna parcheggiata nel garage della tenuta, sono aggiornata sulle notizie che ipoteticamente potrei aver raccolto da un qualsiasi presente.

Stefano e Olivia si sono conosciuti all'ultimo anno di università, tramite amici comuni. Hanno cominciato a frequentarsi quasi subito e, a detta di chi li ha visti da fuori, «erano una coppia equilibrata, composta e ben assortita», una descrizione che si addice più a un vassoio di biscotti dietetici e che Caterina mi ha riportato virgolettando l'aria con gli indici e i medi delle mani.

Dopo la laurea, Stefano ha cominciato a lavorare in Mars-Tech come ingegnere e Olivia nel reparto licensing. Lui è diventato CTO, lei responsabile delle licenze. Un mese dopo la loro rottura, Olivia ha deciso di abbandonare la posizione interna, aprire una startup e fornire gli stessi servizi a un prezzo maggiorato, forte della sua competenza e degli agganci che durante gli anni alla MarsTech è riuscita a racimolare e a coltivare in modo esclusivo. Se c'è una questione relativa alle licenze – e ci sono questioni sulle licenze quasi tutti i giorni, in MarsTech – il responsabile interno designato si confronta con la consulente esterna.

A quel punto, ricordo la conversazione con Stefano nel suo ufficio. Il problema al telefono. La responsabile delle licenze che se n'è andata e lui che, al momento, ricopre anche la sua funzione. Ergo, dopo che Stefano mi ha salutato sulla porta, ha chiamato lei.

A detta di sua sorella, si sentono più adesso di quando stavano insieme. E questa è l'unica informazione privata che le è scappata. Per il resto…

Come è avvenuta la rottura? In modo equilibrato, composto e amichevole.

Come l'ha pronunciato Caterina? Con gli occhi al cielo, le labbra imbronciate e maledicendo la promessa di restare zitta.

Scendiamo dall'auto sommerse dagli acquisti, facciamo tappa nella stanza di Caterina e ci ricongiungiamo con gli altri per l'ora di pranzo, nella sala dove è stato allestito un altro buffet.

La chiamano festa, ma in realtà è l'ennesimo travestimento di un lavoro che non si ferma mai. Stefano parla e intesse relazioni e onora il suo ruolo, suo padre da lontano gongola di ciò che con tanta precisione è riuscito a seminare e raccogliere. Sarebbe un quadretto commovente, se non avesse un risvolto educativo alquanto inquietante.

E ora capisco anche il motivo per cui Olivia è presente. Oltre che essere dedita alla causa aziendale, è inserita nelle giuste relazioni socioprofessionali.

Caterina mi ha raccontato che suo padre non ha preso il licenziamento della ex nuora come un affronto, anzi. Ne ha ammirato lo spirito imprenditoriale e spera che i due ex fidanzati possano ricucire il rapporto, trovando un equilibrio più evoluto e maturo.

Lei e Stefano si sono lasciati più o meno nello stesso periodo in cui abbiamo rotto io e Leonardo ma, al contrario del mio ex ragazzo che ha deciso di cambiare Stato, Olivia non se n'è mai veramente andata. È rimasta a perorare la sua posizione, a marcare stretto il Principe Ereditario.

Pranzo con lo stomaco chiuso, tra Stefano e Caterina. A quel punto si è unito alla "festa" anche il mio capo progetto, Enzo, che mi saluta con una stretta di mano e qualche impostata frase di circostanza. Sono già abbastanza in imbarazzo nel giustificare la mia presenza, non riesco a immaginare che risvolti mi aspetteranno lunedì in ufficio. Grazie al cielo si siede accanto a Olivia, con cui chiacchiera fitto per tutto il tempo.

Il pomeriggio scivola lento nel giardino della tenuta.

Gli sport sono un mero pretesto per avvicinare persone e chiudere affari e io e Caterina non abbiamo più scuse per sottrarci ai doveri sociali. La madre di Stefano ci reclama sotto il suo gazebo, mi chiede se mi sto trovando bene e se sono appassionata di cucina e mi consiglia di provare il *foie gras* di Pierre Gagnaire la prima volta che mi capita di andare a Mosca o Dubai. Ci racconta che suo marito, per il suo compleanno, l'ha portata in un ristorante in cui è presente un solo tavolo per due persone, dentro una favolosa villa romana, e per chiamare il cameriere bisogna suonare un campanello d'argento.

Resto ad ascoltare aneddoti, a guardare le amiche della madre di Stefano che fingono di giocare a tennis, a sbirciare Stefano da lontano mentre lavora sulle contrattazioni tra una buca e l'altra. La cornice è meravigliosa, Caterina si è impegnata molto per rendermi digeribile la mattinata, eppure quando sull'orologio leggo che sono solo le cinque, mi chiedo come resisterò fino a tarda sera.

Così faccio quello che facevo le rare volte in cui frequentavo un corso universitario che non sopportavo: mi alzo adducendo la scusa di una telefonata, fingo una paresi facciale e mi do alla fuga. Cammino verso la casa colonica con la schiena rigida, nel timore che qualcuno si accorga che «Ci impiegherò solo cinque minuti» è una stima arrotondata oltremodo a difetto. Tiro un sospiro di sollievo solo quando le chiacchiere del giardino diventano voci senza significato che cicalecciano distanti.

M'inoltro in una seconda porzione di terra che si estende a destra della tenuta e giungo in un giardino curato. In fondo, quattro panchine di pietra girano attorno a una piccola aiuola. Mi stendo su quella che dà lo schienale verso i campi sportivi, in modo che mi nasconda a una sommaria ricerca, infilo le mani sotto la nuca e fisso il cielo limpido che si appresta a imbrunire.

Penso a mia madre, ai suoi pranzi in famiglia con l'Uomo Più Paziente Del Mondo, alla sua pasta al forno con le verdure e la besciamella che Caterina Marte fotograferebbe da dieci angolazioni diverse ma che non mangerebbe. Penso a Magda Marte e al *foie gras* e al ristorante esclusivo per sole due persone. Penso a Stefano che dice che la mia presenza gli è di supporto, eppure non mi parla da ieri sera.

Sfilo il cellulare dalla tasca e leggo le notifiche.

Leonardo, dopo la foto del tovagliolo, è sparito.

Sabrina ha commentato su Instagram le foto di Caterina dove compaio io.

Mia madre mi chiede se domani sarò da lei a mezzogiorno, anche se sa benissimo che non mancherò.

Mio padre mi ha inviato per e-mail il link di un concerto classico improvvisato da un'orchestra tedesca in una stazione ferroviaria, accompagnato dal commento: *Sono bravissimi, che ne pensi?*

Che è il suo modo per chiedermi "Stai bene? La mamma? Hai visto che ti penso?". Fino all'altro ieri lo trovavo un modo carente e anche un po' di cattivo gusto; eppure, adesso, mi sembra un gesto dolcissimo e di avere il padre più affettuoso del mondo.

Forse questa pausa dalla vita reale, in fondo, a qualcosa mi sta servendo. Anche solo per capire che quello che ho mi piace.

Non ho mai creduto al detto che i soldi non fanno la felicità. Ero la ragazza che alle scuole medie non indossava i jeans di marca, quella che alle superiori rifiutava di eccedere negli extra con la scusa che tanto non le interessavano, solo per non costringere una madre single a fare troppi sacrifici. I soldi non faranno la felicità, ma prevengono diffuse situazioni di infelicità.

Eppure la giornata di oggi mi ha fatto riflettere sul fatto che non farei mai cambio con la vita di Stefano o di Caterina.

Non se l'alternativa è questa.

«Sapevo che ti avrei trovata qui.»

Sporgo la testa oltre la panca di pietra, gesto non necessario per registrare che Stefano mi ha stanata. È in versione casual, con i jeans, una polo di marca e i capelli appena scompigliati.

«Ti dispiace?» mi chiede, indicando la parte della panchina dove ci sono i miei piedi.

Piego le ginocchia e gli lascio qualche decimetro libero. Lui si siede, incerto, come se l'incastro dei nostri corpi alla luce del sole non riuscisse a trovare i giusti confini.

«Ho finito.»

Non è una domanda, ma mi sento lo stesso in dovere di rispondergli.

«Tu non finirai mai.»

«Perché dici così?»

«Perché sei una di quelle persone che vengono risucchiate dal lavoro, che lavorano sempre. Ci sarà sempre qualcosa di urgente che merita la tua attenzione, una persona cui dovrai stringere la mano, una telefonata che devi assolutamente fare, un evento che non può per nessuna ragione essere saltato.»

«Non è…»

«Invece sì, Stefano. E, guarda, sei libero di fare quello che vuoi, il mio non è un giudizio. Ma dovresti essere onesto, almeno con te stesso.»

«Però! Credo che siano le prime parole sincere che sento da ore.»

Storco la bocca. «Perché, Olivia non ti parla così?»

Stefano abbassa la testa e, per l'ennesima volta, non risponde.

Mi siedo, piego le ginocchia al petto. «C'è qualche remota possibilità per cui potresti perdere un paio d'ore e portarmi a casa?»

Il suo sguardo è spiazzato. «Vuoi… vuoi tornare a casa?»

«Secondo te?»

«No.»

«Okay, mi rimangio qualsiasi complimento sulle tue doti osservative.»

«No, non ci sono possibilità di tornare a casa. Nemmeno remote» risponde, cancellando il piccolo momento di smarrimento.

Mi alzo in piedi, sperando di darmi a un'altra fuga, ma lui è più veloce: si staglia di fronte, incombendo su di me.

«Guarda che lo faccio anche per il tuo bene. Non so tu come ci riesca, ma io a fingere sono negata.»

Stefano resta a poca distanza, sapendo di essere in spudorato vantaggio.

«Lo so. È per questo che non vedevo l'ora che scappassi.»
«Così ti saresti divertito a riportarmi indietro?»
«No, così avrei avuto una scusa per venire a cercarti.»
Mette le mani sui miei fianchi e mi tira verso di lui. Le sue dita mi tengono stretta, accarezzano la stoffa della camicia, s'intrufolano sotto tastando il bordo dei pantaloni e la mia pancia.
«Molto meglio...» sussurra, appoggiando la fronte sulla mia.
Credo che voglia baciarmi, invece strofina il naso contro il mio, poi lo affonda nei miei capelli.
Devo arginare la cosa.
Subito.
«Stefano, dobbiamo parlare.»
Lui si blocca, ma non si sposta di un millimetro.
«Perché?» chiede, con il tono di un bimbo innocente.
«Perché... perché non va bene. Non va bene...» indico lo spazio esiguo che c'è tra i nostri corpi. «Questo. Questa specie di recita familiare senza senso. Insomma, cosa vuoi dimostrare?»
«Non capisci perché poni le domande sbagliate.»
«Scusa?»
«Questa non è una recita, Melissa, e tu avresti potuto chiamare quel famoso taxi ieri sera. Oppure quando abbiamo discusso la prima volta. O la seconda. Avresti potuto svignartela questa mattina. Avresti potuto prendere un bus o tornare a casa in treno.»
M'ammutolisco.
«Ma non l'hai fatto. Quindi, invece di chiederti perché ti ho portata qui, dovresti chiederti perché sei rimasta» dice, centrando il cuore della questione. «Dunque, Melissa, perché sei rimasta? Azzardiamo? Forse perché sei curiosa di vedere cosa succede, di rischiare un tentativo, di dare una

possibilità a...» Indica con un dito lo spazio tra di noi. «...a questo?»

«Io non...»

«No, aspetta» m'interrompe. «Avrò molti difetti, ma non ho paura di ammettere ciò che voglio. Invece tu hai la strabiliante capacità di trovare infinite giustificazioni per non ammettere quello che provi.»

«Ah, sì? E cosa proverei?»

«Non lo so, dimmelo tu.»

Si avvicina, mi riprende per i fianchi e mi bacia. È un altro bacio intenso, uno di quelli che cancella il circondario, con le mani tra i capelli e il respiro sulle labbra. Uno di quelli che, quando finisce, lascia entrambi con il fiato corto e la strana sensazione di essere appena stati derubati di qualcosa di molto prezioso.

«Allora?» mi chiede.

Mi schiarisco la gola.

«Allora questa è attrazione, Stefano. Si chiamano ormoni, si attivano quando due persone rilevano una certa chimica, ma non significano niente dal punto di vista cerebrale o affettivo.»

«Non significano niente» ripete.

«Esatto.»

«Lo sai che se lo avessi detto io che sono solo ormoni, che è *solo* attrazione fisica, mi avresti ricoperto di insulti?»

Mi mordo le labbra, consapevole della verità.

«E comunque, bene. C'è attrazione fisica. Perché non approfittarne? Perché non la smettiamo di litigare e ci godiamo questo tempo, senza definizioni?»

«Perché "questo tempo" è una sequela di appuntamenti lavorativi travestiti da festa in villa.»

«Dicevo sul serio, per oggi ho finito.»

«Niente partite a golf, niente trattative, niente strette di mano?»

«Niente.»
«E dunque cosa, chiacchiere in giardino, buffet dai quali non posso mangiare e la tua ex fidanzata sempre intorno?»
«A dir la verità, avevo in mente ben altro.»
Cerco di tenere a bada il timore con una sana dose di scetticismo. «Cosa?»
Stefano sorride. «Stavolta, però, dovrai fidarti di me.»

Tredici

Usciamo dal garage mentre gli invitati sono ancora in giardino.

Stefano monta sulla sella e mi fa segno di sedermi sulla parte posteriore. Mi accomodo alla meno peggio, con le gambe attorno alle sue, mentre apre l'aria e accelera da fermo.

«Sei pronta?» domanda, sovrastando il rombo della moto.

Vedo il mio casco annuire nello specchietto retrovisore.

Stefano alza i piedi da terra accelerando e in un attimo siamo in bilico su due ruote. Oltrepassiamo il cancello e ci infiliamo nel reticolo di stradine della campagna brianzola, contro il cielo che si sta esibendo nelle prime calde colorazioni del tramonto. Il rombo del motore, il sibilo del vento che entra nelle bocchette, il mondo che comincia e finisce dentro il casco.

Stefano guida in modo sicuro, tiene con fermezza la moto anche quando si diverte a piegare nelle curve e accelerare in uscita, e io mi rilasso osservando il panorama, i campi imbruniti, le sagome delle case che assomigliano a quelle di cartone che da piccola sistemavo con cura nel presepe. Gli olmi con i rami stilizzati e le zolle vangate dagli aratri.

Per quanto cerchi di respingerlo, so che una parte di me

è calamitata da una parte di lui. Ma è proprio questo il problema: non possiamo prenderci a parti, non possiamo scegliere la versione migliore di una persona ed eliminare le altre, fingendo che non esistano.

Stefano imbocca una strada statale mezza deserta, scala la marcia e stacca una mano dal manubrio. Prende il mio braccio destro e se lo porta ad altezza dello stomaco, poi fa lo stesso con quello sinistro. Mi ritrovo abbracciata al suo torace, con il panorama campestre che ci sfreccia attorno.

Nessuna razionalità può cancellare la beatitudine che mi avvolge mentre siamo così. E nemmeno il fatto che, per la prima volta dopo mesi, mi sento felice. Non si tratta di una veloce anestesia, come dentro la vasca da bagno. È una felicità che mi prende alla sprovvista, che spazza via la tenuta dei Marte, la sua famiglia, tutti gli aspetti negativi della faccenda.

È solo un punto più in alto degli altri per cadere.

È solo un modo migliore per farsi male.

Eppure adesso sto bene.

Così un po' chiudo gli occhi, un po' li tengo aperti. Un po' immagino e un po' realizzo che ciò che immagino e ciò che sta accadendo coincidono in modo imbarazzante.

È solo una fantasia, l'effetto collaterale di una fiaba mai raccontata.

Ma, seppur per poco, la sensazione esiste.

Esiste quando Stefano ferma la moto di fronte a un cancello incastrato in un alto muro ricoperto da una cascata di foglie. Esiste quando parcheggiamo il bolide di fronte a una villa antica circondata da un giardino botanico.

Sfilo il casco e m'investe il silenzio della natura, il profumo di erba tagliata, di terriccio e di piante odorose. Stefano assicura i caschi legandoli alla sella con un lucchetto e mi chiede di aspettarlo. Entra nella villa e ne esce poco dopo, con i biglietti d'ingresso e due cestini di vimini.

«Oddio» esclamo, anche se vorrei averlo pronunciato un po' meno entusiasta e un po' più inorridita. «Vuoi fare un revival di Cappuccetto Rosso?»

«Pensavo che ti sarebbe piaciuto» dice. Ma penso intenda: «So che ti piace, so anche che ti piace fare la sostenuta, quindi illuditi pure di avere scampo, se così preferisci».

Attraversiamo sentieri curati che si affiancano a grandi alberi secolari, statue di pietra e muretti dai bordi ricoperti di muschio, superiamo un laghetto e raggiungiamo un grande gazebo dalle pareti trasparenti, una specie di elegante serra a cielo aperto. Dentro, una distesa di gelsomini e di altre piante che non saprei nominare sono disposti in modo da creare angoli appartati e giochi di luce soffusa. E poi, il profumo. Dolciastro, intenso ma affatto fastidioso.

È un'atmosfera talmente fiabesca che ho quasi il sentore che Stefano sappia dei miei soprannomi scemi su principi e principesse e che l'abbia fatto apposta.

«È un giardino notturno» spiega, mentre prendiamo posto su una panchina dietro un arco di rampicanti. «È pensato per essere visitato sia di giorno, sia di notte. Le piante scelte sono quelle che restano schiuse anche la sera, oppure i cui fiori sui toni del bianco e del grigio riflettono la luce della luna. Tra poco sarà uno spettacolo, vedrai.»

È già uno spettacolo adesso.

Con la luce bassa del tramonto, nessuno nel raggio di metri, il silenzio del parco. A quel punto connetto un altro particolare, uno dei tanti che dall'inizio è sfuggito alla mia cecità, che vedo solo ora che lo guardo per davvero.

«Le piante in MarsTech, quelle nel tuo ufficio… non è merito di un *interior designer*. Sei tu che le hai volute. Sei un appassionato di piante?»

«Ehi, così lo fai sembrare un hobby da disperati.»

«Cioè, sei davvero un appassionato di piante?»

«Okay, adesso decisamente non lo dici per farmi un complimento» risponde. «Cosa c'è di male? Non è abbastanza virile? L'ultima volta che ho controllato, i giardinieri erano ancora inflazionati nel panorama dei sex symbol.»

«E quando hai controllato, negli anni Ottanta?»

Lui scoppia a ridere. «Be', almeno so prendermi cura di qualcosa di vivo. In casa tua la cosa che si avvicina di più ad avere una vita propria sono i fermenti dello yogurt.»

«Colpita e affondata. Ma, prima che pensi di installarmi un giardino pensile in terrazzo, dovresti sapere che un terrazzo non ce l'ho.» Stendo le gambe, mi rilasso. «Come mi hai trovata, oggi pomeriggio? Sulle panchine nell'altro giardino, quelle vicine all'aiuola.»

«Era il mio posto preferito, quando ero bambino. E quell'aiuola l'ho disegnata io.»

«Cioè, gli altri bambini giocavano a rincorrersi e tu disegnavi aiuole?»

«Be' sì, ma con AutoCAD.»

«Disegnavi aiuole con un programma di disegno professionale? Ma che razza di infanzia hai avuto?»

Stefano si rabbuia. «Non è andata bene, la tua giornata.»

«Stiamo parlando della tua infanzia, cosa c'entra la mia giornata?»

«L'hai trascorsa con chi mi ha cresciuto. Allora, sincera. Quante volte hai pensato di scappare e fare l'autostop verso Milano?»

«L'autostop! Che stupida a non averci pensato» mi schiaffeggio la fronte.

Stefano mi intercetta la mano prima che possa poggiarla sulla panchina, la tiene tra le sue.

«Posso chiederti un favore?»

«Solo se posso negartelo.»

«Puoi restare così?»

«Così come?»

«Come sei adesso. Com'eri la sera in cui ci siamo conosciuti.»

Puoi ignorare le versioni di me che non ti piacciono, puoi dar retta solo a quelle che invece ti piacciono?

No, sarebbe la risposta giusta.

Invece annuisco.

Perché, mio malgrado, sono curiosa di scoprire dove potrebbe portarci "questo limitato tempo" che abbiamo.

Così, per la prima volta, sono io a prendere l'iniziativa. Mi sporgo verso di lui e m'accoccolo nell'incavo della sua spalla, adagiandomi in un abbraccio che lo sorprende.

«Quante volte sei già venuto qui?»

«Con nessuna.»

Alzo la testa verso il suo viso. «Non ti ho chiesto...»

«Non ce n'era bisogno.»

La tempestività con cui ha letto il mio sottinteso mi lascia sconcertata.

«Ma...»

«Neanche con Olivia» aggiunge. «Soprattutto non con Olivia.»

«Da come ne parli, non sembra una rottura... *equilibrata, composta* e *amichevole*.»

Lui aggrotta la fronte. «Te l'ha detto Cate?»

«Oh... no. L'ho sentito in giro.»

«Sei una pessima bugiarda. E mi stupisco che mia sorella abbia mantenuto la parola.»

«Quindi? Com'è stata?»

«Come la maggior parte delle rotture. Orrenda.»

«Ti ha lasciato lei?»

Penso che non mi risponderà, invece abbassa la testa. «Un mese fa una ragazza mi ha raccontato che si è presa la responsabilità di chiudere una storia, e che l'ha fatto per se stessa. Ti dice niente?»

«Vagamente.»

«Diciamo che sapevo bene ciò che intendevi.»

«Hai chiuso tu» deduco. «Però Olivia è ancora qui. Cioè, ti è sempre appresso.»

«Non è partita per Oslo. Ma non ha fatto nemmeno nulla per...» Sospira. «Ho sempre vissuto nella MarsTech. Da bambino le babysitter avevano il compito di portarmi nelle sale computer per "farmi familiarizzare con l'ambiente". Poi c'è stato il periodo delle scuole medie e superiori con gli stage. I miei compagni facevano gli stage per tre settimane, io ci restavo per i tre mesi estivi. I miei doposcuola erano negli uffici. Durante l'università ho vinto due bandi e sono andato a studiare a San Francisco. Non che mio padre disincentivasse l'apprendimento al di fuori dell'azienda, ma doveva rimanere tale, appunto. Un apprendimento, non un lavoro vero e proprio. Comunque, poco prima della discussione della tesi, l'azienda di San Francisco mi ha contattato per un posto. Era un'occasione irripetibile... Ma immagino di non dovertelo spiegare, lo capisci perfettamente.»

Altri pezzi che si incastrano, altre coincidenze che ci uniscono.

«Stavo per accettare. Con Olivia ne avevamo parlato e la distanza non sarebbe stata un problema. Si trattava di un contratto a tempo determinato e, comunque, se le cose fossero procedute in modo stabile lei si sarebbe trasferita con me. Il problema era mio padre. Che, quando l'ha saputo, ha elaborato l'accordo. Avrei dovuto cominciare subito dopo l'università e progredire nella carriera, altrimenti non avrei mai posseduto neanche una quota. Non sapevo cosa fare. Ero cresciuto nella MarsTech più che a casa mia. È l'azienda di famiglia, è... *parte* della famiglia, capisci? Da un lato c'erano il mio egoismo, la voglia di sperimentare, di vedere cosa avrei potuto raggiungere da solo. Dall'altro, c'era un futuro che sto scrivendo da quando sono nato.»

Annuisco, più per farlo continuare che a una specifica sua affermazione.

«È stata Olivia a convincermi a restare. Diceva che mio padre desiderava solo il meglio per me. Poco importava che lo facesse così. Non era il primo padre a ricattare emotivamente un figlio, e comunque la mia era una situazione invidiabile. Chiunque si sarebbe tolto un braccio pur di avere le mie alternative. Non solo. Se fossi rimasto in Italia, io e lei avremmo avuto un futuro migliore. Un giorno, quando saremmo diventati una famiglia, avremmo avuto bisogno dei miei genitori. E rovinare i rapporti per una scelta così rosea non valeva la pena.»

Non so cosa dire, se non un biascicato: «Ah».

«Io le ho creduto. Ho rinunciato a San Francisco e sono rimasto. L'occasione mancata mi è pesata, per un po'. Ma poi ci si abitua, no?» dice. «Sei mesi fa, mio padre si è lasciato scappare che c'era lui dietro la presa di posizione di Olivia. Le aveva promesso il posto di responsabile licensing, se fosse riuscita a strapparmi il fatidico "sì".»

Dalla mia gola esce un suono graffiato, una specie di risata senza aria. «Stai scherzando.»

Stefano fa cenno di no con la testa.

«Ma dove pensano di essere, dentro *Scandal*?»

«E comunque, quello è stato solo il pretesto» continua. «La verità è che negli ultimi mesi vivevamo assieme, ma solo nel senso che respiravamo la stessa aria dentro la stessa casa.»

Convivevano.

Fino a sei mesi prima, convivevano.

Anni di relazione contro alcune briciole rubate al vento.

«Come puoi dire che è finita, se quello è stato solo un pretesto?»

«I miei genitori sono carenti da vari punti di vista, Melissa, ma su un aspetto sono stati di grande esempio: il loro è sempre stato amore. Non sono stati dei genitori esemplari, ma come marito e moglie hanno sempre funzionato benissimo. Si sono sempre amati, rispettati, hanno affrontato le difficoltà insieme. Il loro matrimonio è stato l'unico insegnamento riuscito, seppur involontario. Dunque, so riconoscere un amore vivo da uno che non funziona più. Potrà sembrarti banale ma ti assicuro che, nella mia esperienza, imparare da un amore simile non lo è affatto.»

«Be', non è banale nemmeno nella mia» dico. «Figlia di genitori divorziati. Mio padre convivente, mia madre risposata. Ho anche due sorellastre.»

Stefano sorride. «Hai davvero due sorellastre?»

«Già. Ma prima che ti faccia strane idee, sono intonatissime, molto graziose e hanno il piede più piccolo del mio.»

«Sarà per questo che non sostieni Cenerentola? Ti senti fregata dalle circostanze?»

«E anche perché, come ti ho già esplicato e come avrai intuito dalla visita nel mio appartamento, a pulire i pavimenti faccio schifo.»

«Non ricordo di aver guardato i pavimenti, quella sera.»

«Ah sì? E cosa guardavi?»

«Il modo in cui il tuo ex ragazzo ti mangiava con gli occhi.»

«Anche io lo avrei mangiato, ma rispettando gli insegnamenti di Hannibal Lecter» rispondo. «Come fai a sentirla tutti i giorni?»

«È lavoro. La sento per lavoro.»

Faccio una smorfia con le labbra. «Dopo quello che ti ha fatto? E sapendo che i suoi fini sono diversi dai tuoi? Perché, non per sottolineare, a me sembra abbastanza convinta che tornerete insieme.»

Stefano si morde la lingua.

«E a ragione, direi. Si è licenziata, si è portata via alcuni contatti e ha raddoppiato il suo tariffario. Se fosse una qualsiasi altra persona, come minimo si sarebbe scatenata una guerra tra avvocati o cose del genere. Eppure lei è nel tuo giardino, a chiacchierare con tua madre della biografia di Andre Agassi.»

Di nuovo, Stefano non commenta.

«Chi ti ha dato il suo incarico, quando se n'è andata? Chi l'ha confermata come consulente e chi ha deciso che saresti stato tu il suo contatto interno?»

Lo chiedo, ma non ho bisogno di sentire la risposta.

Ho piuttosto bisogno che Stefano si ponga qualche domanda, perché è meglio una domanda giusta senza risposta che una risposta didascalica, senza partecipazione, che muore sulle labbra il secondo seguente.

Stefano resta in silenzio e io so che le domande se le sta ponendo. Non so quanto tempo impiegherà a trovare le risposte adeguate, ma questo non sta a me stabilirlo, così come lui non può stabilire il tempo che serve a me per dare una chiusura alle mie.

Per smorzare la tensione, propongo di aprire i cestini. Ceniamo nella calma del giardino notturno, con i prodotti dell'orto che una cooperativa sociale ha trasformato in deliziose leccornie. Pane biologico, creme di verdura, un'insalata di pasta e una macedonia di frutta.

Stefano mi racconta che la passione per le piante – per cui non riesco a non prenderlo in giro – l'ha ereditata da suo nonno e che ha un giardino pensile composto da girasoli e piante aromatiche. Mi racconta che, quando era alle superiori, i suoi compagni di classe chiedevano a lui ogni questione di programmazione. Mi racconta che qualche volta persino il professore ha chiesto a lui invece di guardare nei libri di testo, fingendo si trattasse di una mezza interrogazione improvvisata. E che lui conosceva sempre le risposte.

Io gli racconto della ragazzina che ero e delle stupidaggini che combinavo tra i banchi di scuola, di come è nata la passione per la tecnologia, dell'amore per le consolle anni Ottanta e della mia dipendenza dalle serie tv.

Lontani dalla MarsTech e dalla tenuta dei Marte, con i fiori bianchi che pian piano si illuminano di fosforescenza sotto la luce lunare, le falene attratte dal loro profumo intenso e le lucciole che volano al di là del vetro del gazebo, sento una connessione rara e irripetibile.

Ma che è reale.

Anche solo per poco.

Così mi sporgo verso di lui mentre ancora sta parlando e gesticolando, poggio le mie labbra sulle sue e lo bacio.

Lo bacio quando ci alziamo dalla panchina, lo bacio dopo aver riconsegnato i cestini della cena e prima di infilarci il casco.

Il tragitto del ritorno lo trascorro abbracciata al suo torace; la moto divora la distanza tra noi e il resto del mondo e io mi appoggio con il casco sulla sua schiena, godendomi il paesaggio notturno e un'altra forma di vicinanza.

Quando torniamo nella casa colonica dei Marte, è calata la sera e la parte sportiva del giardino è deserta. Stefano parcheggia la moto nel garage, mi aiuta a sganciare il casco.

«Sono tutti dove ti sei rifugiata oggi pomeriggio,» dice «mia madre fa sempre allestire una cena nel giardino italiano, se il tempo lo permette. Ormai saranno arrivati al caffè.»

È già finita? La magia, la fiaba… è tutto finito?

«Ah. Okay. Passo per la stanza a rinfrescarmi. Poi andiamo…»

«Non dobbiamo tornare là» mi interrompe, prendendomi per un braccio. «Non torneremo da loro.»

Aggrotto la fronte. «Sei sicuro?»

«Te l'ho detto, per oggi ho finito.»

Stefano ripone i caschi, i giubbini e le chiavi della moto dentro un armadio in garage. Camminiamo verso la casa immersi nell'oscurità. Non è bello come nel giardino notturno, a causa del vocio proveniente dall'altro lato della villa che ci riavvicina sempre di più ai noi di sempre, eppure dentro di me spero che questa bolla in cui siamo non stia già per scoppiare.

«Mi ripeti la tua tradizione da fine anno scolastico?» mi chiede d'un tratto. «Quella di cui mi raccontavi prima.»

«Be', io e Jessica, la mia compagna di banco nonché migliore amica del tempo, saltavamo sempre l'ultimo giorno di scuola, così nessuno ci avrebbe chiesto la giustificazione, e con i suoi amici andavamo ai giardini pubblici e i ragazzi ci prendevano in braccio e ci buttavano dentro la fontan...»

Mi blocco.

Siamo accanto alla piscina.

Stefano ha il sorriso furbo delle grandi occasioni.

«Continua, Melissa.»

«Oh, no» esclamo. «Non ci provare nemmeno. Non pensarci neanche!»

Lui si avvicina con fare predatore. «Dicevi che i ragazzi vi prendevano in braccio e vi buttavano dentro la fontana dei giardini pubblici...»

«E che non so come diavolo sia sopravvissuta senza aver contratto nessuna malattia infettiva, ma non c'entr... Stefano, non ci provare!»

«Mi dici sempre no a parole, ma i tuoi atteggiamenti suggeriscono altro.»

«Fidati, i miei atteggiamenti al momento sono molto oppositivi.»

«Sei crudele. Io non ho mai avuto tradizioni da fine anno scolastico. Non pensi che me le meriti?»

«Comprati una DeLorean e reclamale da chi di dovere!»

«E se io volessi reclamarle da te?»

«E se io volessi che per una misera volta mi ascoltassi senza fare di testa tua?»

«Se ti avessi ascoltato dall'inizio, non ti avrei mai più rivista.»

È vero.

Per un motivo o per l'altro, è sempre stato lui a prendere l'iniziativa. Con l'assunzione. Con le convocazioni nel suo ufficio. Con i passaggi sotto casa e con le incursioni nel mio appartamento e con questo weekend, con i suoi baci e...

E basta, perché il secondo successivo mi ha sfilato la borsa, l'ha gettata a terra e mi ha sollevato, caricandomi sulle spalle come un sacco di juta.

Mi sfila le sneakers e fa due passi verso la piscina.

D'un tratto il mondo diventa blu scuro, acquoso e ghiacciato.

Riemergo con i capelli infradiciati e resto a mollo fino alla cinta, saltellando con pochissima grazia sul fondo, con l'acqua scura che m'inzuppa i jeans e gronda dalle ciocche bagnate. «Oddio! È freddissima!» esclamo. «Ti odio!»

Stefano si toglie gli stivali da moto con molta calma, si accuccia e si immerge nella vasca, completamente vestito.

«Cazzo! È ghiacciata per davvero!»

«Ma va, genio del male? Cosa pensavi, che lo dicessi per disincentivarti?»

«A dir la verità sì, ma ora capisco il punto» ribatte ilare, scivolando e spostando l'acqua con piccole bracciate.

Non appena mi è vicino, i nostri corpi si calamitano mossi dall'istinto di sopravvivenza, cercando un minimo tepore umano. Siamo appiccicati e vestiti dentro la piscina, in una sera di settembre, mentre le persone della sua vita sono a qualche metro da noi a impomatarsi l'ego a vicenda.

«E capisco anche perché quei ragazzini avessero escogitato questa tradizione da fine anno scolastico. Gioventù furbissima.»

Sento il suo corpo attraverso gli strati bagnati di tessuto. Sento che il suo corpo risponde alla vicinanza con il mio.

Le sue mani sui miei fianchi, il suo bacino premuto sulla mia pancia. Il suo desiderio molto evidente, nonostante il freddo.

«Infatti sono nate parecchie coppie da questa tradizione» commento.

«Ah, sì? Ha funzionato anche per te?»

«Cos'è, sei geloso dei miei ex fidanzati?»

Stefano mi fissa con un luccichio negli occhi.

«Non potevo lasciarmi sfuggire quest'occasione. Non dopo che ci siamo incontrati dentro una vasca da bagno. Mi sembrava appropriato onorare così la nostra conoscenza.»

Mi percorre il braccio con un dito, sale sul collo, scende sulla scollatura, si ferma appena sopra l'incavo dei seni. Nel farlo, praticamente mi spoglia con gli occhi – non che sia un compito così difficile, visto che i vestiti bagnati sono una seconda pelle.

«Hai freddo?» Le sue corde vocali dicono questo, il suo sguardo intende: «Vuoi salire?».

Una pessima idea.

Una pessima, *pessima* idea.

«Stefano...»

La sua bocca si muove verso la mia, a zittire le mie obiezioni. Lo fermo posandoci sopra la mano destra. Le sue labbra premono contro le mie falangi.

«Non puoi baciarmi ogni volta che non vuoi sentire quello che ho da dirti.»

«Non posso nemmeno lasciare che trovi scuse per tenermi lontano.»

«E lunedì?»

Lui scuote la testa. «Lunedì, cosa?»

«Hai detto che non vuoi pensare a lunedì. Io... io però devo farlo. Non posso permettere che qualsiasi cosa succeda tra noi...»

«Non ci saranno conseguenze» mi ferma. «Te lo prometto. Qualsiasi cosa succederà, non si ripercuoterà sul tuo lavoro. Non lo permetterei.»

Vorrei non credergli.

Vorrei guardarlo negli occhi e dirgli che un bacio, una notte, un weekend non valgono la pena. Non valgono il mio lavoro.

Dovrei dirlo.

Dovrei.

Invece lascio che lui mi abbassi piano la mano, ancora davanti alla sua bocca, ancora in mezzo a noi. Lascio che faccia passare il suo braccio dietro la mia schiena e che mi tiri a sé.

Lascio che le sue labbra trovino le mie, che le nostre lingue si cerchino, che il mio corpo risponda alle sue carezze.

Usciamo dalla piscina ghiacciati e gocciolanti. Attraversiamo il giardino di fretta, incuranti delle voci che si fanno più vicine e di chi potrebbe vederci mentre ci divertiamo come due diciassettenni alla fine della scuola.

Cammino con le sue mani attorno alla mia vita, io che lo prendo per un braccio per evitare che, impegnato a tenermi, rovesci un prezioso vaso di sua madre. Saliamo le scale senza scarpe, io con le mie nella mano, lui che ha abbandonato i suoi stivaletti da moto chissà dove, nel giardino.

Quando Stefano apre la porta della stanza, un silenzio ovattato ci avvolge. Il resto del mondo è fuori, dentro siamo solo noi due. La luce tenue dei comodini si diffonde nell'ambiente caldo, il letto di mogano mi sembra ancora più imponente.

Sono trascorse poco più di ventiquattro ore da quando sono stata trascinata nello sfavillante mondo dei Marte. Al mio arrivo, mai avrei pensato che la sera successiva sarei stata in camera con Stefano, con i vestiti bagnati, a guardarci con un desiderio misto all'imbarazzo di condividere un'altra forma di vicinanza, la prima vera intimità. Ma nel Regno di Marte il tempo scorre in modo diverso e la lucidità non sembra un criterio selettivo.

Stefano entra in bagno e ritorna con un enorme asciugamano tra le braccia, con cui mi avvolge le spalle. Ne prende un lembo e me lo passa sul braccio, sulla spalla, sul collo. È un movimento leggero e casuale che lui riesce a far risultare sensuale.

Mi prenderò cura di te, sembra promettere. Anche solo per stanotte, mi prenderò cura di te.

«Hai freddo?» mi chiede di nuovo, indicando la mia pelle d'oca.

«Non ho... non faccio sesso da più di sei mesi. Non l'ho più fatto dopo di...»

Leonardo.

Ma non voglio pensare a Leonardo e al tovagliolo con la tazzina da caffè o alla foto che ha appeso sulla porta del mio appartamento o all'appuntamento di domani in aeroporto.

E inoltre, che non sia stata con nessun altro dopo il mio ex, lo sa anche lui.

Vorrei che dicesse che mi capisce, che anche per lui è così, che sono la prima dopo la sua ex fidanzata. Se fossimo in una serie tv *guilty pleasure* che adoro nella stessa misura in cui prendo in giro, succederebbe così. Stefano mi direbbe che aspettava una persona speciale, il momento giusto e tutte quelle stronzate da tempismo perfetto che accadono più spesso nella finzione che nella realtà.

Invece lui sta zitto, sorride, mi accarezza la guancia con la mano libera. E io mi chiedo quanti altri corpi abbiano accarezzato le sue mani dopo Olivia e prima di me, quante figuranti siano passate per il tempo che bastava.

Stefano smette di asciugarmi e mi bacia piano, con dolcezza. È un bacio fatto solo di labbra, cauto, eppure non riesco a tenere a bada il desiderio di andare oltre.

«Sei sicura?» chiede, staccandosi appena.

Lo guardo. E mi vuole.

Potrebbe avere chiunque, però vuole me.

Stasera, mi correggo. *Stasera* vuole me.

«Non sono una da storie di una notte. Non ne ho mai avuta nessuna e...»

«Shhh» sussurra, infilandosi sotto l'asciugamano con me. «Sai qual è il tuo problema?»

«Che parlo dei personaggi delle serie tv come se fossero dei miei amici reali, anche quando sono degli psicopatici che uccidono la gente o cacciano zombie?»

Stefano sgrana gli occhi.

«Oppure che quando sono in tensione straparlo... Non sapevo quale delle due dire per prima.»

«Non essere tesa» dice. «Ricordi? Solo quello che vogliamo entrambi.»

«È che non so nemmeno io cosa dovrei o non dovrei volere, Stefano...»

«Lasciamo il dovere molto lontano da questa camera, stasera.»

Le sue mani, sotto l'asciugamano, mi percorrono la schiena.

«E cosa succederà se...»

La bocca di Stefano si avvicina al mio orecchio. «Non posso prometterti un "per sempre". Però ho un "per adesso". Un per oggi, un per domani...»

Che non è una grande promessa d'amore.

Però è una promessa.

Una promessa onesta.

«Lasciati andare,» mormora «lasciati andare, Melissa.»

Chiudo gli occhi, mentre lui mi deposita una scia di baci sulla fronte, sul profilo del viso. Non faccio sesso da sei mesi e non faccio sesso con qualcuno che non sia Leo da tre anni.

Non so nemmeno come si fa a incastrare due corpi che

non siano il mio e di Leonardo, a ricostruire la sinfonia dei gesti condivisi. Sembra un pensiero così estraneo permettere a qualcun altro un'intimità che è stata un'esclusiva sua per così tanto tempo. Ma solo secondo la ragione.

Perché per il mio corpo, premuto contro quello di Stefano, non c'è scelta più naturale.

Potrei dire che lo voglio perché nel giardino notturno l'ho visto sotto una nuova luce che poco c'entra con lucciole e fiori luminosi. Ma la verità è che con lui ho sentito una connessione da subito e ho trascorso il tempo successivo a inventare modi per negarla.

Quindi, quando Stefano mi sposta delicatamente verso il letto con la bocca sulla mia, capisco che per stasera ho finito le giustificazioni e lascio pieno comando all'istinto, più qualificato nel dialogare con il corpo dell'uomo che mi sta divorando di baci.

Stefano mi fa stendere sul letto senza staccare le labbra, poi si sdraia sopra di me appoggiandosi sulle braccia per non darmi peso. Sento la sua lingua morbida accarezzare la mia, quasi a chiedere un permesso già concesso. La mano scende sul mio fianco nudo, le dita si fermano stringendomi appena. È un contatto delicato, non preme forte, quasi nemmeno lui realizzasse che sono davvero sotto di lui.

Se è per quello, nemmeno io ci riesco molto. Così apro gli occhi e lui è proprio lì. Con le palpebre chiuse, abbandonato nello stesso modo in cui io mi sono arresa a lui. Non riesco a decidermi su cosa mi faccia sragionare di più: se sentirlo sopra di me, oppure il profumo della sua pelle misto a una fragranza di cui non conosco la marca. Ecco, forse è quello che mi fa letteralmente sbarellare. È una specie di droga olfattiva, una di quelle che se riesci a commercializzare hai fatto il colpaccio e sei sistemato a vita.

E infatti, mentre sto sragionando, intrufolo le mani nell'esiguo spazio tra di noi e comincio a sbottonargli la camicia.

«Melissa...» dice, appoggiando la fronte sulla mia.

Trovo i due neuroni che mi servono per formulare un biascicato: «Sì?».

Ma poi mi perdo di nuovo.

Ormai anche l'ultimo bottone è andato e faccio la conoscenza con Stefano in versione mezzo svestito. E, diamine, è una conoscenza che avrei voluto stringere molto tempo fa.

Non che avessi qualche dubbio, ma quest'uomo è notevole sotto ogni punto di vista. Ha un fisico snello e asciutto, con degli addominali da fotografare. E io nemmeno sono un'amante della fotografia.

Lui increspa le labbra in un sorriso ironico. «Vedi qualcosa che ti piace?»

«Sì» rispondo. «Vedo decisamente qualcosa che mi piace.»

Presa da una sorta di adrenalina, muovo piano il bacino sotto il suo. Non è un movimento sfrontato, eppure la sua reazione è immediata. Spalanca gli occhi castani e li affonda nei miei.

«E *sento* qualcosa che mi piace» aggiungo.

«Audace.»

Mi mordicchio il labbro, senza smettere di guardarlo. «Lo so.»

«E sai anche che i vestiti dureranno ancora molto poco?»

«Non ho controllato i dati, ma è quello che spero.»

«E chi sono io per contraddire queste speranze?»

Nonostante il momento, non riesco a impedirmi di ridere. Stefano ricambia il sorriso, prima di completare la mia opera sfilandosi le maniche e gettando la camicia da qualche parte nella stanza.

Sta per tornare sulla mia bocca, quando lo fermo a metà. Mi sollevo sui gomiti e mi sfilo la maglietta. È talmente bagnata che mi domando perché non stia tremando. Ma, in effetti, da quando siamo su questo letto mi sono dimenticata di essere bagnata. Cioè, letteralmente parlando. Perché è molto difficile dimenticare che là sotto sto andando a fuoco.

Nello stesso momento, Stefano toglie i suoi jeans e poi i miei, lasciandoci in biancheria intima.

Lo so che non dovrei provare imbarazzo nel mostrarmi nuda, eppure una piccola parte del mio cervello mi sta lanciando il segnale da "nascondi i difetti, che non si sa mai". Nel mio caso, un lieve reticolo di smagliature sui fianchi, eredità di un'alimentazione squilibrata al primo anno di università. Il seno a pera – ne odio persino il nome. E il maledettissimo interno coscia che, nonostante gli esercizi che svolgo una volta ogni due mesi circa, resta molliccio.

Faccio per riprendere a baciarlo per distoglierlo dalla visione, quando lui mi blocca i polsi sopra la testa.

«Ehi, non così in fretta.»

Poi mi fissa. Anzi: mi *divora* con lo sguardo. Dappertutto.

«Sei...» dice, lasciando in sospeso la frase.

Lo so cosa sono. È il vantaggio di un'età che qualcuno definirebbe quasi adulta, uno spiccato senso pratico e una buona dose di oggettività.

«Sei meravigliosa.»

Mi mordo le labbra e mi godo il complimento. Sono nuda sotto di lui, sto per fare l'amore con lui. Ho diritto, se non di credergli, almeno di sentirmi dire che sono meravigliosa.

Le mie braccia, ancora bloccate, smettono di essere in tensione. È in quel momento che Stefano sposta le mani per sfilarmi il reggiseno e farlo sparire assieme al resto del vestiario. Domani sarà un miracolo ritrovare tutto. Oh, ma chissenefrega del domani!

E non c'entra nulla il mio temporaneo abbandono con il fatto che Stefano mi stia torturando i capezzoli con la lingua. Le mie dita finiscono tra i suoi capelli, poi percorrono le spalle, la schiena.

Scendo ancora e trovo i suoi boxer. Infilo le mani dentro

e accarezzo piano i suoi glutei. Lui si ferma alzandosi sui gomiti, poi preme la sua erezione contro di me. E, cazzo, che erezione. Davvero, perché ho aspettato così tanto?

Non mi rimane scelta: abbasso l'elastico dei boxer e anche quelli spariscono nel mucchio di indumenti dispersi nella stanza.

Stefano è nudo sopra di me.

«Ehi» dice.

Leggo nei suoi occhi il desiderio misto a una certa fierezza, che mi fa capitolare del tutto. Mi sembra adeguato pareggiare la situazione, così abbasso le mie mutandine di cotone nero. Lui osserva rapito le mie braccia scendere, la mia biancheria volare alle sue spalle.

Poi torna padrone di sé.

Si sporge piano, bacia il mio ombelico con dolcezza e sparisce tra le mie cosce.

Oh, Dio.

È l'unico pensiero che ho mentre la sua lingua è sul mio clitoride.

Oh, Dio.

Vedo i suoi capelli. I suoi occhi chiusi. I suoi occhi aperti.

La sua espressione orgogliosa. Perché è bravo, e lo sa.

È incredibilmente, eccezionalmente, fottutissimamente bravo.

E io sto per venire.

«Stefano, fermati» lo imploro, spostandogli di poco la fronte. «Altrimenti non resisto.»

«E perché dovresti resistere?» mi sorride, prima di tornare a baciarmi tra le cosce.

Forse dieci secondi dopo, esplodo e mi ricompongo e poi riesplodo e mi ricompongo come una supernova che dà spettacolo nel grande cielo infinito. Mi accascio con i capelli bagnati sul cuscino e inspiro forte, cercando di regolare il battito cardiaco.

Non sono solita fare classifiche di sorta ma, se questa è la partenza tra di noi, non vorrò mai, mai, *mai* arrivare alla fine di questo viaggio. Potrei fare questa cosa ogni giorno. Ogni notte.

Stefano mi raggiunge poco dopo, godendosi la mia faccia beata e stravolta.

«Ste, io...» cerco di dirgli, senza sapere bene cosa voglio dirgli.

Gli sottraggo il preservativo che ha recuperato da qualche parte e accarezzo il suo membro, prima di infilarglielo.

Quando lui si adagia sopra di me, non abbiamo più barriere.

Siamo solo noi, noi e basta.

E, se è vero che condividere un amplesso per molti non significa molto, che è solo sesso, mio malgrado per me questo è più di una scopata. Perché, anche se per poco, sento un legame potente che ci unisce. O almeno che unisce me a lui.

Ed è un problema. Anzi, sarà un problema domani, perché adesso non voglio davvero pensarci.

Con un colpo di bacino mi avvicino a lui, e i nostri corpi si uniscono in un attimo. Stefano si fa strada dentro di me e mi fissa come qualcuno che ha appena saputo di aver vinto una fortuna.

«Melissa, non vorrei sembrare ripetitivo...»

Faccio passare le gambe dietro i suoi glutei e lo attiro più a fondo.

«Ma?» chiedo.

«Ma sei un incanto» dice, prima di affondare di nuovo dentro di me con un certo sadismo, prima lento e poi più veloce, giocando con un ritmo che il mio corpo non fatica a seguire.

Ripeto, questa cosa avrei dovuto farla davvero, davvero prima.

Non solo perché vedere Stefano estasiato e fuori controllo è uno spettacolo per cui ogni maggiorazione del biglietto è giustificata. È per via del suo modo di trattarmi. Prima, con la bocca. E adesso, mentre è dentro di me. Come se fossi unica. Come se non esistesse niente di più prezioso, come se il mondo avesse posto i suoi confini attorno alla camera da letto e non ci fosse niente di più magico di noi.

Ci muoviamo assieme e ci guardiamo negli occhi increduli e ci baciamo invadendoci con la lingua e ci inseguiamo e ci riprendiamo e io realizzo di essere davvero, *davvero* fregata, perché sono avvolta da un senso di completezza che avevo persino dimenticato si potesse provare assieme a qualcuno. È come se il mio baricentro si fosse appena spostato a tradimento, riscrivendo il mio senso di appartenenza.

«Meli» mi chiama lui. «Ho seri problemi di controllo.»

Senza volerlo, mi scappa una risata. «E perché dovresti controllarti?» gli faccio eco, spingendo il bacino verso di lui.

«Ehi, piano con i colpi bassi se ci tieni alla mia autonomia» scherza.

«A dir la verità, non ci tengo» ribatto sincera.

Deve essere una risposta inaspettata, visto che lui aggrotta le sopracciglia. «Come, non vuoi che...»

Il ritmo dei suoi colpi rallenta, ma la sua erezione pulsa forte.

«L'unica cosa che voglio, Ste, è sentirti venire dentro di me.»

«Melissa...» dice, con un tono sorpreso misto a una carica sensuale inaspettata. «Con questa frase hai appena annullato qualsiasi tipo di autonomia.»

Non appena ricomincia a muoversi con colpi decisi e profondi, un anomalo calore si diffonde in tutto il corpo. Scariche di piacere arrivano fino alle punte dei piedi, sprigionate dal secondo orgasmo in mezz'ora, mentre lui mi bacia con la lingua, preme a fondo un'ultima volta e poi si accascia su di me.

Sono letteralmente senza fiato.

Stefano resta sopra di me per qualche minuto, anche lui inabile a processare un pensiero di senso compiuto. Non mi trattengo e lo stringo in un abbraccio, mentre lui riprende fiato. Il suo viso sul mio collo, il suo respiro irregolare sulla pelle.

Non so se maledirmi per non averci dato una possibilità prima o maledirmi per averla concessa adesso. Se l'avessimo fatto prima, avrei guadagnato sul tempo. Se non l'avessi fatto nemmeno ora, d'altro canto, non sarei così scombussolata. Adesso ho la certezza di essere finita. Perché è stato bellissimo, ma non è stato sesso. Non per me.

Stefano rotola su un fianco e mi accarezza dolcemente i capelli bagnati. «È stato...»

«Lo so.»

«Dimmi che è stato così anche per te.»

Sorrido. «Te l'ho appena detto.»

«Hai detto "lo so". Un "lo so" non è sufficiente» mormora. «È mio compito di gentiluomo accertarmene.»

Senza volerlo, scoppio a ridere. «Eh certo, è scritto proprio così nel manuale del perfetto amante...»

Stefano sorride, compiaciuto. «*Perfetto*?»

«Scemo» rido. «Lo sai.»

Lui si fa serio, prima di attirarmi a sé. «Lo so.»

Mi deposita un bacio sulla spalla, prima di alzarsi e sfilarsi il preservativo.

Ho sempre trovato un po' imbarazzante il momento dopo, i giri di parole per le cose basilari come chiedere chi usa il bagno per primo, e quelle meno basilari come definire qualcosa che ancora non ha forma o capire in che modo gli equilibri sono stati scombinati e se si troverà un nuovo assetto.

«Devi usare anche tu il bagno, vero?» mi chiede Stefano, con una naturalezza che mi sorprende.

«Oh, io... sì» ammetto, alzandomi. «Posso andare in doccia per prima?»

Sono a un passo da lui, che mi sovrasta ancora nudo.

«No.»

«Che ne è stato del manuale del perfetto amante?» m'imbroncio.

«No, non vai per prima. Andiamo *insieme*» sottolinea. Mi passa le mani attorno alla vita e mi attira a sé. I nostri corpi aderiscono di nuovo, come due poli opposti incapaci di stare lontani. «Non penserai che abbiamo già finito, vero?»

No davvero, pensa la parte più sincera di me. A dir la verità, spero che abbiamo appena cominciato.

Quattordici

Non so a che ora ci siamo addormentati la sera precedente, ma so con certezza che svegliarmi alle sei e mezzo non rientrava nei piani.

Non sono mai stata mattiniera, una di quelle persone che puntano la sveglia all'alba per recuperare le pagine da studiare, per una corsa mattutina, per leggere su Twitter le news della giornata. Eppure il cellulare non mente: sono le sei e mezzo e io non ho più sonno.

Riappoggio il telefono sul comodino e mi volto verso l'uomo con cui ho condiviso le ultime ore, che sono entrate nella selezione delle ore più piacevoli della mia vita.

Stefano dorme a pancia in su, le labbra leggermente aperte, la barba di qualche giorno che risalta sul viso, i capelli castani in disordine. Prima di dormire si è infilato una vecchia T-shirt di cotone grigio, che gli è salita appena sulla pancia rivelando una leggera peluria tra l'ombelico e i boxer.

Mentre dorme sembra così in pace. Leonardo sembrava sempre sul punto di svegliarsi, invece Stefano ha un sonno profondo, sereno. È bello. Anche con l'espressione un po' stupida che abbiamo tutti mentre dormiamo, con la bocca semiaperta e rilassata.

Pensavo che mi sarei sentita sbagliata ad andare a letto

con lui. Invece mi sento solo felice. E non per via degli orgasmi. Cioè, non solo per via degli orgasmi.

Mi volto su un fianco e chiudo gli occhi, ma non riesco a far altro che ripensare alla sera prima. Immagini sconnesse di noi in piscina, di noi nel giardino notturno, di noi dentro la doccia mi affollano il cervello. Se non fosse una barbarie, lo sveglierei per riprendere il discorso e averlo di nuovo sopra di me. Ma c'è tempo. Abbiamo il suo "per adesso". Per oggi, per domani...

Dovrei essere tranquilla, invece trascorro la successiva mezz'ora a rigirarmi sul letto, senza riaddormentarmi. Alle sette e un quarto non ne posso più e mi alzo. Indosso il secondo cambio comprato assieme a Caterina e prendo le chiavi della macchina di Stefano, dentro il cui bagagliaio giace il mio computer aziendale.

Non ho idea dell'ora in cui lui si sveglierà, ma per una volta mi sento ispirata da quelle persone che utilizzano l'alba per fare cose assurde, come scaricare il mio pacchetto di programmi dal cloud e lavorare su *Fun in Space*.

Al contrario del giorno prima, la casa è immersa nella quiete domenicale. Nessun appuntamento tennistico, nessun vociare fastidioso. Scendo le scale con calma, saltellando sui gradini, e attraverso la sala principale dove è stato allestito un opulento buffet da colazione. Brioches, torte dolci, caraffe di caffè e tè, succhi di frutta, yogurt, biscotti... Non ho più dubbi, i Marte hanno rapito gli Oompa-Loompa, li tengono nascosti nelle segrete della tenuta e li sfruttano a dovere. Il mio stomaco emette un brontolio cavernoso, ricordandomi che sarà anche l'alba, ma un certo tipo di movimento notturno provoca voraci attacchi di fame, la mattina seguente.

Mi guardo intorno, constato di essere sola e rubo una brioche, che addento mentre mi dirigo verso il parcheggio. Metto a tracolla la borsa del computer e ritorno verso la tenuta.

L'orario infame non mi impedisce di riflettere su come mettere mano alla mia applicazione. Considerato che avrò meno di un paio d'ore a disposizione, mi organizzo mentalmente. Ripasso nella sala grande, rubo un'altra brioche in barba al diktat "carboidrati vietati" e mi dirigo verso la cucina, dove due sere prima i camerieri lavoravano al rinfresco. Se non ricordo male, sotto il porticato di servizio c'è un comodo tavolo di rattan su cui posso sistemarmi senza essere disturbata.

«Ciao, Melissa.»

Mi fermo a un passo dall'ingresso della cucina e mi volto piano, colpevole come se fossi stata beccata durante un reato penale – è vero, ho rubato due paste, ma sono pur sempre un'ospite.

Di fronte a me c'è Olivia, a braccetto con la madre di Stefano. Nonostante l'orario sono vestite di tutto punto, manco dovessero presenziare a un'asta di beneficenza per la salvaguardia della Stronzaggine Acuta – ahimè, ben lontana dal rischio d'estinzione.

«Stai bene? Non ti abbiamo vista, ieri sera.»

«Oh... no. Tutto a posto, grazie.»

La madre di Stefano mi sorride. «Stavamo uscendo per una passeggiata. Vuoi unirti a noi?»

Passeggiare con la sua gelida madre e la sua ex fidanzata dopo aver passato una notte ad... *amarci*, penso mio malgrado. Per nulla strano.

«Grazie, ma sto salendo» dico, con garbo.

Magda Marte mi guarda con la superiorità di chi sa già come andrà a finire. Credo che abbia riservato un'occhiata simile solo agli accessori più orridi degli anni Novanta, come le spalline imbottite e cose del genere. Inutile specificare a quale destino sono andati incontro.

«Siete usciti in moto, vero?»

Annuisco.

«Bene, spero vi siate divertiti a sufficienza.»

È impressionante la capacità che ha di enunciare un concetto e trasmettere l'esatto opposto con il suo atteggiamento. Non sono parole minacciose, eppure hanno il potere di farmi sentire in difetto, di cucirmi addosso una strana sensazione.

«Sì be', io…»

Lei mi interrompe con un lieve cenno della mano. «Melissa, non fraintendermi. Non abbiamo nulla contro di te, ma queste giornate sono importanti sotto ogni punto di vista. Non solo familiare o affettivo. E oggi Stefano sarà molto impegnato.»

Sto per dire che lo so e che certo non mi metterò a intralciare il suo lavoro, ma Olivia mi precede. «Quando il signor Guardi non lo ha visto a cena, ieri sera, si è sentito trascurato. Le persone amano sentirsi coccolate, prima di apporre la firma su un pezzo di carta.»

«Tesoro, hai compensato la sua assenza in modo egregio» interviene sua madre. «Capirà che in questo periodo sta reagendo in maniera eccessiva, prima o poi. E sono sicura che Melissa oggi gli lascerà il tempo per sistemare l'imprudenza.»

Sarei tentata di rispondere che Stefano è una persona capacissima di autogestirsi, ma sarebbe inutile perché non è quello letterale il senso del discorso. È più una questione di prese di posizione, di delimitatori familiari, di estraneità che come sempre mi segue nel mondo dei Martc.

Olivia appoggia la mano sul braccio della sua ex suocera. «Oh, non ho dubbi che ci riuscirà. Ho imparato anni fa che l'unico amore con cui si compete, con lui, è quello per la MarsTech. Non farebbe mai nulla per danneggiarla.»

La frecciata arriva con precisione chirurgica.

Potrei arrabbiarmi o deprimermi, ma in ogni caso farei il loro gioco. Così passo al piano B: elimino il bersaglio dalla scena.

«Signore, purtroppo devo lasciarvi» le interrompo. «Il mio ragazzo mi sta aspettando al piano di sopra. Credo che capirete.»

La madre di Stefano serra le labbra. «Ma certo, cara. Avremo di sicuro altre occasioni per conoscerci meglio. Il prossimo mese saremo nella tenuta toscana con la famiglia e gli amici. Non vediamo l'ora di rivederti.»

Non ci sono dubbi: pensa che durerò quanto un gatto in tangenziale. Lo penso anch'io, ma non mi pare il caso di tesserarmi nel suo club proprio di fronte a lei.

«Oh, è un sentimento reciproco» sibilo. «Ora, se mi volete scusare...»

Scivolo in mezzo a loro e mi avvio verso le scale senza voltarmi indietro.

Non hanno ragione.

Non sanno chi è Stefano per davvero e io non dovrei stupirmi se non piaccio a sua madre o alla sua ex fidanzata. Le loro sono opinioni non richieste, mosse dall'ignoranza e dal pregiudizio, e l'unico peso che hanno è quello che io concedo loro.

Eppure una parte di me si sente smarrita, staccata dal resto del corpo, incapace di assemblarsi tornando al proprio posto. Come dopo una lunga corsa, quando ci si accascia sulle ginocchia per prendere fiato e il petto brucia e i muscoli non sono più in grado di garantire una velocità paritaria a prima. Io mi sono fermata a prendere fiato e adesso non riesco più a ripartire.

L'orologio del portatile segna le otto e quarantadue e non sono ancora salita in camera.

Mi sono rifugiata al piano terra, in un locale deserto adibito a lavanderia. Ho trovato una sedia pieghevole di plastica, l'ho incastrata tra le due lavasciuga spente e un cestone in cui sono ficcate dentro delle lenzuola e mi sono rintanata dietro lo schermo del portatile aziendale. Ho scaricato e scompattato i programmi per *Fun in Space*, ma in un'ora non sono progredita nemmeno di una riga. Non ci riesco. Digito un comando nell'ambiente di sviluppo e poi lo cancello. Apro internet e leggo idiozie. E non riesco a silenziare le voci delle donne della sua vita che si propagano dentro la mia scatola cranica.

Perché, per quanto sia logico che non mi apprezzino, una parte di me crede che un fondo di ragione ci sia. E che il "fondo di ragione" sarebbe stato una "fetta consistente"se non ci fossi andata a letto, perché non sentirei l'esigenza di difenderlo.

Il trillo di un sms interrompe il silenzio.

DOVE SEI? TI ASPETTO IN CAMERA.

Ricompongo la borsa del computer e salgo le scale con il cuore in gola. Apro la porta della stanza che sto ancora decidendo se sia il caso di parlargli della discussione mattutina oppure se tirar fuori l'argomento mi farebbe sembrare petulante, ma quello che vedo mi blocca le parole sulla punta della lingua.

Stefano è vestito di tutto punto e sta parlando al telefono. Dice frasi come «Contiamo che riusciate a farcela» e «Anche se è domenica e non abbiamo dato preavviso, ci aspettiamo il solito servizio puntuale e impeccabile».

Non so a che cosa si riferisca, ma so che è tornato in versione CTO. Ho anche la certezza che si sia svegliato molto prima del suo sms e che abbia impiegato questo tempo per lavorare.

«Melissa» mi chiama, dopo aver riagganciato. «Come stai?»

Si avvicina e mi dà un bacio frettoloso sulle labbra, prima che il suo cellulare suoni di nuovo.

«Scusa» dice. «Alberto? Mi serve il numero di quella ditta che hai usato per Giorgia... Sì, lo so che è domenica mattina, ma ne ho bisogno subito.»

Come sto, Stefano? Come sto?

Come vuoi che stia?

Abbiamo trascorso una notte meravigliosa. Ma cosa è cambiato? Scorre tutto uguale a ieri. Tu ti comporti come ieri, come il giorno prima. Il mondo che ci ha lasciato in pace per qualche ora adesso riprende il posto di comando.

Solo io sono cambiata. Mi sono lasciata andare, ho lasciato che tu entrassi dentro di me e non solo con il tuo corpo, per... per cosa?

«C'è stato un problema» dice Stefano, quando ha riagganciato per la seconda volta. «Il signore con cui pensavo di aver chiuso la trattativa ieri ha avuto un ripensamento. Non è gravissimo, ma dobbiamo assicurarci che l'accordo non salti, rassicurarlo sulle clausole relative al personale interno e ci stiamo anche ingegnando per accogliere le sue due bambine, che verranno in visita con la nuova moglie questo pomer...»

Si ferma, forse perché nota che sono stravolta. Dalle sue parole, dal discorso di sua madre e di Olivia, dal nuovo giorno che non mantiene mai le promesse.

«Scusami, sono un idiota.»

Appoggia il cellulare sul letto, mi prende il viso tra le mani e mi bacia. Ma è evidente che la sua testa sia altrove, perché non c'è nemmeno la metà dell'intesa del giorno prima.

«Tutto bene, Melissa?»

Il cellulare riprende a suonare, sulle pieghe delle lenzuola. Lo indico con un cenno.

«Non devo rispondere subito.»

«Invece devi.»

Lui si morde le labbra. «Non vuol dire che non sia stato bene, ieri sera.»

«Lo so.»

Sono certa che ieri sera sia stato bene. Raramente il problema è la sera. Sono i risvegli a fregare.

«Tu stai bene?» dice, mentre prende il telefono. Ha il braccio teso e il pollice pronto sul tasto per accettare la chiamata.

Annuisco in automatico.

Il secondo dopo sta già parlando al cellulare. «Sì, signor Lodisini? Stefano Marte. La chiamo per una disponibilità immediata di...»

Non lo ascolto più. D'altronde, lui non ha mai ascoltato me stamattina e io ho già ascoltato troppo.

Stefano riaggancia per la terza volta, e sul suo viso passa un'ombra.

«Sarò bloccato qui tutto il giorno» mormora, con il telefono a mezzo braccio.

Lui, la sua famiglia e Olivia.

Cosa è cambiato? Dopo la nostra notte insieme, cosa è cambiato?

«Avrei voluto accompagnarti a casa, ma non posso muovermi fino a stasera.»

«E io non posso rimanere. Ho promesso a mia madre che...» Un piccolo groppo alla gola mi strozza il fiato. Inspiro piano, cerco di mandarlo via. «Devo andare a pranzo da mia madre. È importante per me.»

Stefano annuisce. «Ho già chiesto a Caterina. Ti accompagnerà lei, tanto dovrebbe ripartire nel pomeriggio.»

«Perfetto.»

«Ehi. Sei sicura di star bene?»

No. No.

«Sì.» Mi domando se il radar delle menzogne di Stefano sia attivo anche dopo stanotte, oppure se non gli interessi più notarle. «È solo... Sono stati dei giorni strani.»

«In senso positivo, spero.»

Di nuovo, il cellulare riprende a suonare.

«Mio padre» dice lui. «Forse è meglio se scendiamo. Mi aspettano giù e...»

«Possiamo salutarci qui?»

«Cosa? Perché?»

«Per favore, possiamo salutarci qui? Porta tu i miei saluti ai tuoi genitori e...»

Mi fermo in tempo, prima che la mia voce venga sopraffatta da un tremolio molesto. Deve essere un'interferenza molto evidente, visto che se ne accorge persino lui.

«Melissa, ehi.» Mi prende il viso tra le mani. «Sei sicura che vada tutto bene?»

Annuisco. «Ho solo... Sono un po' stanca. Non ho dormito molto, sai.»

Stefano sorride, un sorriso malizioso che in altre circostanze apprezzerei molto di più. «Un'esperienza da riprovare, per quanto mi riguarda.»

Sforzo anch'io un sorriso, anche se ne esce solo una pallida imitazione.

«Ti mando Cate. Fate buon ritorno.»

Posa le labbra sulle mie, le schiude.

Mi lascio baciare e scaccio l'amara sensazione che sia un bacio d'addio.

«Ti chiamo, va bene?»

Annuisco di nuovo, come se fossi un automa. Stefano esce e nella stanza rimaniamo solo io, le mie poche cose sparse e un senso di estraneità di cui non vedo l'ora di liberarmi.

Afferro un sacchetto di plastica e butto dentro i vestiti: quello che ho usato per lavorare venerdì, quelli che ho comprato con la sorella di Stefano. Sono ancora ciondolante, con la borsetta in mano, quando la porta si apre sotto la furia di Caterina Marte.

«Melissa! Sei pronta? Pensavo che potremmo fermarci per… Cosa fai? Non li prendi, quelli?»

Indica il vestito che le hanno regalato da Calvin Klein – e che lei ha prestato a me – e quello della stilista sudamericana che ho indossato la prima sera.

«Oh sì, scusa, li porterò a lavare e te li restituirò quando saranno puliti.»

Caterina allarga gli occhi, incredula. «No dico, stai scherzando? Sono tuoi!»

«Perché?»

Poi mi ricordo che sto parlando con una Marte; non metterebbe dei vestiti usati nemmeno se l'alternativa fosse camminare per strada in accappatoio. Anche perché come minimo sarebbe di Victoria's Secret.

Scendiamo le scale e conto gli scalini che mi separano dalla libertà. Quando passiamo nella sala, colgo il nostro riflesso in una portafinestra, un lieve, transitorio alone che non potrebbe essere più spietato. Caterina agghindata che si trascina dietro un trolley di alta moda, io che mi sono pettinata con le dita, con il portatile a tracolla e un sacchetto di plastica in cui ho messo i vestiti e anche la boccetta di docciaschiuma di Chanel trovata nel kit di cortesia, che sono sicura Sabrina apprezzerà.

Non mi volto a guardare i primi ospiti che stanno affluendo nel giardino. Salgo in auto con la stessa foga con cui un ricercato della CIA si nasconderebbe in un bunker segreto.

Il viaggio del ritorno procede senza intoppi. Caterina si sforza di essere amichevole raccontandomi qualche aneddoto sul suo blog, anche se deve essersi accorta che il mio umore è a terra. Nessun album dei Green Day ci dà la carica e, più ci avviciniamo al mio quartiere, più sono impaziente di rifugiarmi nella rassicurante sensazione di casa.

Caterina parcheggia sotto il mio condominio e mi osserva come farebbe al cospetto di un animaletto insolito, con gli occhi curiosi di chi è pieno di domande e non ne porge nemmeno una.

«Posso chiederti una cosa?» cede infine.

Fisso il portone di casa, sperando non mi chieda di usare il bagno.

«Non so cosa stia succedendo tra te e mio fratello. Ma, ti prego: non mollare quello che hai con lui.»

«Non so nemmeno cosa voglia dire.»

«Mollare?»

«No, quello che ho con lui.»

Nessuna delle due ha niente da aggiungere.

«Ti mando il link dell'articolo, quando è online» risponde, e ormai nemmeno lei finge più sorrisi e contentezza.

La recita è finita.

Salgo le scale del condominio senza fretta.

L'appartamento è il solito buco disordinato. Sul mobiletto sono gettate alla rinfusa le chiavi di casa, alcune penne, caramelle mummificate, un libro fotografico con la copertina macchiata dall'impronta di una tazza di tè. Il divano ha tutti i cuscini scombinati e sul tavolino basso sono rimasti il tappo di una bottiglia di birra, l'involucro vuoto dei cracker e alcune briciole sparse.

Nella mia camera il letto è sfatto, le lenzuola sono accartocciate e sopra giacciono due paia di jeans che avevo scartato venerdì mattina, appallottolati al rovescio. Farà anche schifo, eppure è l'unico posto dove torno a respirare.

Sabrina sta ancora dormendo, così ne approfitto per entrare in doccia e lavarmi di dosso la tensione del weekend. Più tardi, quando si sveglia, incappo nella foto del tovagliolo con disegnata sopra la tazzina di caffè, attorno alla quale riconosco la scrittura disordinata di Leonardo.

Ci incappo anche mentre sono sul vagone verso casa di

mia madre; prendo il telefono e vedo la foto che mi ha inviato Sabrina venerdì sera.

Stefano non si fa sentire.

Né prima del pranzo, né durante, né dopo. Mia madre ha preparato le crespelle, che inghiotto a fatica nonostante abbia mangiato solo una brioche all'alba – e non perché voglia imitare lo stile di vita di Caterina Marte.

Mi racconta di come procede il suo corso di feng shui e che George il gatto ha smesso di vomitare palle di pelo grazie a una pasta al malto che lo aiuta nella digestione. Mi chiede come mai sono così taciturna e mi ricorda che lei c'è sempre, anche quando sembra meno disponibile del solito.

Mentre cammino verso la fermata del treno, come di consueto sento mio padre. Erla sta bene e la mia sorellastra Lea è tornata da Praga. Mi ero anche scordata che ci fosse andata. Chiudo la conversazione e sulla schermata ricompare la foto del tovagliolo con la tazzina di caffè, circondato dalla frase scritta con l'indelebile blu.

Sono le quindici e quindici esatte.

Non sento Leonardo da quando Stefano si è imbucato a casa mia e mi ha lasciato quel bacio a fior di labbra.

Riguardo la foto.

E la riguardo ancora.

Cerco di ricordare come mi sono sentita quando ho trovato quel tovagliolo sul tavolo, due anni e mezzo prima. La sorpresa, la gioia. Le braccia al collo e l'inizio della nostra storia.

Ho trascorso sei mesi a odiarlo, eppure ci sarà sempre qualcosa che mi unirà a lui, nella stessa misura in cui esisterà un filo sottile tra Stefano e Olivia e tra tutte le coppie che sono state e non sono più.

Così mi volto, cambio binario e aspetto la corsa verso l'aeroporto.

Quindici

«Non avresti dovuto farlo.»

«Perché?»

«Ma è ovvio! Non si può provocare in quel modo e…»

«*Io* l'ho provocato?»

«Tesoro, hai lasciato che decidesse. È come se l'avessi provocato.»

«Scusa Sabry, ma dissento. E comunque, io lo amo. Quindi per me va benissimo.»

«Ah sì? Lo ami?»

«Esatto.»

Sabrina batte le mani sul tavolino. «Ma come puoi! Ha il finale non-finale più osceno di tutti i finali delle serie tv! E lo sai che Pietro non si tira indietro di fronte a un *rewatch*!»

Piè ridacchia. «Meli non mi ha provocato. Ha solo detto: "Ti ricordi quando Sawyer dice a Juliet che la sta tenendo…"»

«E lei sta per cadere e piange e dice che lo ama…» proseguo io.

«E quando dice che dovrebbero prendere un caffè insieme…»

«Maledetto Lindelof! Vi rendete conto che ci ha presi in giro per sei anni? Sei maledettissimi anni?» sbotta Sabrina. «Io sto ancora aspettando un comunicato stampa che dica

"Ehi, scusate, ho mandato in onda le scene tagliate! Adesso vi mostro quello giusto!". E comunque, mi rifiuto di riguardarlo. Non posso devolvere un totale di tre giorni e quattordici ore a una serie tv che prima mi ha tolto il sonno, poi l'appetito e poi mi ha fatto maledire le notti in bianco e l'ansia e le elucubrazioni!»

«Sabry, tanto lo sappiamo che sei arrabbiata perché Desmond sta con Penny e non con te» interviene Giorgio.

Sabrina annuisce. «Appunto! Un po' di vita vera in queste finzioni, no?»

Scoppiamo a ridere insieme.

Siamo in cinque sul divano, davanti a una tv. L'occhio di Jack si apre su una foresta e il nostro secondo dottore preferito è disteso a terra, un labrador gli si avvicina trotterellando. Il volo Oceanic 815 diretto a Los Angeles, California, è appena precipitato su un'isola selvaggia fuori dalle rotte navali, l'avventura dei nostri antieroi è appena iniziata.

Sabrina si alza dal divano. «Okay, stasera tocca all'Xbox, quindi o fate i bravi, oppure io e Melissa vi scacciamo.»

Francesco annuisce. «Per quanto supporti J.J., oggi passo.»

Mi alzo anch'io e seguo la mia coinquilina nel cucinino, mentre la poderosa sigla di *Lost* viene soppiantata dal jingle di accensione della consolle. Sabrina sta fingendo di sistemare nel lavello le posate che abbiamo usato per le pizze da asporto. Gliele sottraggo, prendo guanti e detersivo e inizio a lavarle.

«Ahi, tu che lavi i piatti?» Socchiude la porta e torna verso di me. «Allora, vuoi dirmi cosa è successo?»

Deglutisco.

Sa già di Stefano. Sa anche di Leonardo, anche se non gliel'ho detto. Lo sa dall'orario e dall'umore cupo che ho da quando sono tornata.

«Per la cronaca, io non ci sarei andata» commenta. «Oppure ci sarei andata per versargli in testa quel maledetto caffè. Aspetta. Gliel'hai versato addosso? Dimmi che l'hai fatto.»

«Abbiamo parlato.»

«Gesù.»

«Ma non di noi. Abbiamo parlato come due estranei che si ritrovano al supermercato e si intrattengono con un breve sommario. Capitolo uno, il lavoro. Capitolo due, la famiglia. Capitolo tre, va tutto bene grazie e addio.»

«Vi siete detti addio?»

«Be', non esattamente. Ci siamo detti...»

«Arrivederci?»

«Ci siamo salutati.»

Sabrina arriccia le labbra.

«Mi ha abbracciata.»

Lei si copre la faccia con le mani.

«E io ho abbracciato lui.»

«Non ho parole» sbotta. «Perché ci sei andata? *Perché*? E non tirare fuori la storia che gli aeroporti ti fanno un effetto strano. Abbracciare l'ex ragazzo che detesti può essere giustificato solo dopo assunzione di funghi allucinogeni in cui lo scambi per Bradley Cooper!»

Mi mordo le labbra, colpevole. «È solo che, dopo stamattina...»

«Cosa? Hai improvvisamente realizzato che la tua massima ambizione in fatto di uomini sia un codardo vigliacco che non accetta che tu valga più di lui?»

Mi sfilo i guanti e li ripongo dentro il mobiletto. «Non è come sembra.»

«Ah sì? E com'è, allora? Illuminami, perché negli scorsi sei mesi c'ero io a raccogliere i tuoi cocci, Meli, non quel deficiente che...»

«Leonardo sa.»

Sabrina s'ammutolisce.

Mi paro indietro i capelli, ho la fronte imperlata.

«Cosa sa? Di Stefano? Grazie tante, giovedì sera...»

«Giovedì sera non faceva che chiedere di lui, sbuffava come un indemoniato. Oggi mi ha chiesto di mia madre e di come va il lavoro e se ho installato l'ultima versione del sistema operativo in beta. Quindi sa che non è più una finzione. Non per me, almeno. Mi ha augurato buona fortuna. Ha aggiunto che ne avrò molto bisogno.»

«Il solito cretino.»

«Già. Ma, anche se tendenzialmente è un cretino, in questo caso ha ragione.»

«È per questo che l'hai abbracciato? Perché aveva ragione?»

«Volevo verificare che il suo augurio fosse appropriato. E lo era. Non ho sentito niente. L'ho abbracciato e non ho sentito niente. Solo un po' di rancore, ma anche quello non era al massimo. Forse perché non ricambiarlo più è la vendetta migliore. Se non fosse stato per lui, non sarei dove sono adesso. Non avrei conosciuto Stefano, nel bene e nel male, e non... E non mi sarei...» Raccolgo le lacrime con il dorso della mano. «Che idiota sono.»

Sabry non dice nulla. Si avvicina e mi abbraccia, appoggiando il mento nell'incavo della spalla. «Non sei idiota. Sei innamorata.»

«Di un Principe Stronzo.»

«O del figlio di Maleficent.»

«Non la versione di Angelina Jolie, però.»

Sabrina mi stritola, i suoi capelli mi finiscono negli occhi. Prendiamo una birra a testa e torniamo di là.

Stefano non telefona. Aveva promesso che mi avrebbe chiamato, ma non mi chiama. Non lo fa la sera, non lo fa la notte, non lo fa la mattina dopo. Sabrina azzarda dei miserrimi tentativi di giustificazione, ma sappiamo entrambe che sono solo per l'espletamento delle funzioni amicali di base.

La mattina successiva sto facendo colazione con una brioche idrogenata, reperto storico della dispensa di casa Neri-Marin, quando realizzo che è inutile cercare scuse.

Sin dall'inizio ho avuto davanti la fine che mi avrebbe atteso se mi fossi lasciata andare con un tipo come lui e ho voluto ignorarla, ho voluto credere che a me sarebbe andata diversamente, che non sarei entrata nel Club delle Scaricate assieme a Sharon, con la differenza che forse nel mio caso ci ha impiegato più tempo per farmi capitolare. Oltre ad avermi usato come diversivo, come disturbatrice familiare, come...

Ci sono cascata.

Stefano mi ha usato e io ci sono cascata.

È un pensiero talmente semplice nella sua brutalità che il mio cervello lo formula senza grande sforzo, una mera presa di coscienza della realtà.

Non so se bruci di più il rimorso o l'umiliazione. È una mescolanza letale che mi attanaglia lo stomaco. È così che deve essersi sentita Sharon, anzi, a onore del vero lei stava addirittura peggio di me, mentre le tenevo i capelli sulla nuca. Solo che lei non lo vedrà mai più, invece io potrei incontrarlo in ogni momento della mia giornata lavorativa.

Quando arrivo al cancello automatico della MarsTech, mi sembra trascorso un secolo da quando Stefano mi ha convocato nel corridoio della fotocopiatrice. Invece sono passati solo cinque giorni. I miei colleghi sono già nell'ufficio-laboratorio e, quando entro, il loro chiacchiericcio si ferma e io ho la certezza che stessero parlando di me.

Miriam è l'unica che mi si avvicina. Mi fa un riassunto veloce del suo weekend: niente vernissage, solo una cena vegana e una degustazione di vini culminata in un incontro ravvicinato con l'economista.

L'ascolto appena, come ascolto appena le lamentele di Carti e Lanzotti su un nuovo bug del programma che invalida metà delle procedure già funzionanti per l'ordine destinato ad Amburgo, la cui consegna è prevista tra nemmeno un mese.

Non capisco perché questo dannato programma ogni settimana abbia qualche intoppo, soprattutto di lunedì mattina, quando il venerdì funzionava e dopo un weekend in cui nessuno ci ha lavorato sopra. Ma sono quasi contenta che ci sia un problema da risolvere che catalizzi altrove l'attenzione dell'ufficio.

Mi metto al lavoro, anche se ogni minuto guardo la porta nel terrore che arrivi il capo progetto, Enzo, che mi ha visto seduta a fianco di Stefano durante il pranzo e non ha alcun dubbio sul tipo di legame che ha unito, anche se per poco, il CTO aziendale e me.

E mi vergogno. Per aver permesso una situazione del genere, perché adesso tutti sapranno il motivo per cui sono stata assunta, perché mi ero ripromessa che non sarebbe successo di nuovo e invece di nuovo ho lasciato che i sentimenti interferissero con la mia realizzazione.

Lascio che il ticchettio delle dita sulla tastiera prenda il sopravvento sui pensieri e trascorro le successive due ore scrivendo codice. È il mio lavoro. Sono pagata per farlo. Sono pagata per ignorare il fatto che Stefano in questo esatto istante si trovi nello stesso edificio. Sono pagata per non pensare che non mi ha richiamato. Che non mi richiamerà.

Enzo arriva poco prima di mezzogiorno e si ferma alla mia scrivania. Mi rivolge un sorriso storto che mi ribalta lo stomaco.

«Melissa, tutto bene? Mi sembri stanca.»

Enzo sa che sono una raccomandata che è andata a letto con il capo.

Ecco quello che sono diventata: una raccomandata che è andata a letto con il capo. Il mio senso etico si è appena suicidato.

«Senti, capisco tutto, ma ho bisogno che tu sia produttiva, intesi? Il bug... Carti e Lanzotti non lo possono risolvere, sono impelagati con la consegna della catena di Roma. Quindi me lo devi sistemare tu.»

«O-okay sì, cert...»

«Entro oggi, Melissa. Entro oggi pomeriggio lo voglio risolto.»

E senza aiuti, stavolta, sembra voler insinuare.

Enzo sa e io mi sento un marasma di agitazione e insicurezza e lacrime che non possono uscire. Serro le labbra e annuisco, ma non dico nulla per paura che la voce mi si spezzi.

Resto incollata al computer fino alla pausa pranzo; quando Miriam e gli altri scendono nel bistrot, prendo il pc sottobraccio e m'infilo nella stanza della conciliazione vita-lavoro al settimo piano, che è talmente funzionante da essere sempre vuota – non so se è perché la conciliazione non funziona, o perché i dipendenti della MarsTech non abbiano una vita con cui conciliarsi al di fuori del lavoro.

Mi chiudo dentro, sprofondo in una morbida poltroncina blu e continuo a lavorare sul bug. Che non è un vero bug, quanto una mappa disomogenea di problemi della più disparata natura. Tra le altre cose, trovo un segmento incompleto e una parte scritta da me invalidata da un commento idiota che credevo di aver cancellato. Al culmine di tutto, la comunicazione con l'interfono – che ho portato con me – è di nuovo problematica, visto che al comando da programma non corrisponde alcun tipo di azione fisica dell'hardware. Sembrerebbe un altro guasto, ma prima di rassegnarmi a consegnare gli aggiustamenti in ritardo, faccio un disperato tentativo e controllo il protocollo di comunicazione con l'hardware.

Che è... sbagliato.

La parte software comunica con gli elementi fisici tramite alcuni livelli di linguaggio, e il livello che veicola lo standard è sbagliato. Ora, potrei essere talmente fusa da non saper più riconoscere un errore software e voler trovare da qualche altra parte una giustificazione plausibile che esuli dalla mia responsabilità... oppure potrei aver trovato il motivo dei continui malfunzionamenti.

Faccio una stampa della schermata e la inoltro a Pietro, il massimo esperto sui *datalink layer* che conosco. Mi risponde quasi subito, confermando la mia teoria: il protocollo è stato cambiato.

Ripristino quello corretto e riavvio il programma, che funziona. Esco dalla stanza, ignoro l'ascensore e inforco le scale di servizio, boicottate dalla maggior parte dei dipendenti.

Il panorama è desolante: un cielo grigio plumbeo ricopre Milano con grosse nuvole cariche di pioggia che scende a rigagnoli sulle vetrate. Eppure il grigiore dei casermoni, dei pochi condominii e delle fabbriche ha un effetto lenitivo sul mio umore, sembra volermi consolare perché, almeno per oggi, non sono la sola a essere guastata. Anche se ho scordato l'ombrello e dovrò buttare le ballerine che, se prendono di nuovo acqua a carrettate, si ritroveranno con la suola scollata.

Dopo il weekend quasi estivo, l'ultimo dell'anno, è arrivato l'autunno. Vento, pioggia, foglie ingiallite ai lati dei marciapiedi e quella sensazione d'inizio che ogni settembre porta con sé. Un nuovo inizio e la promessa che un giorno andrà meglio, anche se quel giorno non è oggi.

A dispetto delle previsioni, Enzo non è molto entusiasta della risoluzione dei bug entro i termini, ma immagino che dall'esterno nemmeno io avrei molta stima di me. Alle sei di sera Carti, Lanzotti, Enzo e Miriam recuperano il badge aziendale ed escono per il consueto aperitivo. Io, invece, timbro l'uscita ma mi trattengo ancora un po' nella sala della conciliazione vita-lavoro. Apro l'ambiente di sviluppo di *Fun in Space*, protetto da un paio di password, e svuoto la mente digitando codice.

Quando esco sul pianerottolo incontro la donna delle pulizie, e questo mi dà l'idea di quanto sia tardi. La sera sta calando fuori dalle vetrate, la pioggia ancora battente sciama attorno alle luci paglierine dei lampioni. Scendo usando le scale, con le mani infilate nelle tasche dei jeans e la giacchina di felpa con il bavero alzato.

Anche il piano terra è deserto. È rimasta solo una receptionist, che saluto con un cenno mentre mi dirigo verso le porte automatiche. Sono pronta a immergermi nella pioggia e a schivare le pozzanghere sciaguattando sull'asfalto bagnato, quando qualcuno mi afferra per un braccio.

«Dobbiamo parlare.»

La mano di Stefano mi tiene sul tricipite. Scrollo la spalla per scacciarla, un gesto più infantile che di effettiva utilità. È vestito di tutto punto, con i capelli ordinati e un giubbino di fustagno. Ma sono i suoi occhi a colpirmi: gelidi, inospitali. È per questo che distolgo subito lo sguardo.

«Be', non dici niente?»

«Pensavo che stessimo giocando a chi ignora di più l'altro.»

Stefano si rabbuia. «Mi stai evitando?»

«*Io* ti starei evitando?»

Lancio un'occhiata alla receptionist, che finge di non ascoltarci leggendo un protocollo sulla gestione delle fotocopiatrici o qualcosa del genere. Una finzione che le riesce piuttosto male.

Anche Stefano deve pensare lo stesso. «Usciamo. Ti accompagno a casa.»

Non mi lascia nemmeno il tempo di protestare: mi spinge verso le porte automatiche, che si aprono di colpo. L'acqua mi sorprende di traverso, la pioggia mi bagna i jeans, il viso. Stefano apre l'ombrello e io ne approfitto per sgusciare dalla sua presa e avviarmi a grandi passi verso l'uscita della MarsTech, a costo di buscarmi una broncopolmonite.

«Melissa, maledizione!»

Mi stringo nelle braccia e cammino imperterrita nella pioggia che s'intrufola dentro il colletto, si ferma sulle ciglia, mi bagna i capelli. Ma non m'importa. Voglio solo andare a casa mia, voglio solo essere lasciata in pace.

Supero il cancello che sono già fradicia e proseguo spedita sul marciapiede che costeggia la strada urbana, in cui si susseguono i fanali delle macchine.

Stefano ha smesso di seguirmi.

Ma cosa mi aspetto da uno che dopo aver trascorso la notte insieme non ha neanche una parola carina per me, che dice di chiamarmi e poi non si fa sentire, che promette un "per adesso" senza specificare che il suo tempo scorre secondo i dettami di *The Flash*?

«Melissa!»

Da un'automobile accostata che avanza a passo d'uomo sul mio senso di marcia, Stefano si sporge appena dal finestrino abbassato.

«Per favore, sali.»

Mi stringo nelle braccia, ignorando il freddo e l'acqua che mi entra anche in bocca. Un'automobile gli suona, lampeggia con i fari, lo supera strombazzando e mandandolo al diavolo.

«Maledizione, sali in macchina.»

«Lo stalking è un reato, lo sai?»

«Melissa, sei fradicia. Sali. Spieghiamoci.»

Mi fermo di colpo, allargo le braccia e rido. Devo sembrare ancora più pazza di quanto già mi sento.

«*Spieghiamoci*? Hai proprio bisogno di sottolineare l'evidenza?»

«Non so a cosa tu ti stia riferendo, ma ti conviene salire in macchina e...»

«Non ci salgo sulla tua merdosa macchina!» sbotto. «Lasciami in pace.»

Fisso lo sguardo sul marciapiede e continuo a camminare. La sua auto sparisce. Non mi volto per vedere che direzione imbocchi. Non mi volto nemmeno quando sento dei passi schiaffeggiare l'acqua sull'asfalto, un'imprecazione, uno «Scusi» urlato a chissà chi. Sarò anche infantile, ma tutto sommato la maggior parte delle forme di orgoglio lo è.

«Fermati, per favore. Ti ammalerai!»

Lo ignoro.

Lo ignoro come lui ha ignorato me da quando mi sono "lasciata andare". Lo ignoro quando mi supera e mi si para di fronte. Lo schivo, supero un paio di uomini che fumano sotto la cappotta verde impermeabile di una pizzeria d'asporto, e lo ignoro.

Sono quasi arrivata al passaggio pedonale prima della fermata dell'autobus, quando la sua voce mi chiama di nuovo.

«Issa, fermati!»

È un attimo.

Sento la rabbia montare, cresce veloce come un palloncino che si gonfia dentro la gola.

Inchiodo in mezzo al marciapiede, quasi collutto la valigetta di un signore bardato in un k-way. Mi volto e sono furente.

«Non azzardarti a chiamarmi così! Non osare.»

Stefano si avvicina a passi corti, la pioggia gli riempie i capelli, gli scivola sulle spalle, sul naso. Mi chiedo perché mi abbia seguito, cosa gli interessi ridursi in questo stato. Poi lui storce le labbra in un sorriso amaro, che ha il potere di aprire un varco tra gli strati di orgoglio e delusione.

Mi dispiace vederlo amareggiato. So che non dovrei essere dispiaciuta. Se non provassi niente, non lo sarei.

«Ah, di qualcosa allora ti interessa! Non un passaggio,

non una spiegazione, non il rischio di una febbre. Il soprannome che ti ha dato il tuo ex fidanzato sì, però. Vero?»

«Stai scherzando? Dimmi: "Melissa, sto scherzando e, ah, sì, sono un idiota".»

Stefano non dice niente.

«Si può sapere che diavolo vuoi ancora da me? Che ti autorizzi a non sentirti in colpa?» sputo, parandomi indietro i capelli fradici. «Per quanto mi riguarda, meriti di sentirti uno schifo. Anzi, sentiti come vuoi, ho un treno da prendere.»

Per un secondo credo che mi fermerà, invece infila le mani dentro le tasche dei pantaloni e arretra di un passo.

«Cos'è, lo raggiungerai nei weekend? Hai deciso che vale la pena riprovarci? Caspita, devo essere stato molto significativo per te, se qualche ora dopo eri già tra le sue braccia. Ma tranquilla, *Issa*, in fondo sono io quello che deve sentirsi uno schifo.»

Le sue parole mi colgono di sorpresa. «Cosa?»

«Ora capisco anche tutta la fretta che avevi di scappare, ieri mattina. Con il tuo grande amore che ti aspettava...»

Scuoto la testa, ormai non mi curo nemmeno più di essere zuppa. «Sei pazzo o cosa?»

Stefano è immobile, statuario sotto la pioggia. «So che sei andata da lui.»

Uno scenario peggiore della follia mi si paventa davanti.

«Mi hai fatto seguire?»

«Cristo, hai un'opinione così bassa di me? Ti sembro quel tipo d'uomo?»

«Mi sembri il tipo d'uomo che dice che ti chiamerà e poi non lo fa. Quindi sì, mi riservo di pensare male.»

«E perché ti interessa? Perché ti interessa la mia chiamata, dopo quello che è successo all'aeroporto? *Perché*?»

Apro la bocca per rispondere, ma non ne esce alcun suono.

Guardo Stefano, i suoi occhi che mi sondano, le goccioline che gli imperlano i capelli dividendoli in ciocche, l'incertezza che gli leggo sul volto.

È un'incertezza reale, una primordiale forma di smarrimento, come quando sogni la tua casa che però non assomiglia nemmeno un po' alla tua casa, è senza finestre e piove dentro e non sai come svegliarti e non sai nemmeno se vuoi svegliarti. Il fuggiasco e l'imbucata si ritrovano di nuovo, nessuno dei due fugge, nessuno dei due ha il coraggio di proseguire oltre.

Siamo sotto la pioggia come nei film, solo che non c'è niente di romantico nella presa della mia ultima resistenza.

Gli argini con cui ho impalcato la mia sicurezza franano miseramente. Frana l'orgoglio, frana la collera. Restano solo il rumore della pioggia, la dolorosa consapevolezza del sentimento che provo per lui, le lacrime che scendono senza permesso, che dichiarano ciò che io non ho il coraggio di chiamare con il proprio nome.

Stefano si avvicina, mi prende per un gomito. Faccio per ribellarmi, quando capisco che sta puntando al piccolo porticato dall'altro lato della strada. Così mi lascio trascinare fino al riparo di fortuna, poi divincolo il braccio.

«Ehi.» La sua voce è un sussurro. «Perché... perché stai piangendo? Ehi... Sono un idiota, Melissa. Sono un idiota.»

Catturo le lacrime con il dorso della mano. Lui la ferma, me la tiene stretta. Ha le mani ghiacciate. Sia quella che tiene la mia, sia quella che mi passa sulle guance. Ghiacciata e bagnata. Non asciuga nulla, è peggio di un cubetto di ghiaccio.

«Avrei dovuto chiamarti. Avrei dovuto... maledizione, non avrei dovuto badare a... Mi dispiace, quando ho visto quella fotografia, te e lui abbracciati davanti al *gate*, ho pensato che...»

Tiro su con il naso. «Sono stata fotografata con Leonardo?»

«Saliamo in macchina? Stiamo congelando. Per favore, ti accompagno a casa e ti spiego...»

«Va bene» cedo. «Ma è solo un passaggio, Stefano, non vuol dire niente.»

Stefano annuisce, mi dice di aspettarlo lì, corre verso la macchina parcheggiata poco distante, corre e un minuto più tardi accosta al marciapiede. Apro la portiera dell'auto e m'infilo nell'abitacolo. I vestiti bagnati lasciano aloni di acqua sulla pelle del sedile, sul tappetino ordinato. La pioggia ticchetta con insistenza sulla carrozzeria, si frantuma sul parabrezza della macchina, spazzata via dal ritmo cadenzato dei tergicristalli.

«Accendo il riscaldamento» dice Stefano, prima di armeggiare con i comandi. «Resisti.»

Sto battendo i denti, ho la pelle d'oca e sto tremando. Stefano mi prende le dita congelate, le stringe, mi tasta la fronte.

«Hai bisogno di bere qualcosa di caldo. La tua coinquilina è in casa? Può prepararti qualcosa?»

«Anche tu sei gelato.»

Stefano commenta con un'alzata di spalle, controlla l'aria calda che esce dai bocchettoni, la direziona verso di me. Appoggio la testa al finestrino e resto in silenzio, ascolto il rumore dell'acqua che cade sul traffico della tangenziale lenta.

«Il soprannome me l'ha dato mio padre» mormoro. «È solo una parola, eppure quel soprannome ridicolo è una delle poche cose che sono rimaste invariate quando lui se n'è andato di casa. Era il suo modo per dirmi che continuava a volermi bene, nonostante la distanza. Leonardo mi chiama così, ma non significa nulla per lui.»

«Melissa...»

«E sì, ieri sono andata all'aeroporto. Crederai che sia stata una debolezza, che provi ancora qualcosa per lui. Se lo credi, sbagli. È stata una persona importante, anche se è finita come è finita, e forse avremo sempre qualcosa che ci legherà, un po' come tu e Olivia...»

Stefano scuote appena la testa. «Melissa, io...»

«Ma non sono più innamorata di lui. Ho la coscienza pulita, non ho niente da nascondere. E, se mi avessi chiamato, te lo avrei detto.»

Forse sono stata troppo esplicita, ma non m'importa. È la verità e io non devo esserne spaventata. Anche se la verità spaventerà lui.

«Non avrei dovuto dar retta alla foto e saltare alle conclusioni sbagliate. Mi dispiace.»

«Chi te l'ha mandata?»

«Non ha importanza. Non avrei dovuto badarci. Avrei dovuto chiamarti. Volevo farlo, poi...»

La sua non risposta mi mette in allarme. È stata Olivia? Oppure sua madre? Sono così disperate da usare simili mezzi per screditarmi?

Stefano solleva la mano destra dal cambio e l'allunga verso la mia, ma io mi scosto.

«Volevi chiamarmi, ma eri troppo impegnato.»

«Non è così. Cioè, ero molto impegnato, ma...»

«Ma la MarsTech ha la precedenza su tutto.»

«So che te ne ho parlato io, ma non dare per scontato di aver chiara la situazione. Non è così semplice.»

«E invece lo è, Stefano! È semplice!» sbotto. «Basterebbe solo che lo ammettessi, che capissi che la vasca da bagno e il giardino notturno e la sera a casa mia... quelle sono le tue eccezioni, ma per la maggior parte del tempo tu non sei quella persona. Sei l'uomo che non telefona, sei quello che la mattina dopo sta già contattando qualche fornitore, sei quello che fa piangere le fotomodelle in bagno!»

«Faccio piangere le fotomodelle in bagno?»

«Forse non lo ricordi, ma Sharon l'ho conosciuta mentre era disperata per te.»

Stefano alza un sopracciglio. «Mi sembra una reazione un po' azzardata, ci conoscevamo appena.»

La superficialità della sua affermazione mi raggela più del freddo dentro le ossa.

«Non è questo il punto. Il punto è che *questo...*» dico, indicandoci. «Questo non è altro che del tempo rubato alle circostanze.»

«E allora? Cosa c'è di male se ce lo godiamo per quello che è?»

Cerco di interpretare la sua frase con accezione positiva. Invece, per quanto mi sforzi, il mio cervello traduce in modo diverso. Non vuole andarci piano, è che non vuole partire affatto.

Arrivati sotto il mio condominio, la pioggia si è trasformata in un nubifragio. I posti auto vicini all'ingresso sono tutti occupati. Parcheggiamo lontani e Stefano insiste per accompagnarmi fino alla porta. Fa il giro della macchina e mi raggiunge con un ombrello, che il secondo successivo è rovesciato dal vento. Entriamo nell'atrio e siamo ancora più grondanti d'acqua. Il tepore della macchina è già un lontano ricordo e io ricomincio a tremare.

Stefano mi prende sottobraccio, mi scalda la pelle con i palmi delle mani. Saliamo le scale impregnate del solito odore di brodo della signora del piano di sotto, del ciabattare oltre gli zerbini, di voci che si mescolano alle televisioni accese. Tiro fuori le chiavi dalla borsa, ma Stefano è più veloce: me le ruba dalle mani e le infila nella toppa.

Entra come se fosse a casa sua, chiude la porta e mi sfila la tracolla del portatile.

«Sono capace» protesto, ma non mi sento addosso nemmeno la metà della forza che pavento.

Sul pavimento, in corrispondenza dei nostri piedi, si sta

formando una pozzanghera d'acqua. Sto sbottonando la felpa fradicia, quando Sabrina si palesa sull'imbocco del cucinino.

«Meli, ma dov'eri fin… oh. Ciao, Stefano. Che avete combinato?»

«Melissa ha bisogno di stare al caldo. E di una bevanda bollente.»

«Okay, niente piadina, quindi.» La mia coinquilina si pulisce le mani su una carta assorbente, scavalca il divano e mi mette una mano sulla fronte. «Sei ghiacciata! Vieni, ti accompagno.»

«Ce la faccio. Smettetela. Ce la faccio da sola!»

Il secondo dopo le palpebre mi si abbassano, neanche fossero le tre di notte e io fossi sveglia da settantadue ore di fila, e nel tentativo di reggermi allungo una mano verso il muro, rischiando di ruzzolare a terra.

Sabrina e Stefano si scambiano un'occhiata, poi la mia migliore amica mi prende sottobraccio e mi scorta verso la camera da letto.

«Pensavo…» balbetto. «La doccia… l'acqua calda…»

«Tesoro, stai andando in ipotermia. Niente docce calde per l'ipotermia. Adesso fai la brava, ti togli questi stracci bagnati, ti stendi a letto e ti copri con il plaid di Snoopy.»

Sento la stanchezza nelle braccia, nelle gambe. Credo mi stia salendo anche un po' di febbre, perché ho difficoltà a formulare un pensiero compiuto.

«Ma Stefano… la porta… e…»

«Al tuo mister MarsTech ci penso io. E non mi guardare con l'occhio assassino, sarò bravissima anche se non ti ha chiamata.»

Mi aiuta a togliere i vestiti fradici, ad asciugarmi i capelli con un asciugamano prima e con il phon poi, a stendermi a letto. Mi copre con la coperta leggera, con il suo copriletto e con la trapunta dei Peanuts che ho ereditato dalla mia infanzia e che porto sempre con me rispettando la tradizione di Linus.

Mi ci rannicchio sotto, alla ricerca di un po' di tepore. I brividi non se ne vanno subito ma, quando Sabrina più tardi torna nella mia camera, inizio ad avere un po' di tregua.

«Grazie per aver studiato in una facoltà di medicina. Ti sono debitrice» mormoro, da sotto le coperte e i cuscini. «Non mi lamenterò più la prossima volta in cui mi costringerai a formattarti il comput...»

Alzo il lembo di coperta e mi blocco.

Sulla soglia della mia camera da letto non c'è la mia coinquilina. C'è Stefano. Tiene in mano una tazza da colazione, quella con scritto "Accio Coffee" che mi ha portato Piè da Londra. E non è nemmeno l'unica cosa che ha di Pietro.

Ha tolto il completo elegante e indossa un paio di vecchi pantaloni della tuta del mio migliore amico, riesumati dai lavori in appartamento per togliere la muffa dalle pareti e riposti nel fondo dell'armadio di Sabrina. Sopra ha la mia T-shirt extralarge di Batman che deve aver recuperato dallo stendibiancheria nel corridoio, la stessa che avevo addosso io la sera in cui lui e Leonardo erano entrambi qui. L'insieme è talmente discordante dalla solita immagine di lui, che quasi mi viene un colpo.

«Sabry ha detto che se vado in ipotermia potrei avere le allucinazioni. Sei un'allucinazione?»

Stefano si siede sul bordo del letto, mi porge la tazza calda, sorride. È un sorriso divertito, ma con un fondo di dolcezza che mi scioglie anche più della febbre.

Ha i capelli puliti e asciutti. Deve essersi fatto una doccia. Ha usato il nostro infimo bagno, ha visto le lamette che io e Sabrina per pigrizia non togliamo mai dal portasapone, il disordine di deodoranti e profumi sul ripiano del lavandino, il bicchiere degli spazzolini con il disegno di Jack sul campo delle zucche di *Nightmare Before Christmas*.

E non sta scappando.

«Okay, sei un'allucinazione. Cosa ci fai qui?»

«Ti ho portato il tè» dice, indicando la tazza.

«No, voglio dire, perché sei qui?»

Stefano aggrotta le sopracciglia. «La tua amica mi ha detto che potevo usare la doccia e che potevo prendere i vestiti. Ha anche aggiunto che il dazio sarebbe stato non trattarti da Principessa Scema.»

«Oh» mormoro. «Ma non puoi restare. Voglio dire, vorrai andare a casa e...»

Faccio per scostare le coperte e alzarmi, ma la testa mi gira ancora. Stefano mi sfila la tazza e l'appoggia sul comodino, mi mette le mani sulle spalle. Sono nude, indosso solo un reggiseno sportivo orrendo che ho infilato prima di rifugiarmi sotto le coperte. Faccio per allontanarlo, ma le sue mani restano salde, non mi lasciano.

«Melissa, restare non è un problema.»

So che è una frase circostanziale, che non lo sta dicendo in generale, che intende qui e ora, adesso, per la sera, per il momento. Eppure vorrei azzardare, vorrei chiedergli che resti finché ho bisogno, che resti vicino a me.

«Va bene» dice la sua voce. La sua mano destra sale sui capelli. «Certo che resto.»

Non credo di averglielo chiesto. Non lo so. Ma so che mi si riempie il cuore perché lui mi è accanto mentre il tè mi scalda prima l'esofago e poi lo stomaco, perché mi accarezza le dita che sfuggono dalle coperte, perché si accerta che io stia bene. So che mi si riempie il cuore quando si stende accanto a me solo per starmi vicino.

La pioggia imperversa contro le finestre, il primo freddo d'autunno serpeggia fuori dalle coperte, io mi cullo nel calore del suo corpo che abbraccia il mio. Ed è una pace che mi devasta.

Forse sto sognando.

Eppure il suo naso nell'incavo del mio collo, il suo respiro sulla nuca, le sue braccia che mi stringono i fianchi mi sembrano reali. La sua voce, un sussurro accennato tra i miei capelli, mi sembra reale.

Le sue labbra poggiate sulla spalla, la disperazione con cui mi abbraccia, aggrappandosi come se potessi scivolare via all'improvviso, la nota di dolore nella sua stretta decisa. La penombra della stanza, il suo addome contro la mia schiena. Mi sembra tutto reale.

E, anche se non ci siamo promessi niente, anche se domani sarà già cambiato tutto, so che una parte di lui, forse infima, forse irrilevante, prova quello che provo io. So che, anche se nessuno dei due lo ha mai nominato, questa è una forma d'amore.

Forse non sarà un amore per sempre, però è un amore sufficiente a capire che sono disposta a rischiare il mio adesso per lui.

Sedici

Il nubifragio si placa durante la notte.

La mattina dopo, al di là dei vetri della finestra è rimasta una pioggerellina fine ma implacabile accompagnata da una fresca aria autunnale. Mi tasto la fronte, gesto non necessario per rilevare che rispetto alla sera precedente mi sento molto meglio. La febbre è passata. Scosto le coperte e mi volto sul fianco verso l'uomo che mi è stato accanto stanotte, di cui mi sono innamorata.

Il letto è vuoto.

Mi stiracchio e chiudo gli occhi, scacciando il senso di delusione da mattino seguente, ormai fastidiosamente usuale con lui.

L'aroma forte del caffè mi sorprende poco dopo. È in cucina? Sta preparando la colazione, come nei film romantici dopo che i due hanno trascorso la notte insieme, come in una qualsiasi fiaba ma senza ausilio di candelabri provoloni e puntigliosi orologi parlanti?

Esco dalle coperte, mi ricopro con la prima T-shirt che mi capita sottomano e zampetto verso la cucina. M'immagino di trovarlo ai fornelli, di abbracciarlo da dietro, di bere assieme il caffè e di prepararci per il lavoro. Non ho mai convissuto con un ragazzo; tutta la mia esperienza si limita a Sabrina, i nostri telefilm insieme, le baruffe per portare fuori l'umido e a chi tocchi pulire il bagno, i prestiti di vestiti e shampoo, le lunghe chiacchierate alle più disparate ore del giorno e della notte.

Mi chiedo come sarebbe una routine quotidiana con lui, anche se è un pensiero oltremodo azzardato se non visionario. Litigheremmo per le immondizie? Oppure ci divideremmo i compiti in modo naturale? Saremmo compatibili anche al di fuori dei ritagli di tempo, dell'adesso che tanto gli piace?

«Oh, tesoro, finalmente! Stavo per svegliarti.»

Sabrina, ai fornelli, spegne la fiammella e divide il caffè della moka in due tazze.

«Come... d-dove...» balbetto. «Dov'è lui?»

La mia coinquilina allunga l'indice verso il tavolo. Sopra c'è un post-it piegato, che sono sicura lei abbia già letto.

Scusa se sono "scappato". E se ti ho rubato la maglia di Batman. Ho una riunione prestissimo, passo a casa a cambiarmi. Ci vediamo a metà mattina?

Ti penso.

Mi manchi.

Ste

«Ti penso e mi manchi. Dopo essersi appena alzato dal tuo letto» dice Sabry, mordendo una brioche idrogenata. «Il ragazzo fa progressi.»

Sorrido, prendo il biglietto e lo stritolo nel palmo. Mi preparo per andare al lavoro, mi bardo in un giubbotto antipioggia e stavolta porto con me anche l'ombrello. Come al solito il maltempo blocca la viabilità milanese; la metropolitana è una fiumana umana, i treni sono in ritardo. Arrivo alla MarsTech con i capelli arricciati dall'umidità, eppure non mi importa. Il mio sorriso si riflette sulla guardiola al cancello, sulle porte di vetro automatiche, sui pannelli di legno lucido dell'ascensore.

Nell'openspace, il clima non è dei migliori. Enzo ancora non si è visto. Miriam è aizzata contro qualcuno dall'altra parte del telefono, Andrea è immerso nel disegno dell'ultima interfaccia per la consegna di dicembre, Carti e Lanzotti mi ignorano. Mi vengono in mente le modifiche nella comunicazione con l'hardware della mia parte del programma, i commenti che ho trovato sul codice e che ero sicura di aver cancellato.

Torno a guardare il malefico duo e mi chiedo se sarebbero capaci di manomettere il programma per far ricadere la colpa su di me, per mettermi in cattiva luce. EasyMars è solido e destrutturarne le fondamenta è complesso, eppure i rami secondari, tra cui le migliorie che ho sviluppato, hanno avuto problemi. Ora che ci rifletto hanno problemi da prima che arrivassi, visto che il loro malfunzionamento è stato la causa della mia assunzione. O meglio, una delle cause.

Sono concentrata sulla tastiera, quando il telefono sulla mia scrivania suona. Aspettavo la chiamata da due ore e, quando alzo la cornetta, all'altro capo trovo la voce decisa della segretaria di Stefano.

«Signorina Neri, può salire all'undicesimo?»

Mi rassetto il maglioncino e cammino sotto gli sguardi accigliati dei colleghi. Non vedo l'ora di rivederlo, di vedere se anche lui è impaziente come lo sono io. Stavolta voglio fidarmi, voglio credere che riusciremo a trovare un equilibrio tra di noi e sul lavoro e, se le cose procedessero, anche con il resto del mondo. Con la sua famiglia. Non so perché, eppure oggi tutto mi sembra possibile.

La scrivania della segretaria di Stefano è vuota. La supero e apro la porta con un sorriso radioso.

«Non ci crederai, eppure non vedevo l'ora di...»

Il fiato mi si smorza in gola.

Stefano è in piedi davanti al lungo tavolo dove di solito svolge le riunioni, circondato dalle sue adorate piante plumerie, vestito di tutto punto.

E non è solo.

È assieme ad altre tre persone. Le riconosco tutte.

Una è Lucilla Grandi, la direttrice delle Risorse Umane.

Uno è Enzo, il mio capo progetto.

E uno è Giordano Marte, il padre di Stefano nonché presidente.

D'un tratto mi manca l'aria.

Non sarò da molto nel mondo del lavoro "serio" e "costante", ma grazie alla sfilza di lavori stagionali e discontinui che ho sempre svolto so riconoscere il momento delle recriminazioni del datore di turno.

«Signorina Neri, l'aspettavamo» mi dice Lucilla Grandi. Non ha il tono pacato ma amichevole del colloquio. Ha una voce che taglia l'aria con precisione chirurgica. «Vuole accomodarsi?»

Le mie gambe sono di ghiaccio mentre percorro il tragitto dalla soglia della porta fino alla sedia che Lucilla Grandi ha indicato. Non solo per la sua voce o per il suo atteggiamento. O perché è presente il padre di Stefano, un uomo capace di incutere timore anche mentre canta sotto la doccia – se mai un tipo così lo faccia.

A preoccuparmi è l'espressione dell'uomo che stanotte ha dormito nel mio letto: la stessa che ha quando si rivolge a qualcuno che non sono io.

Cos'è successo? Cosa può essere successo di così grave da mobilitare il presidente dell'azienda, suo figlio e la direttrice delle Risorse Umane?

I due uomini della famiglia Marte, Enzo e Lucilla si siedono in fila sul lato opposto del tavolo di mogano. Mi sembra di essere tornata all'Esame di Stato delle scuole superiori, con la differenza che allora ero preparata e le domande della commissione non mi spaventavano.

È Lucilla a interrompere i miei pensieri. «Signorina Neri, conosce il motivo della sua convocazione?»

Guardo di nuovo Stefano: un manichino di carne che fissa il vuoto.

«No.»

«Come le è stato illustrato al momento dell'assunzione, signorina Neri, nell'azienda vige un codice etico e comportamentale.»

Chino la testa e mi focalizzo sulle mie mani che stritolano le rotule, sotto la stoffa dei jeans. Del colloquio ricordo solo i miei dubbi sull'accettare il posto, il senso di impotenza per non avere un lavoro decente, l'astio per Leonardo e la confusione nei confronti dell'uomo che mi ha procurato quell'incredibile opportunità.

«Contestualmente al codice etico e comportamentale, le sono anche state illustrate le procedure standard del procedimento disciplinare.»

«Procedimento disciplinare?»

Sbircio di nuovo verso Stefano.

Ieri sera indossava la tuta del mio migliore amico. Stanotte ha dormito accanto a me. Stamattina si è svegliato nel mio letto.

Adesso è dall'altra parte del tavolo e non mi guarda nemmeno.

«Signorina Neri, come avrà capito, alla MarsTech prendiamo molto sul serio le questioni etiche. Non si tratta solo della sicurezza e dei dati riservati. Firmando il contratto, lei ha accettato di rispettare i nostri valori. Ripeto, non si tratta solo dei prodotti, non guardiamo solo alla perdita e al guadagno. Vogliamo che i nostri dipendenti capiscano questo: ci interessa l'onestà, l'integrità morale, il rispetto dell'etica professionale.»

Alla sua filippica segue un silenzio imbarazzato, rotto dal ticchettio dei suoi tacchi che battono contro le gambe della sedia.

«Non… cioè, non che sia in disaccordo, ma perché me lo sta dicendo?»

È perché sono andata a letto con lui? Impossibile.

Non siamo dentro una telenovela, non ci sono sanzioni per le relazioni personali. Il fatto che le relazioni con i datori non siano un'idea geniale, non significa che siano illegali o punibili.

Anche l'assunzione non ha violato alcuna legge, essendo la MarsTech un'azienda privata che non deve sottostare a graduatorie e selezioni ufficiali.

E questa è la parte razionale.

La parte irrazionale sta gridando a piena voce che mi ero ripromessa che non ci sarei mai più ricascata. E invece l'ho fatto di nuovo. E, di nuovo, ne pagherò le conseguenze.

Lucilla Grandi mi allunga un fascicolo, lo apre con la punta delle dita. Dentro ci sono delle stampate da computer.

Sfoglio le pagine con lo stomaco che si attorciglia e un principio di mal di testa che mi impedisce di concentrarmi.

«La prima è la schermata di un download irregolare, registrato sul computer in sua dotazione domenica scorsa, alle ore 07.48.»

Osservo il foglio. È la stampa del download del pacchetto software che utilizzo per costruire *Fun in Space*.

Domenica scorsa. Dopo la conversazione con la moglie dell'uomo che mi è seduto davanti e l'ex fidanzata di suo figlio, anche lui sedutomi davanti.

Osservo di sottecchi il presidente della MarsTech. La corporatura più tozza che slanciata, i tratti del viso duri, affilati. All'apparenza, Stefano non ha niente di lui. Non si assomigliano neanche un po'.

Forse è per questo che Giordano Marte è stato così tiranno con lui, per rimarcare su quel figlio il giogo che i tratti genetici gli hanno negato, per legarlo in un modo ancora più viscerale della mera condivisione di una somiglianza esteriore.

«Non è un programma autorizzato nella dotazione aziendale, né dal suo capo progetto» prosegue Lucilla Grandi. «Come sa, la strumentazione aziendale è assegnata, ove non specificato altrimenti, per scopi strettamente lavorativi. Qualsiasi utilizzo personale dello strumento non è consentito da regolamento.»

«Io... non ci avevo pensato. Mi dispiace.»

«Ora, trattandosi di un'infrazione di lieve entità, la commissione disciplinare qui riunita è concorde nell'emettere un richiamo verbale, accompagnato dalla preghiera di non reiterare nell'errore...»

«Ma certo.» Tiro un sospiro di sollievo. «Certo. Non succederà più, lo garantisco.»

«*Se,*» aggiunge lei «*se* non ci fosse dell'altro.»

Le dita di Lucilla Grandi girano il foglio, scoprendo una seconda stampa.

È l'e-mail che ho inviato il giorno prima a Piè, chiedendogli consiglio sul tipo di comunicazione hardware che bloccava il programma su cui sto lavorando.

Sbianco.

«Questa è la stampa di un'e-mail, inviata dalla posta elettronica aziendale e diretta a un'azienda concorrente, che contiene del materiale protetto dal segreto industriale.»

Merda.

Non ci ho pensato. Non ho pensato che avrebbe potuto mettermi – metter*ci* – nei guai. Ho solo pensato che avrebbe potuto risolvere la situazione.

«Capisco cosa sembra, ma non ho danneggiato nessuno» mormoro. «Non ho nemmeno nascosto o cancellato l'e-mail. Se volessi vendere segreti industriali, lo farei con un minimo di criterio... cioè, non voglio vendere nessun segreto industriale, sto solo dicendo che ero in buona fede. Avevo bisogno di confrontarmi con qualcuno e...»

Enzo prende la parola. «Melissa, hai una squadra di lavoro con cui confrontarti. Hai me, hai due colleghi programmatori. La situazione non giustifica un'uscita di dati non autorizzata.»

Sono atterrita.

Per il significato delle parole, per le conseguenze che portano.

«Pietro... voglio dire, l'ingegnere Spanzi verrà danneggiato?»

«Dovrebbe preoccuparsi più per lei che per il suo complice, ingegnere.»

È il padre di Stefano a parlare. Vorrebbe essere preoccupato, in realtà è solo tronfio. Perché è palese che il mio intento non fosse malevolo e la mia unica mancanza sia l'eccesso di ingenuità.

Stefano lo sa. Sa che non so mentire.

Ma Stefano fissa il tavolo e non dice niente.

«Capisce che si tratta di un'azione di una certa rilevanza» prosegue la direttrice delle Risorse Umane. «La commissione ha il compito di prendere in carico la situazione e contenere la potenziale fuoriuscita di altri dati coperti dal segreto industriale, per questo le stiamo contestando il fatto con tempistica immediata. Naturalmente le sarà garantito il diritto di difesa e, se lo ritiene opportuno, potrà fissare un appuntamento con la commissione in presenza di un rappresentante sindacale, oppure potrà produrre una giustificazione per iscritto se non ritiene, in questo momento, di poterci fornire un'esaustiva e completa giustificazione del fatto contestato.»

Le sue parole tecniche si accavallano l'una sull'altra.

Lucilla Grandi lancia un'occhiata al presidente, poi al figlio. Alla fine dismette il tono preregistrato e azzarda: «Le consiglierei di approfittare dei cinque giorni di legge e produrre una giustificazione, signorina Neri. Eserciti il suo diritto di lavoratrice.»

«Nel frattempo,» interviene il padre di Stefano «dal momento che siamo *tutti concordi* nel ritenere che i tempi del procedimento disciplinare non siano compatibili con la sua presenza in azienda, la informiamo che da oggi e per i prossimi dieci giorni è sospesa in via cautelare.»

La mano di Lucilla Grandi gira la stampata dell'e-mail di Pietro. Sotto ci sono due lettere. Una è un richiamo scritto cui seguiranno accertamenti per l'applicazione di ulteriori sanzioni, l'altra è la comunicazione della sospensione cautelare. Sotto c'è un prestampato che devo firmare in cui dichiaro di aver ricevuto entrambe le comunicazioni.

Mi viene da piangere.

«I-io» balbetto. «Io… sono sospesa?»

«In via cautelare» spiega Lucilla Grandi. «Fino a che non produrrà la documentazione giustificativa, le verranno garantiti lo stipendio e il posto di lavoro.»

E dopo? Come dovrei giustificarmi? Cosa dovrei dire più di quello che ho già detto, più della verità?

«I-io… non capisco cosa…»

«Signorina Neri, la invitiamo a prendere le sue cose e allontanarsi dalla MarsTech.» Il padre di Stefano si alza. «Ci ha rubato abbastanza tempo.»

Sul volto impassibile di Stefano passa per un attimo un'ombra di sofferenza.

Di' che non sei d'accordo.

Mostrami che sei l'uomo che si è addormentato con me ieri sera.

Sei l'erede al trono, comportati come tale. E non perché sei innamorato di me. Solo perché sai che è la cosa giusta.

Ma Stefano sta zitto.

Il suo silenzio fa più male dell'umiliazione, della paura di non avere più un lavoro, del terrore di avere il curriculum macchiato.

Mi alzo ed esco dall'ufficio senza proferire parola. Nell'ascensore non c'è nessuno. Arrivo nell'openspace e mi sembra di aver tatuata la A scarlatta sulla fronte.

Mi avvicino alla scrivania e ficco le mie cose nella borsa, quando lo sguardo mi cade sul portatile. Allora entro per l'ultima volta con il mio account e cancello tutti i dati riconducibili a *Fun in Space*, la mia creatura, l'unica cosa che ho creato da sola, senza raccomandazioni, senza aiuti. L'unica cosa che non voglio venga contaminata da questo ambiente ostile in cui molto probabilmente non metterò più piede.

«*Tesoro*, dove pensi di andare? Sono solo le *undici*» dice Miriam, al telefono.

Anche Carti e Lanzotti alzano le teste dai loro pc. Andrea mi rivolge un sorriso incerto, come a chiedermi se sto bene.

Apro bocca per rispondere, ma ne esce solo un gracchiare sgraziato. «Non... i-io... s-sono...»

Miriam chiude la telefonata con una scusa. «Ehi, che hai? Che succede?»

Mi schiarisco la voce. «Mi hanno sospesa. Non so quando o se ci rivedremo.»

Lei spalanca la bocca. Andrea abbassa lo sguardo, Carti e Lanzotti non si esprimono. Credo che questo silenzio sia il gesto più carino che ho ricevuto da parte loro.

Miriam insiste per tenermi compagnia davanti all'ascensore. Quando le porte automatiche si aprono, dà una spallata a una tizia dell'Ufficio Comunicazione, s'infila dentro con me e schiaccia in velocità il pulsante per la chiusura delle porte. Ci siamo solo noi.

«Allora è vero?»

La guardo, senza capire.

«Lo *sapevo* che la storia degli amici d'infanzia era una *stupidaggine.*»

«C-cosa?»

«Lo sai che ieri è sceso a cercarti? Stefano Marte. Per la prima volta in anni, è sceso in mensa. Ha preso un vassoio e si è accodato a me.»

«Oh be', è proprio a un passo dal ricevere la Medaglia al Valore.»

«No, non hai capito. Si è accodato a *me* e mi ha *parlato.* Di... di *te.*»

Mi stringo nelle spalle, come a dire che non ha importanza.

«Stefano Marte non si è mai comportato così. E ieri invece è sceso, ha aspettato che io arrivassi, si è accodato a *me* e mi ha chiesto dov'eri, che non riusciva a trovarti, e forse non ha detto chissà cosa a *parole*, ma ti assicuro che...»

«Stefano Marte mi ha appena sospeso.»

«Ma...»

«Miriam, non rendiamola più penosa di quanto già non sia. Stai guardando la fine di una storia che non è nemmeno cominciata. Fidati, so come ti senti. Mi è successo con la tizia che mi ha preceduto.»

È a quel punto che il mio cervello si snebbia e riconnette i punti.

Premo il pulsante dell'undicesimo. L'ascensore si apre sul primo piano, poi lentamente risale. Durante la salita, non ascolto niente. Non la voce di Miriam, che mi saluta al quarto raccomandandosi di non metterla nei guai, non il vociare delle persone che entrano ed escono, incuranti di me in un angolo.

La scrivania della segretaria di Stefano è ancora deserta. Mi avvicino alla porta. Sto per aprirla, quando colgo due voci che stanno litigando.

Una appartiene a Stefano.

«Non acconsentirò. Scordatelo.»

«Solo perché la tua programmatrice...» dice l'altra voce.

Appartiene al padre di Stefano.

«Lasciala fuori dalla questione! Come se fosse davvero...»

«Stefano, puoi urlare quanto vuoi, ma quelle cose le ha combinate. Lo ha ammesso lei stessa.»

«E io ho già assicurato che sono circostanziali e senza intento malevolo, senza contare che non ha prodotto alcun danno all'azienda, anzi, il contrario semmai. Ritirerò il provvedimento disciplinare. Lo renderò nullo. Giuro che lo faccio, dovessi...»

«Se la smettessi di comportarti da ragazzino, vedresti da solo che è la soluzione migliore per tutti. E poi, sapevi sin dall'inizio come sarebbe andata. Era un posto che avevamo lasciato vacante apposta. Sei tu che hai voluto assegnarlo a lei a tutti i costi. Sapevi a cosa la stavi mandando incontro, eppure hai fatto di testa tua, senza consultarmi, solo per...»

Quale posto? Il mio posto di lavoro?

Mi appoggio alla porta, inspiro piano.

«Solo per portartela a letto. Be', spero che il prurito ti sia passato, perché non ho intenzione di assecondarti oltre.»

Stefano ride. «Oh, papà, davvero? Pensi che non farò niente a riguardo? Le darò un bravo avvocato specializzato in diritto del lavoro che la difenderà come merita e...»

«Cristo, Stefano, stai sragionando. Se la smettessi di usare quella ragazza per rimarcare le tue prese di posizione, vedresti che stai delirando. Sei *tu* l'azienda. Tu! Cosa vuoi, farti causa da solo?»

Il silenzio di Stefano è un pugno nello stomaco.

«Dammi retta, è una vittoria per tutti. Anche per la tua programmatrice. In fondo è una ragazzina che ha bisogno di soldi.»

Mi viene da vomitare.

«Ce la siamo giocata bene. Abbiamo sistemato Enzo. L'azienda ha di nuovo una stabilità, il progetto di punta a cui tieni tanto può continuare florido.»

«Ma lei...»

«Possiamo aumentarle la buonuscita» propone suo padre. «Se non è stupida, la accetterà.»

Vogliono darmi dei soldi? Vogliono licenziarmi e darmi dei soldi?

«Sii sincero, pensi che non acconsentirebbe? È anche più di quanto ero disposto a concedere.»

«Lei è l'unico motivo per cui sei riuscito ad accordarti con Enzo.»

«E infatti la pago.»

«La paghi per andarsene. È un ricatto.»

«La pago perché me lo chiedi tu. Fosse per me, la licenzierei e basta. La potrei licenziare anche senza giusta causa e in quel caso non riceverebbe niente. È ancora all'interno del periodo di prova, ricordi?»

Suo figlio non ribatte.

«Ma, se serve affinché io non debba più vederla, sono disposto ad assicurarle una buonuscita e una lettera di referenze su carta anticata. Sarebbero i soldi e le energie meglio investiti del mese.»

Attendo la risposta di Stefano.

Ma la sua risposta non arriva, e l'ultimo dei tanti silenzi non è nemmeno il più doloroso. È solo una grossa delusione.

Non so cosa fare, se scendere giù e scappare lontano da questa famiglia disfunzionale, da quest'ammasso di costrizioni familiari, di ricatti morali, di sotterfugi e trucchetti con i quali gestiscono gli altri. Oppure se spalancare la porta e urlare che la smettano di ergersi sopra il mondo, che essere regnanti non li dispensa dall'essere umani.

Non appena la voce di suo padre smette di parlare, mi allontano e mi nascondo nel corridoio. Aspetto che salga nell'ascensore, poi torno verso l'ufficio di Stefano, la cui porta è ancora socchiusa. La apro di poco.

Stefano è alla scrivania, sta armeggiando con la tastiera.

«Papà, sto rispondendo ai Goodman. Ti ho già assicurato la mia collaborazione, non c'è bisogno che...»

Alza lo sguardo e la voce gli muore in gola.

I nostri occhi si incrociano.

Di tutte le distanze che abbiamo sperimentato, questa è la più ampia. Talmente estesa che non riesco a vederne la fine. Stefano spalanca gli occhi, un fugace senso di colpa in un volto che sembra averne dimenticato il significato.

«Ero dietro la porta» mormoro. «Ho sentito tutto.»

Diciassette

Stefano si alza di scatto.

«Melissa, non è come...»

«Non dirmi che non è come penso, altrimenti giuro che rovescio il caffè sulla scheda madre del tuo portatile.»

«Non è come pensi» azzarda. «Ho dovuto assecondarlo, ma è stata solo una recita, un modo per guadagnare tempo.»

Allargo le braccia e rido. «Hai *dovuto* assecondarlo? Era solo una *recita*? Dio, Stefano, ma sei andato a scuola dai dialoghisti coreani?»

«Cosa stai dicendo?»

«La versione semplice è che mi disgustate, ecco cosa sto dicendo!»

Stefano fa per avvicinarsi, io arretro.

«Melissa, lascia che ti spieghi...»

«Cosa, una versione edulcorata e corretta dello schifo che si nasconde sotto il vostro codice etico e comportamentale?» sbotto. «Me l'avevi rivelato, ricordi? *La MarsTech non è quell'oasi di pace che sembra, non per me*. Be', a quanto pare si è verificata un'estensione della condizione. Solo che io non sono nessuno, e le conseguenze le pago sulla mia pelle.»

«Non è vero, tu conti molto...»

«Per chi, per te? Che due secondi fa hai acconsentito a licenziarmi e pagarmi perché sono "bisognosa di soldi"?»

Stefano storce la bocca, sembra davvero affranto.

Ma, anche se è dispiaciuto, solo una versione di lui è pronta a battagliare. Una versione che tutte le altre stanno sedando a dovere.

«Non lo penso, e tu lo sai.»

«Come tu sai che non ho mai nuociuto alla tua azienda! Hai conosciuto Pietro. Sai che è un mio amico... avevi i suoi pantaloni addosso fino a tre ore fa! Ma nulla importa quando entri nel mondo dorato della MarsTech. Non importa che tu sia voluto entrare con prepotenza nella mia vita smantellando le mie difese una alla volta. Non importa che io non sappia mentire. Non importa, perché *tu* hai espedienti per entrambi, giusto?»

«Ti puoi calmare? Posso spiegarti?»

«Vuoi spiegarmi? Spiegami cosa vuol dire che sapevi a cosa mi stavi mandando incontro.»

Stefano si passa una mano tra i capelli. «È una storia lunga. Puoi sederti?»

«No, però posso andarmene senza una spiegazione» rispondo.

«Aspetta.»

Allunga di nuovo una mano verso di me, ma io sono più veloce. In piedi, con la barba di tre giorni e una piccola macchia di caffè sul colletto della camicia altrimenti linda, non ha niente del ragazzo che mi ha fatto innamorare.

Mi fa quasi pena.

«È cominciato tutto quando abbiamo iniziato a lavorare per il primo albergo di Las Vegas, con l'ultima versione del programma» racconta. «Enzo stava facendo un lavoro ottimale, il suo biglietto da visita per puntare alla nomina di CTO, quando io progredirò.»

Fa una pausa, per accertarsi che non me ne stia andando.

Forse dovrei farlo, ma una curiosità morbosa mi trattiene in questo ufficio, nella palude che è la loro storia.

«Enzo è... siamo stati compagni di università, amici, colleghi. E poi sono diventato il suo capo. È stato allora che il nostro rapporto è cambiato. Non è stato un cambiamento brusco, ma era chiaro che la gerarchia gli stesse stretta, che lui ambisse a... a di più. Ha cominciato a lavorare duro per dimostrare a mio padre di essere un buon candidato. E lo era. Uno dei più preparati e dediti, oltre che quasi di famiglia. Così mio padre gli ha promesso il mio posto, più o meno un anno fa. E questo lo ha reso ancora più produttivo. Lavorava con un obiettivo, dava il massimo in ogni aspetto.»

Appoggia le mani sulla scrivania e sospira.

«Un giorno, ad aprile di quest'anno, eravamo nella tenuta di famiglia fuori città. Alla sera mio padre ha convocato Enzo in privato e, con molto garbo, ha revocato la promozione. "Ci saranno altre occasioni, non sei ancora pronto...". In realtà, data la prossima acquisizione di Amburgo, uno degli accordi in valutazione era inserire un tedesco nel direttivo, per ufficializzare l'unione societaria. Così Enzo ha sorriso, ha ingoiato il rifiuto. E, dal lunedì seguente, ha cominciato a non dedicarsi più al cento percento al progetto.»

Non mi interessa di Enzo, vorrei rispondergli.

Eppure Enzo c'entra tanto quanto me.

«Ha cominciato a essere inflessibile con chi non aveva scelto lui stesso nel team. Tutti commettiamo errori, Melissa, e lui ha attivato monitoraggi sui suoi sottoposti, nell'attesa di coglierli in fallo. Ha smesso di svolgere straordinari, la sua attenzione ai dettagli è diminuita e questo ha favorito il proliferare di bug, ritardi con le partenze dai clienti, funzionalità incomplete o mancanti. Considerate le ore che svolgeva al di fuori dell'orario di lavoro e la sua motivazione diminuita, è naturale che il progetto si fosse impantanato.

Ma niente era riconducibile in modo univoco a lui, anzi, spesso gli errori ricadevano sui suoi sottoposti. Come è successo ad Antonio, il programmatore che hai sostituito.»

Ahimè, comincio a capire.

«Come sarebbe successo a me, se tu quella sera a casa mia non mi avessi aiutato» deduco. «Non c'entrava la storia che non programmavi da tre anni, che ti mancava la parte pratica del mestiere. Mi hai aiutato perché ti sentivi in colpa. Perché sapevi quello che c'era sotto, che il mio posto di lavoro era... cos'era?»

«Lo chiamavamo "parafulmine". Era vacante perché, chiunque avessimo assunto, sarebbe entrato in conflitto con lui.»

Non solo mi ha raccomandato, ma l'ha fatto per un ruolo in cui avrei incontrato dei problemi che non sarebbero dipesi dal mio operato.

«Tutto il discorso delle mie capacità, del fatto che credevi in me» mormoro. «Non significava nulla. Ero un tappabuchi.»

«Non è così, Melissa, era un posto di lavoro regolare che...»

«Che mi hai assegnato perché sapevi che ero disoccupata e che non avrei avuto il coraggio di rifiutare, nemmeno se le circostanze che mi hanno portato ad averlo non erano cristalline.»

«Melissa...»

«Chi lo sapeva?» domando. «Del posto parafulmine, chi lo sapeva a parte Enzo e tuo padre? I miei colleghi? Miriam? Lucilla Grandi?»

«Era un'informazione riservata. Nessuno sotto il direttivo ne era a conoscenza.»

Mi mordo le labbra. «Olivia?»

Stefano ammutolisce.

«Olivia lo sapeva» dico, senza bisogno di conferme. «Sapeva che ero una pedina nel tuo Grande Disegno. Lei lo sa perché non se n'è mai andata. È solo una finta, un trucco.»

«È mia madre che è affezionata a lei, non c'entra...»

«Non c'entra? Cosa non c'entra, Stefano? Hai calcolato tutto dall'inizio. Da mezz'ora dopo che ci siamo conosciuti. Mi hai ingannata, mi hai costretta in una situazione assurda, e per cosa? Per una scopata?»

«Per favore, non parlare così. Teniamo le due cose separate.»

Una frase ridicola che mi provoca un moto di ilarità improvvisa.

«Ma certo, è così facile compartimentare la vita! Aspetta, non è quello che fai tu, dividerti in versioni ed esporre quella più adeguata all'occasione?»

«Si chiama "adattarsi alle circostanze", Melissa. E ho fatto tutto quanto in mio potere per non mettere il tuo lavoro a rischio.»

«Provocando tuo padre e facendomi licenziare. Molto premuroso, grazie!»

«Non verrai licenziata» si affretta a rispondere. «Sono errori circostanziali, al massimo prenderai una multa. Conosco un rappresentante sindacale che...»

«Tuo padre ha detto che vi sono servita per accordarvi con Enzo. Perché?»

Negli occhi di Stefano passa un'ombra. «È stato Enzo a fare la segnalazione su di te. Ha contattato mio padre portandogli del materiale... quello che hai visto. Si è detto disposto a darglielo, in cambio di un avanzamento.»

«Cosa... perché...»

«Perché ha visto una possibilità in te e ha tentato il colpo. Ma le schermate che hai inviato al tuo amico... in una di queste, compare la sua firma digitale. Non è la prova di un danno, ma è stata sufficiente per ridimensionare le sue richieste.»

«Cioè, avete il sospetto che vi abbia danneggiato e gli offrite un avanzamento» dico. «La tua ex fidanzata porta via contatti e maggiora i prezzi delle prestazioni, e voi la assumete come consulente. E io vengo sospesa?»

«È in via cautelare. Tornerai quando Enzo acquisirà la nuova posizione.»

«E la buonuscita? Cos'è?»

Lui sospira. «Non devi accettarla per forza. Sei tutelata dalla legge, Melissa, e puoi dimostrare di non aver prodotto un danno. A quel punto, Enzo non potrà danneggiarti.»

«Enzo no, ma tuo padre? Quanti metodi troverà per dimostrare che non valgo abbastanza?»

«È per questo che ti daremmo una buonuscita. Se non ti senti più serena qui, hai la possibilità di ripartire altrove con un giusto compenso per il disagio.»

Il senso di repulsione che provo è infinito.

«Vuoi che me ne vada?»

«No» risponde subito. «No, non voglio che te ne vada. Vorrei che tu restassi. Lo vorrei davvero... Ma posso capire se accetterai i soldi.»

Perché sono una ragazzina bisognosa di soldi. «E la raccomandazione di tuo padre su carta intestata.»

«So che sembra molto complicato, ma...»

«A dir la verità, mi sembra tutto molto semplice.»

«Davvero?»

«Certo. E la versione semplice è che mi disgustate» ribatto. «Sono stata usata da tutti. Da tuo padre, da Enzo. Soprattutto, da te.»

Stefano fa una smorfia di dolore. «Non ti ho mai usata. Sin dalla vasca da bagno, ho sentito qualcosa che...»

«L'unico amore che senti è quello per la MarsTech» sentenzio. «Tutto il resto sono satelliti che ci orbitano attorno.»

«Melissa, per favore.» La sua voce trema. «Possiamo risolvere tutto. Siamo pragmatici, analizziamo i problemi. Sono sicuro che possiamo...»

«Siamo pragmatici? Analizziamo i problemi? Per chi mi hai preso, per uno studio di fattibilità? Io parlo di sentimenti e tu mi chiedi di essere pratica?»

Stefano si ferma di colpo.

«Oh, non preoccuparti, non dovrai averci a che fare ancora per molto, con i miei sentimenti. Quando uscirò da questa porta, non li vedrai mai più.»

«Te ne vai?»

«Pensi che potrei "lavorare con serenità" dopo quello che è successo?»

«Capisco.» Sorprendentemente, torna pacato. «Ti farò preparare l'assegno, lo potrai ritirare alla fine della sospensione. È una cifra che coprirà i prossimi sei mesi. Chiederò a mio padre che mantenga la parola sulle referenze e...»

La mia risata lo interrompe.

Non so con che coraggio rido quando mi sento a pezzi, sepolta da un dolore sordo.

«Non hai capito niente: io non sono in vendita» rispondo. «Forse hai pensato di potermi comprare perché ho accettato il lavoro pur sapendo di non meritarlo fino in fondo. O perché tuo padre ha comprato la fedeltà della tua ex fidanzata e quella del tuo ex amico. Io, comunque, più che sul resto mi concentrerei sulla pioggia di ex nella frase.»

«Non ho mai pensato di...»

«Ma forse è solo colpa mia. Non avrei mai dovuto accettare la tua offerta. E ti risparmio altra fatica, perché qualsiasi cosa dirai, non rimarrò.»

Stefano fa un passo avanti, mi prende per un polso. «Ti aiuterò» dice. «Ho un amico nell'automazione, là non ci sarà nessuno che ti importunerà, che...»

Sfilo il polso dalla sua presa.

«Ancora, Stefano? *Ancora*? Ancora raccomandazioni, ancora giochetti?»

«Voglio solo aiutarti. Pensa al tuo futuro...»

Rido senza entusiasmo. «Fidati, ci penso da molto prima che arrivassi tu. Hai deriso Leonardo per l'opportunità che mi ha portato via, e tu ti sei comportato ancora peggio. Da quando ti conosco, non ho visto alcun cambiamento, alcun passo in avanti. Solo distrazioni. Quello che sono stata io. Una distrazione» sottolineo. «Sei il degno figlio di tuo padre.»

«Ti sbagli. Io... non sono come lui. E tu non sei mai stata... Cioè, forse all'inizio un po' lo eri, va bene. Ma di sicuro non dopo l'altra notte. Non dopo stanotte» dice. «Ci tengo a te. Capisci cosa sto dicendo? Ci tengo a te.»

«Anche io da bambina tenevo ai miei due pesci rossi. Ci tenevo così tanto che davo loro da mangiare le mie merendine preferite e per sbaglio li ho uccisi.»

«Lo so che ti ho fatto del male. Ma posso rimediare.»

Faccio un passo indietro.

«Non è questione di potere. È che non mi interessa lo Stefano CTO. Non ti apprezzerò mai così. Mai.»

«Non puoi chiedermi di scegliere tra te e la MarsTech, Melissa.»

«Forse non hai capito, ma tu hai già scelto. Adesso non spetta più a te. Sono io che scelgo *per me*.»

Stefano impallidisce, io ne approfitto per arretrare.

«Per la cronaca, ho davvero creduto che fossi il principe della situazione. La storia di Cenerentola, ricordi? Mi sbagliavo. Non tanto perché le mie due sorellastre sono più principesse di me, la mia zucca è sempre in ritardo e, tutto sommato, preferisco un Pirata Onesto a un Principe Stronzo. Il fatto è che tu non sei un Principe e io non sono una Principessa. Tu sei un uomo intrappolato nella tua rete di demoni e io non ho bisogno di te per salvarmi.»

Approfitto dell'adrenalina accumulata per uscire sbattendo la porta, correre giù dalle scale di servizio, infilarmi al sesto piano e domandare alla segretaria di Lucilla Grandi un modulo prestampato di dimissioni.

Lo compilo con la penna che sbava sul foglio, lo firmo veloce e glielo consegno.

È fatta.

Sono fuori. Fuori da questa follia.

Quando ci sono entrata, sapevo che non sarebbe stato semplice. Ma non pensavo nemmeno che sarei andata incontro a una fine così ignobile. Pensavo... Non so cosa pensavo. Ariel che cammina su due gambe al posto della coda da sirena. Pinocchio che diventa un bambino vero. Dumbo che impara a volare.

Scendo di nuovo usando le scale di servizio. Più distanza pongo tra me e l'undicesimo piano, più sento l'affanno bruciare nel petto, come dopo una corsa che ti lascia senza ossigeno.

Non piango mentre mi avvio verso il treno, né quando appoggio la testa sul finestrino della metropolitana. Non piango nemmeno quando scendo dal vagone o mentre cammino verso casa.

Le lacrime arrivano nel cucinino, dopo che ho sfilato la borsa e il parka, dopo che ho tolto le scarpe e sciolto i capelli.

Arrivano quando vedo il post-it accartocciato sul tavolo, quando leggo il "Ti penso" e il "Mi manchi". Arrivano quando realizzo di aver detto addio all'uomo di cui sono innamorata, perché l'alternativa era perdere la stima di me.

Arrivano quando, nonostante le parole spavalde, la collera e l'audace uscita di scena, mi sento di nuovo un disastro, di nuovo a terra, di nuovo con il cuore spezzato.

Diciotto

From: smarte@marstech.com
To: melissaneri@gmail.com
Subject: Come stai?

Melissa,
ho provato a chiamarti, ma credo che tu lo sappia. Sono anche passato per casa tua, ma sembra che non ci sia mai nessuno nel tuo appartamento.
Scriverti un'e-mail mi è sembrato un gesto meno da stalker, mentre lo facevo nella mia testa. Invece adesso sono qui, con le dita sul portatile, a chiedermi se esiste una frase giusta, una formula magica che ti convinca almeno a rispondermi.
Mi dispiace che sia andata così. Vorrei parlarti, vederti, spiegarti, anche se non ho le parole o le spiegazioni che tu vorresti ascoltare.
Come stai? Dove sei?
Non faccio che pensarti, che pensare a… lo so, è banale, forse dovrei sforzarmi di più, ma cosa devo farci se è la verità?
Possiamo vederci? Voglio soltanto vederti. Così ti restituisco la maglietta di Batman (anche se stiamo diventando ottimi coinquilini).
Dammi l'occasione di rimediare. Per favore.
Ti penso.
Mi manchi.
Ste

From: leonardo.angeli@hotmail.com
To: melissaneri@gmail.com
Subject: Sei seria?

Giorgio mi ha detto che sei a Innsbruck. E tu mal sopporti il tedesco austriaco. E Innsbruck. E le gemelle.
Tra di noi è andata come è andata, Issa, ma il mio divano letto è sempre disponibile. Se proprio devi espatriare per "lui", almeno scegli uno Stato che non ti induca a gettarti nelle acque del fiume Inn.

From: smarte@marstech.com
To: melissaneri@gmail.com
Subject: Io e Batman...

... siamo ad Amburgo.
E tu manchi a entrambi.
Melissa, vediamoci al mio ritorno.
Ti prego.

From: info@interinalworks.com
To: melissaneri@gmail.com
Subject: La sua candidatura

Gentile sig.ra Neri,
con la presente la invitiamo a confermare la sua disponibilità per la posizione di "Cameriere/a" e a inviare il materiale richiesto in allegato.
Cordialmente,
Alessia
InterinalWorks S.r.l.

From: smarte@marstech.com
To: melissaneri@gmail.com
Subject: Ritorno piovoso

Il primo giorno post Amburgo.
Sono uscito dall'ufficio e pioveva. Mi sono ritrovato sotto casa tua quasi senza pensarci. Ho suonato il campanello. Non mi ha risposto nessuno.
Pensavo che fosse perché sono io, invece non c'era proprio nessuno in casa. Abiti ancora lì?
Mi sento da schifo a venire sotto casa tua, a trovare la porta sempre chiusa. Non faccio che pensare alla nostra ultima conversazione, al modo in cui mi guardavi, e mi sento da schifo anche a pensare che quello sarà il mio ultimo ricordo di te e il tuo ultimo ricordo di me.
Vorrei solo vederti, ovunque tu sia.

From: pizzapazza@outlook.com
To: melissaneri@gmail.com
Subject: Turni

Ciao Mel,
in allegato i turni del mese!
A stasera,
Sandro

From: catefromtheworld@hotmail.com
To: melissaneri@gmail.com
Subject: Link! Link! Link!
Attachment: SieteMeravigliosi.zip

Carissima,

è finalmente online il post dove indossi il bellissimo abito di Vanessa! Enrico ha fatto un ottimo lavoro con la luce; di solito l'illuminazione di quella casa è nemica delle foto di sera, argh!, ma i risultati sono ottimi. Ti invio gli scatti migliori in allegato, e ti inserisco anche il link all'articolo del blog. Mi piace l'atmosfera che si respira nelle foto, è molto fiabesca. Non sei d'accordo?

I primi riscontri sono positivissimi, le mie follower già ti amano. Potresti considerare la possibilità di replicare? Sarò a Milano prossimamente, se ti va potremmo trovarci per un aperitivo insieme. Giuro che lo bevo per davvero.

Ti lascio il mio numero di cellulare, sentiamoci!

Baci, baci,

Cate

Alcuni sceneggiatori americani trovano che la via dell'autodistruzione sia l'unica percorribile dopo la fine di una relazione.

Vaschette di gelato davanti alla tv, film strappalacrime, residuati bellici attorno al divano, l'improvvisa cancellazione dalla memoria di concetti come "igiene personale" e "autostima". Non importa quanto si era in gamba, carine, simpatiche e piene di risorse prima della rottura: il giorno seguente ci si ritrova tutte imparentate con Bridget Jones, sepolte in un piumino, con i capelli unti e in attesa dell'arrivo dei leggendari cani alsaziani.

Non che, al momento, la mia autostima sia molto elevata. Né la mia autorealizzazione, né la mia felicità. È che mi arrabbio quando vedo un film sentimentale in cui lei ha appena perso l'amore e magari anche il lavoro – ogni riferimento è molto poco casuale – e può poltrire per dieci giorni sul letto senza doversi preoccupare di alcune basilari faccende come fare la spesa o trovare un modo per saldare un affitto.

Se potessi scegliere, comunque, non piangerei per giorni sul divano. Ho troppi bei ricordi della combinazione di divano, copertina, cioccolata calda e puntata della mia serie tv preferita per guastarli con lacrime e pensieri autodistruttivi. Quelli li riservo rigorosamente alla sera, stesa a letto, prima di chiudere gli occhi e dormire.

È l'unico momento dove mi concedo di sgarrare. Mi corico a letto e penso all'ultima volta in cui Stefano è stato nella mia camera, alla dolcezza che ha dimostrato, a come si è preso cura di me. Ma è solo questione di qualche minuto, giusto il tempo di ricordare la conversazione nel suo ufficio e tutto il resto. E comunque, le mie giornate sono impegnative proprio per impedirmi di arrivare alla sera con troppe energie da dedicare al ricordo di lui.

«Melissa, quando hai finito c'è la lavastoviglie da sistemare. Io faccio un salto a casa, torno tra un'ora.»

Alzo lo strofinaccio dalla superficie del tavolino e annuisco.

Da due settimane lavoro al bar Orchidea, tra corso Como e Garibaldi. È un posticino modesto, con arredi anonimi, e non spicca per nessun motivo: bibite standard, panini standard, servizio standard. Uno di quei bar dove entri per fare la pipì e che dimentichi subito dopo.

Nonostante le basse pretese, però, non pensavo che mi avrebbero preso. La mia ultima esperienza come cameriera risale a cinque anni prima, e al tempo non era tra i miei lavori preferiti. Gli stereotipi sulle persone? Questo lavoro è brutale nel dimostrare che non sono solo stereotipi. È uno di quei casi in cui la realtà è piuttosto pigra e si adagia sulla rassicurante finzione.

Comunque, il proprietario aveva fretta di coprire il posto vacante e tra le candidate io ero l'unica che parlava tre lingue. Anche se, a dir la verità, sulla terza ho un po' mentito.

Asciugo il tavolo con una carta assorbente e m'infilo dietro il bancone. Sono le tre del pomeriggio di una placida giornata infrasettimanale. L'ondata massima di clienti prevista per oggi è passata. Devo solo tenere duro fino alle cinque, andare a casa, farmi una doccia, cambiarmi, indossare un'altra divisa e coprire il turno della pizzeria per asporto di un amico di Giorgio. E poi tornare nuovamente a casa, farmi un'altra doccia e programmare *Fun in Space* finché non crollo per il sonno. La mia nuova routine, da due settimane a oggi.

Che non è ideale, ma che mi impegna egregiamente le mani e il cervello. Al mattino indosso il grembiule da cameriera e sono un'altra. Non più Melissa la programmatrice che si è innamorata dell'uomo sbagliato, ma Melissa la cameriera, una nuova persona che è capace di badare a se stessa. Alla sera indosso la divisa della pizzeria e improvvisamente le e-mail di Stefano spariscono, sparisce il sentimento ambivalente che mi assale quando le leggo. E quando le rileggo. E quando le rileggo ancora. Sparisce la morsa allo stomaco che mi stritola quando guardo il post sul blog di Caterina Marte, sparisce la carrellata di meravigliose fotografie di me e Stefano, io come non mi sono mai vista, elegante e bella, lui affascinante in smoking, due persone fugaci che non esistono più, due versioni di noi sbiadite come ditate sulla sabbia del mattino.

Tiro fuori i bicchieri della Coca-Cola dalla lavastoviglie e li ripongo nel ripiano designato. Catalogo i bicchieri da aperitivo in base alla grandezza, poi comincio a pulire il bancone con la spugnetta. Carico la macchina dei caffè con i chicchi del sacco nuovo, servo due signore che prendono due tramezzini e un'aranciata a testa e, visto che al momento non c'è nessun'altra pendenza, mi preparo un caffè macchiato in tazza grande. È l'aspetto migliore di questo lavoro, potermi preparare i caffè necessari al sostentamento giornaliero con il benestare del capo. Sono ancora in un angolo, seminascosta dalla spinatrice di birra, quando il campanellino sopra la porta suona. Appoggio la tazza mezza piena e mi volto, applicando sul viso il sorriso d'ordinanza.

«Buongiorn... oh.»

La nuova arrivata si guarda attorno come in un classico horror movie di serie B. Ha i capelli perfettamente ordinati nonostante l'umidità dell'aria e indossa vestiti che sono valutati come quattro o cinque dei miei attuali stipendi, sommati insieme.

«Melissa?» dice, aggrottando le sopracciglia. «Non ci credo! Sei tu, Melissa! Lavori qui?»

«Ciao, Sharon.»

«Ma dai! Ma io che credevo fossi una specie di scienziata! E insomma, sai che sono contentissima di vederti? Come stai? Posso usare il bagno?»

L'unico motivo per cui qualcuno potrebbe notare questo posto: la toilette.

«S-sì» rispondo, almeno all'ultima domanda.

«Ah, quindi avevo ragione! Non sei una *vera* cameriera!» Osserva l'ambiente, poi torna su di me. «È il bar di un amico? Lo aiuti con i turni?»

«N-no, veramente... lavoro qui. E il bagno è la prima porta a sinistra.»

Sharon si profonde in ringraziamenti e sparisce nella porta in fondo. Quando ritorna, io sto fingendo di pulire il lavandino e lei resta in piedi, imbambolata a ridosso del bancone.

«Insomma, che avventura, eh?» dice. «Stavo per chiamarti un milione di volte ma... Be', non so perché non l'ho mai fatto.»

Mi stringo nelle spalle. Perché anche io, negli scorsi giorni, sono stata sul punto di chiamarla svariate volte. E solo averla lì, di fronte, mi mette nella spiacevole sensazione di poter sondare un dubbio che mi ha visitato per due settimane e che non ho mai voluto chiarire.

«Figurati. Non c'è problema. Posso offrirti un caffè?»

«Ma certo! Lo prendo d'orzo. Senza zucchero. Con latte di soia. Ce l'avete il latte di soia?»

Tre minuti più tardi, lei sta sorseggiando il suo cappuccino d'orzo macchiato vegano e io sto finendo il mio caffè mezzo freddo. Sharon mi racconta che era in zona per uno shooting fotografico nel loft di un amico, che sta lavorando parecchio nell'ambito delle pubblicità locali ma che tra qualche giorno inizierà un corso di recitazione per spostarsi nell'ambito delle fiction televisive.

«Le fiction sono sempre state il mio sogno, sai? E, da quando non frequento più *lui* mi sento molto meglio, sento di poter fare tutto! È che stare con la persona sbagliata... Non è solo questione di amore. È che lui mi soffocava, non mi capiva, pensava che perché lui è un ingegnere e io una modella allora non ero degna di stargli accanto, che non avrei combinato niente.»

Deglutisco. «Sharon, a questo proposito...»

«No, davvero» m'interrompe. «Volevo chiamarti, so che non l'ho fatto, è che a volte mi dico che devo fare le cose e poi le rimando sempre, ma non vuol dire che non ti sia riconoscente. Per me quella sera ha cambiato tutto, sai?»

Anche per me ha cambiato tutto, vorrei dirle.

«È stato anche merito tuo. Il tuo gesto gentile... non so, forse tu ci sei più abituata, ma dalle mie parti i gesti gentili non abbondano mica! E il fatto che mi hai aiutata, che mi hai trattata bene anche in quelle condizioni pietose, mi ha fatto riflettere. Se il mio uomo mi riduce così e se ne frega, invece un'estranea mi considera di più... c'è qualcosa che non va, non pensi?»

«Già. Senti, Sharon...»

«E comunque, con lui ho chiuso. Il giorno dopo. Non lo vedo da allora. Era così... non so, era così strano quando ci siamo visti. Alla fine ci sei andata a quella festa pallosa?

Chissà, magari l'hai anche incontrato. Oddio, spero per te di no!»

La gola mi si secca. Non so se troverò un'occasione migliore. Non so nemmeno se voglio trovarla o se forse mi convenga lasciar perdere dubbi che non cambierebbero quanto successo né modificherebbero il presente.

«Sì, ci sono andata.»

«Oh, bene!»

«E ho conosciuto Stefano.» Faccio una breve pausa per prendere fiato. «Ci siamo baciati dentro una vasca.»

«Sul serio?» mormora. «Be', devo dire che mi sento sollevata.»

«Sollevata?»

«Ma sì, anzi, era proprio destino allora! Io non ci volevo andare, non me la sentivo. Naturalmente mi dispiace che abbia rotto con la fidanzata, ma cosa m'interessava di essere la sua accompagnatrice con *lui* a due passi da me?»

E il dubbio diventa certezza.

«Io gliel'avevo detto non so quante volte che per me era una cazzata. Ma aveva insistito così tanto... Diceva che Stefano aveva bisogno di una presenza, bastava rimanessi al suo braccio giusto per fare un po' di scena. Da quando aveva lasciato la fidanzata era la sua prassi, mi aveva detto, accompagnarsi con qualche figurante per tenerla a bada, per dire che ormai era territorio chiuso. Cioè, si può? Prima non mi porta fuori perché "non è ancora pronto a dichiarare di avere una relazione" e poi cerca di combinarmi con il suo amico? Chi sano di mente lo farebbe?»

Traggo un respiro, appoggio la tazzina dentro il lavello. «Enzo.»

«Ti prego, non lo nominare! Non voglio sentirlo nominare mai più. Ho chiuso con lui, con i suoi discorsi maschilisti, con le sue lamentele che il suo amico era un privilegiato, non come lui che è un grande lavoratore e bla bla... ti prego!»

È la verità.

Avevo iniziato a dubitarne già nell'ascensore, prima di salire all'undicesimo per l'ultima volta. E adesso non ho più alcuna incertezza. Stefano non fa piangere le fotomodelle in bagno.

E quindi? Questo non cancella i sotterfugi, le bugie. Questo non cancella i suoi comportamenti sbagliati. Non significa niente.

Fuori, la pioggia comincia a scendere con un'intensità notevole. Rigagnoli d'acqua scivolano sulle vetrate, file di ombrelli si aprono sui marciapiedi, persone bardate nei k-way camminano imperterrite verso la fermata della metro.

Sharon si alza. «È meglio che vada. Chiamo un taxi.»

Fa per tirare fuori il portafogli, ma la fermo con un gesto della mano. «Stavolta offro io.»

«Ma...»

«Fidati, Sharon. Lo faccio con piacere.»

Il campanello della porta suona all'ingresso di alcuni passanti fermati dalla pioggia che trovano rifugio nel bar. Li faccio accomodare e adempio alle ordinazioni. Sharon resta sull'uscio fino all'arrivo del taxi. Sto preparando tre cioccolate calde quando alza la mano sopra la testa, mi saluta e sparisce nel grigiore della strada.

Non so se la rivedrò ancora. Non potremmo essere più diverse, eppure il pensiero che questa sia l'ultima volta mi intristisce. Forse perché mi ricorda un'altra ultima volta, un altro ultimo incontro, un altro addio.

Alle cinque finisco il turno. Sfilo il grembiule e lo ripongo nell'armadietto, indosso il giubbino ed esco. L'aria fredda mi sferza il volto, s'intrufola nei capelli. Arrivo a casa dopo mezz'ora di metro, incastrata tra ombrelli bagnati e piumini antivento.

Alla sera ho il turno nella pizzeria da asporto di Sandro, un amico geologo di Giorgio che ha deciso di devolvere il suo futuro nella ristorazione a domicilio – e la cui pizza è nientemeno che leggendaria.

È il posto dove ordiniamo per asporto io e Sabrina, quindi conosco il listino a memoria, particolare che mi agevola non poco nel mio compito di condipizza. Potrei dire che lo faccio per pagare l'affitto, ma non sarebbe vero: lo faccio per stancarmi, per arrivare a casa stremata. Condisco pizze con la farina che mi entra negli occhi, la cuffietta che tiene fermi i capelli, il calore del forno a legna che mi arrossa le guance, le lamentele dei clienti di sottofondo quando le pizze sono in ritardo e il tempaccio gliele fredda. Un altro lavoro che non mi appartiene, un altro travestimento, un'altra Melissa che cerca riscatto.

Tornando a casa a piedi, più tardi, con il berretto rosso calato sulle orecchie e la coltre di pioggerellina attorno, penso che forse gli sceneggiatori americani, pur essendo lievemente didascalici, non hanno tutti i torti. Quando finisce una relazione, cerchiamo una qualche forma di autodistruzione. Io ne ho solo scelta una diversa. Niente divano e vaschetta di gelato per me, alle undici meno un quarto di un mercoledì sera. Solo una doccia per dissimulare la stanchezza fisica, una tastiera e gli ultimi dettagli dell'app che ho finito di sviluppare nella soffitta di mio padre a Innsbruck.

Infilo le chiavi nel portone e salgo nell'atrio silenzioso. Mi accorgo dell'ombra sul pianerottolo solo quando non sono più in tempo per voltarmi e scappare senza essere vista.

È una visione tanto straniante da cogliermi alla sprovvista.

Caterina Marte è seduta su un trolley gigante di Louis Vuitton, davanti alla porta del mio appartamento, e si sta concentrando nell'esecuzione di una serie di selfie in posa, neanche stesse lanciando la nuova campagna di moda "*Barboneggiamento chic, si può fare!*".

«Oh, Melissa! Finalmente sei arrivata!» esclama. «Possiamo entrare?»

Diciannove

Resto impalata sul pianerottolo, mentre Caterina si alza in piedi e si rassetta il soprabito.

«Lo sai che dentro il tuo appartamento c'è una ragazza malvagia che mi ha sbattuto la porta in faccia?»

Da quando è successo l'episodio con Leonardo, Sabrina è molto più attenta sulla selezione all'ingresso. Soprattutto se di cognome fai Marte.

«Caterina, non è un buon momento» dico. «In realtà, non sarà mai un buon momento. Non prenderla nel verso sbagliato, ma credo… credo che non abbiamo niente da dirci, ecco.»

Lei aggrotta la fronte in un'espressione di disappunto che mi ricorda suo fratello. «Strano, io delle cose da dirti ce le ho. E penso che le vorresti sentire.»

«Ti manda lui?»

«Prego?»

«Perché, in tal caso, si tratta di una mossa talmente bassa che non voglio dar modo a questa conversazione di esistere.»

Caterina spalanca gli occhi. «Oh. Be'. Okay, Stefano aveva ragione.»

Mio malgrado, non riesco a mordermi la lingua in tempo. «Su cosa?»

«Sul fatto che, se fossi venuta, non l'avresti presa bene. Mi ha detto che, se avessi voluto fargli *davvero* un favore, non avrei dovuto avvicinarti, telefonarti, sentirti o più genericamente immischiarmi.»

Di nuovo, sospiro. «Caterina, è tardi. Ho lavorato dodici ore. Voglio solo farmi una doccia, stare un'ora al computer e andare a dormire.»

«E io ho solo trascorso le ultime due ore seduta sul pianerottolo, ignorando gli insulti della tua coinquilina su di me e la mia dinastia. Quindi, forse, qualche minuto del tuo tempo potresti concedermelo» dice. «Se non per me o per mio fratello... in nome dell'amore comune per Billie Joe?»

Sbuffo, maledicendo la nota incapacità dei Marte di processare un rifiuto. Guardo alternativamente lei, la sua valigia di marca e il sacchetto che tengo in mano, che contiene il cartone con una pizza ormai fredda che avrei scaldato al microonde e mangiato accanto alla tastiera.

«Dieci minuti» concedo. «E mi risparmierai l'aperitivo e altri post sul blog.»

La sorella di Stefano sorride, vittoriosa. «Promesso.»

Tre minuti più tardi, che Caterina Marte considera irrilevanti ai fini del conteggio perché li ho usati per sciacquarmi mani e viso, siamo sedute ai lati opposti del divano e ci scrutiamo a distanza. O meglio, io scruto lei, mentre lei scruta il mio salotto come Superman fisserebbe un macigno di kriptonite.

«Se non è di gradimento, possiamo trasferirci all'Hilton» commento tra i denti.

«Sei arrabbiata» nota, con lo stesso pathos con cui constaterebbe lo sciopero dei mezzi pubblici. «Mi piacciono le stampe in stile pop art fumettistica. Credo di conoscere l'artista. Dove le avete prese?»

«Scusa?»

«E, per tua informazione, il tuo appartamento oggi come

oggi mi sembra una reggia. Già, i miei genitori mi hanno tagliato i viveri. Di nuovo. Le solite vecchie storie mescolate alle nuove storie. Ma, se non mi fai spiegare, dubito di riuscire a comunicare per via telepatica.»

Aggrotto le sopracciglia. «Sentiamo.»

Caterina lancia un'ultima occhiata intorno, poi fissa me. «Melissa, io non lo sapevo.»

«Cosa?»

«In realtà, non sapevo quasi niente. Quando ti ho scritto la mail e ti ho inviato le foto, quelle del compleanno di mio padre... non sapevo che non steste più insieme. Come non sapevo del tuo licenziamento.»

«Non ha importanza. Non è colpa tua.»

«Quello no, è vero. Ma anche io ho fatto la mia parte» dice. «Ti ho vista, all'aeroporto. Dopo che ti ho accompagnato a casa, quel giorno, sono andata in aeroporto, nel pomeriggio avevo il volo per Londra. E ti ho vista al gate con quel ragazzo.»

Aggrotto la fronte, incredula.

«Avrei dovuto darti il beneficio del dubbio, oppure farmi gli affari miei, ma avevi appena salutato mio fratello... E, ti giuro, non ricordo di averlo mai visto come quando è attorno a te. Pensavo che lo stessi prendendo in giro o qualcosa del genere. Così ho agito d'impulso.»

«Non era stata Olivia? Sei stata tu a inviargli la foto?»

«Mi dispiace. Non avrei dovuto.»

«Non ha importanza» ripeto. «Un litigio in più non fa la differenza.»

«E sapere come sta lui la farebbe?»

Mi blocco, prima di risponderle.

«Sapere cosa sta succedendo nella mia famiglia ti aiuterebbe?»

No, dovrei rispondere. Non cambierebbe.

Invece sto zitta.

«Non si parlano da quando te ne sei andata. Lui, mio padre e mia madre. Stefano risponde solo alla chiamate di lavoro. Mia madre nei giorni scorsi ha preso appuntamento con la sua segretaria per vederlo.»

«Mi dispiace.»

«Già. Chi l'avrebbe mai detto?»

«Mi dispiace, *ma* si riappacificheranno. È la sua famiglia.»

«La stessa che mi ha tagliato i fondi perché "*alla tua età è ora che smetti di non fare niente e ti impegni seriamente, il tuo blog non è un vero lavoro!*". Scusa, drammaticità non richiesta. Devo imparare a gestirla, prima o poi. Comunque, mio padre era talmente risentito con Stefano per la faccenda dell'appuntamento attraverso la segretaria che lo ha minacciato con i miei fondi.»

«Non capisco, cosa c'entri tu?»

«Be', è che secondo loro lui è realizzato e maturo, invece io sono una ragazzina che non potrà mai farcela da sola. Quindi sono la loro carta segreta per minacciarlo. Stefano si è sempre sentito responsabile nei miei confronti. È stato lui ad aiutarmi con il web marketing, a segnalarmi un manager dei contenuti che mi ha aiutato a far crescere le visite e a gestire la piattaforma del sito. Ma i miei non sanno niente di quello che faccio. Non sanno che con il mio blog guadagno bene, o che conosco e ho addirittura applicato i concetti di economia domestica. Ma d'altronde, ai loro occhi, sono solo una ragazza troppo bassa per fare la modella e troppo stupida per studiare ingegneria.»

Sto per dire qualcosa, quando lei mi precede.

«Comunque, forse dovrei ringraziarli. Se non fosse stato per mio padre, Stefano non mi avrebbe chiamato per avvertirmi dei fondi, io non avrei saputo della vostra rottura. E non mi sarei mossa con anticipo sulla ricerca di un posto dove stare.»

«È per questo che sei venuta? Vuoi affittarmi una stanza?» dico, sarcastica.

«Volevo solo... Melissa, lo Stefano che conosco si sarebbe piegato al ricatto. Invece stavolta non lo ha fatto.»

Storco le labbra in una smorfia. «Buon per lui, ma non mi sembra un grande miglioramento. E se pensi che queste sciocchezze...»

«Non sono sciocchezze. Sono passi importanti. Lui... lui non è quello che pensi tu.»

Aspetto che continui ma, quando capisco che non ha altre cartucce a suo favore, scuoto la testa. «È tuo fratello maggiore, ti vuole bene. Ai tuoi occhi sarà sempre una specie di supereroe.»

«E ai tuoi che cos'è?» chiede a bruciapelo.

Non rispondo.

Mi alzo, vado nel cucinino, prendo due bicchieri d'acqua. Non so cosa sia Stefano ai miei occhi. Forse una grande occasione mancata, forse un futuro rimpianto, forse un bug di vita che non sarò mai capace di aggiustare.

Quando torno di là Caterina è in piedi, sta esaminando la divisa da aiuto pizzaiola che ho appoggiato ai piedi dell'attaccapanni: la tiene con le dita a pinza, sollevata in aria, neanche fosse ricettacolo di un virus letale.

«È questo che fai adesso, per pagare l'affitto?»

«E quindi?»

Caterina allarga le braccia. «È per questo che mio fratello non è mai riuscito a trovarti? Sei sempre fuori casa a lavorare in qualche pizzeria?»

Mi stringo nelle spalle. «Presumo di sì. E allora?»

Caterina riappoggia la divisa sporca a terra. «Perché ti nascondi?»

«Scusa?»

«Perché ti nascondi dietro cose che non ti piacciono, perché ti impegni le giornate con attività che non ti valorizzano? Stefano mi ha raccontato che sei molto dotata, che adori l'informatica almeno quanto lui. Perché stai sprecando così il tuo tempo e il tuo talento?» domanda. «E, per favore, non usare l'affitto come scusa omnia.»

«Caterina...»

«È questo ciò che vuoi? Servire ai tavoli e preparare pizze? Perché, se è quello che vuoi, fai benissimo a impegnarti con tutta te stessa e dedicartici dodici ore al giorno. Ma, se quello che desideri è altro, dovresti smettere di sprecare così le energie e impiegarle per raggiungere i tuoi scopi.»

«Sì, certo, hai ragione. E poi cosa mi dirai, che i sogni son desideri?»

Caterina unisce le sopracciglia. «No, ti dirò che il tempo è tuo e se lo getti hai sprecato una risorsa limitata che non ti verrà più restituita.»

«Ammetto che questa è una banalità sempreverde.»

«Perché fai la cameriera o quello che è, Melissa? È per lo stipendio? O per una questione di principio? È per quello che mio fratello e la sua stupida azienda ti hanno fatto?»

«È perché io non sono una Marte!» sbotto. «Forse non te ne sei accorta, ma non ho una Ferrari in garage, non vivo nel Magico Regno della Fantasia dove tutte le bambine diventano principesse! Io vivo nel mondo reale, Caterina. E, nel mondo reale, i sogni e le ambizioni a volte non si realizzano.»

«Invece per me, che di cognome faccio Marte, è stato sempre tutto facile?» ribatte. «Forse ti è sfuggito un piccolo particolare: nessuno, nella mia famiglia, crede in quello che faccio. Solo io e, in parte, mio fratello. Non ho mai servito pizze, è vero, ma anche io ho fatto dei sacrifici. Ho investito tempo, soldi ed energie senza alcun intervento da parte di papà. Senza alcuna certezza che sarebbe andata bene.»

«Sì, però ti *è* andata bene. Se tu avessi fallito...»

«Se avessi fallito, i miei genitori avrebbero trovato un milione di modi per affossare il mio prossimo tentativo. Che avrei comunque compiuto. Se pensi che siano i soldi il problema, vedila così: stanotte alloggio da un amico che vive in una soffitta con bagno. Potrei chiudere il blog e accettare uno di quei lavori anonimi che cercano di affibbiarmi da anni, e vivrei senza alcun tipo di contrasto, con la Lamborghini di papà in garage. Invece non lo faccio, perché so quello che voglio e so anche a cosa sono disposta a rinunciare per ottenerlo.»

«Sei proprio una Marte» commento fuori dai denti. «Ma sei anche la mia Marte preferita.»

«E tu, invece, perché non prosegui per la tua strada?»

«Perché ho paura.»

È una constatazione senza contrasti di sorta.

«E di cosa?»

«Immagino, paura di scoprire che la decantata bravura, le potenzialità, le capacità siano degli effetti collaterali delle stronzate che ci propinano sin da piccoli» rispondo. «Io non credo che siamo tutti speciali, Caterina. Non siamo tutti destinati a compiere grandi gesta, a salvare il castello, a scoprire che cantiamo benissimo e che siamo a un passo dall'essere scritturati in un musical Disney. Non possiamo essere tutti speciali. È una questione statistica.»

«Quindi, siccome mio padre e mio fratello ti hanno ferito, preferisci non provarci nemmeno per paura di fallire di nuovo?»

«Pensavo che fossi venuta a difenderlo, non ad attribuirgli delle colpe.»

«Non sono così accecata, Melissa. So che ha sbagliato. Lo sa anche lui. Ma non è questo il punto. Il punto è che le tue scelte sono influenzate da quello che è successo con lui.»

«Non sei venuta per convincermi a perdonarlo o che so io?»

«Non so, forse sono venuta perché volevo illudermi di fare qualcosa di buono. È vero, non tutte le bambine diventano principesse. Ma io sono convinta che sia perché non tutte vogliano diventarlo. Magari preferiscono essere altro.» Sorride. «Sai, io non do così tanto peso alle questioni statistiche.»

«Lo immaginavo.»

Restiamo qualche minuto in silenzio.

Caterina beve l'acqua, io digerisco il suo discorso. La conversazione non mi ha portato grandi risposte, solo domande a cui devo rispondere da sola.

L'orologio sullo schermo del cellulare segna pochi minuti alla mezzanotte. Non vedo l'ora di entrare in doccia e lavare via anche questa giornata dalla pelle, di tornare a essere me stessa.

Dopo che ho accompagnato la sorella di Stefano alla porta, però, snobbo il bagno e accendo il portatile. Sono appollaiata sul tavolino della cucina, con la luce della cappa e la retroilluminazione dello schermo a rischiarare l'ambiente. Il condominio è addormentato, una pace che alberga solo alla notte. Apro l'ambiente di sviluppo dell'app, appunto gli ultimi interventi su un foglietto, scaldo la pizza al microonde e per le successive tre ore la mangiucchio correggendo il codice.

Alle tre di notte, *Fun in Space* è pronto.

Non perfetto, non ineccepibile, ma pronto. E, secondo il principio per cui "finito è meglio di perfetto", accedo alla piattaforma per sviluppatori di Google, adempio la parte burocratica e la carico.

Due anni e mezzo di lavoro.

Due anni e mezzo di lavoro e un prodotto del mio modesto ingegno a due *clic* di distanza da chiunque voglia investire novantanove centesimi per usarlo.

Mi sento elettrizzata. E atterrita.

Sono senza marketing alle spalle, senza pubblicità a supporto. Potrebbe andare male, potrei ricevere recensioni negative o non vedere una vendita.

Potrebbe anche andare bene.

Ma adesso l'esito non è importante.

Perché forse ho ragione io e alcune persone sono destinate a rimanere sguattere per sempre. O forse ha ragione Caterina e chiunque può ambire a diventare ciò che desidera, principessa o brigante, *blogger* o programmatrice.

Ma la cosa importante è trovare il coraggio di provarci. Compiere quel passo verso l'ignoto lontano da ogni certezza possibile. Nonostante le avversità, nonostante i disincentivi, nonostante tutto.

Allora mi alzo, mi concedo un sorso di birra, poi mi risiedo, appoggio la mano sul mouse e clicco prima sul pulsante Avanti e dopo sul pulsante Pubblica.

Mentre fisso con sgomento lo schermo, con i capelli ancora sporchi di farina e la bottiglia di birra vuota in mano, mentre saltello nervosa per la cucina ripetendo tra i denti «Oddio, l'ho fatto, l'ho fatto sul serio!», mentre mi lavo e rido sotto la doccia, mentre sono a letto e non riesco a prendere sonno, mentre servo caffè al bar Orchidea e mentre condisco una sequela di pizze dietro il bancone, non immagino che due giorni più tardi *Fun in Space* sarà l'app più scaricata dello *store* italiano.

«È assurdo.»

Giorgio si sporge da sopra la mia spalla, osserva le classifiche online.

È trascorsa una settimana abbondante dall'uscita di *Fun in Space* per Android, e la mia creatura resiste al primo posto per numero di vendite. Forse è solo un momento di gloria, forse non significa nulla, eppure vederla salda in cima, a tenere il fortino, mi riempie di orgoglio.

«"Gradevole, simpatica, un must have tra le app da conservare"» legge Piè, indicando una recensione sullo schermo. «"Ho cominciato a usarla stamattina e ne sono già dipendente! Ottimo lavoro, Mel Black!"»

«Melissa, stai diventando famosa» commenta Sabrina, passandomi il cartone della pizza. La stessa pizza che fino a tre giorni prima avrei condito io. Invece, due giorni dopo la visita di Caterina, prima di infilarmi la cuffietta, ho comunicato all'amico di Giorgio la mia intenzione di licenziarmi, non appena avesse trovato una sostituzione che lo aggradasse.

Sapevamo entrambi che sarebbe stato un impiego provvisorio, anche se devo ammettere che la sorella di Stefano ha catalizzato non di poco il processo. Tutto il processo. Senza di lei avrei impiegato mesi per racimolare il coraggio e la fiducia necessari per darmi una possibilità. Forse li avrei trovati lo stesso, ma il suo stimolo è stato fondamentale.

Dovrei come minimo chiamarla per ringraziarla. Me lo ripeto da qualche giorno ma, proprio come Sharon, riesco sempre a trovare un motivo per rimandare.

Vado in cucina con la scusa di prendere un tovagliolo. I miei amici sono accalcati sul divano, continuano a leggere le parole entusiaste di chi sta comprando l'applicazione. Ho ricevuto anche qualche recensione tiepida e la segnalazione di un bug, ma in generale la maggior parte degli acquirenti è soddisfatta.

È per questo che ho mollato la pizzeria: voglio riuscire a dedicarmi alla mia passione, che nel mio caso coincide con il mio lavoro, a tempo pieno. Al momento non me lo posso permettere, ma non pretendo di ottenere tutto in un giorno. Procedo per gradi: durante il giorno continuo a lavorare nel bar, nel frattempo proseguo la ricerca di un lavoro come programmatrice e la sera e i weekend mi dedico allo sviluppo di progetti indipendenti. Oltre che migliorare l'app già pubblicata, sono appena entrata nella fase ideativa di un nuovo progetto che mi piacerebbe portare avanti.

«Tesoro, ci sei?» Sabrina compare all'imbocco del cucinino con i cartoni vuoti delle pizze. «Pietro è entrato nel trip delle recensioni. Ha anche scovato un blog, che di solito recensisce solo su segnalazione, che a te ha dedicato un articolo lusinghiero a tempo record!»

«Be' sì, è un bel risultato.»

«Un bel risultato? È un sogno che si realizza!»

Le sue parole mi ricordano una conversazione lontana con il CTO della MarsTech su risultati aziendali e realizzazioni tarpate. Ma la scaccio con velocità. Non voglio che spiacevoli ricordi – o peggio, meravigliosi ricordi trasformati in incubi ricorrenti – interferiscano con l'adesso che sto costruendo, da sola e con le mie forze, ripartendo dai cocci che il Regno di Marte mi ha lasciato in eredità.

«Sto con i piedi per terra, Sabry, ma non significa che non sia contenta.»

«Per adesso basta questo.»

«Per adesso» confermo. «Sai qual è il segreto di uno sviluppatore di successo? Non smettere di scrivere. Qualunque cosa accada, non smettere di scrivere.»

«E un vincitore è solo un sognatore che non si è mai arreso. Che c'è? Pensavo fossimo in tema di citazioni motivazionali.»

Incastro il cartone della pizza nel bidoncino del secco. «Va bene così, Sabry. Per adesso, va bene così.»

Sabrina mi raggiunge, mi abbraccia da dietro, appoggia la guancia sulla spalla. «Sei stata brava. E, sarà anche una frase fatta, ma lui non ti meritava.»

Un senso di claustrofobia mi avvolge al pensiero di Stefano. Mi sembra di essere chiusa dentro una stanza senza porte, intrappolata senza vie di fuga.

Sono trascorse quasi quattro settimane da quando ho firmato il modulo di dimissioni dalla MarsTech, e quasi due settimane da quando Stefano ha smesso di telefonarmi e di scrivermi e-mail.

Sapevo che questo momento sarebbe arrivato. Esiste un limite alla perseveranza e le mie non-risposte hanno aiutato Stefano Marte a raggiungere il suo.

Da quando non ho più sue notizie, riesco quasi a credere che un giorno lo dimenticherò. Funziona per tutti quelli che si lasciano, prima o poi dimenticano quello che hanno condiviso, dimenticano l'amore, diventano più forti del potere dei ricordi e riescono a superare la distanza emotiva, ad andare oltre. È solo una questione di tempo, poi un giorno andrà meglio.

Probabilmente per lui è già così. Troverà un'altra donna, oppure tornerà con Olivia. Forse è già successo. Ma non importa, mi ripeto. Non è una faccenda che mi riguarda.

La sera scivola veloce sul divano, un po' grazie alle recensioni online, un po' grazie a Call of Duty. La mattina seguente ho il turno delle undici così, quando i miei amici se ne vanno, io e Sabrina decidiamo di devolvere parte della nostra tarda serata alla visione del DVD di *Jurassic World*. È una nostra tradizione di vecchia data: divano, copertina come una vecchia coppia innamorata e film nerd con richiami d'infanzia – i dinosauri hanno fatto parte dell'infanzia di entrambe, e il reboot di *Jurassic Park* ci ha galvanizzato come ragazzine.

Sabrina s'infila il pigiama e tira fuori il plaid, io mi accoccolo sulla sua spalla e insieme ci godiamo due ore di dinosauri in grafica CGI, inseguimenti adrenalinici e Chris Pratt che interpreta un addestratore di velociraptor che trasuda fascino, intelligenza e furbizia. Ovvero, l'unico uomo che potrebbe farmi dimenticare Stefano è un uomo immaginario.

La notte è senza sogni e la mattina successiva non è la

sveglia a riportarmi in questo mondo. Sono ancora a letto, rannicchiata sotto la coperta scappata da sotto il materasso, quando un suono insistente mi trapana i timpani.

«Melissa!» Sabrina spalanca la porta, ancora in pigiama, e una strana sensazione di déjà-vu mi coglie. «Ti vogliono alla porta.»

Stefano.

Il mio primo pensiero è Stefano.

Stefano è venuto a casa mia a dirmi che vuole rimediare, che...

Poi mi fermo. Non può essere lui. Alle nove del lunedì mattina, Stefano è già dietro la scrivania. Oppure è in volo da qualche parte sopra l'Europa, verso nuovi imprescindibili contratti, o fusioni, o acquisizioni. Senza contare che Sabrina non gli farebbe mai superare la selezione all'ingresso.

«È il corriere. Hai ordinato qualcosa? Non un altro tablet, spero!»

Scuoto la testa. «Non mi pare. Non aspetto niente.»

«Uhm. Forse allora sono i miei elastici correttivi e ho dato il tuo nome per sbaglio. Vuoi che scenda io?»

«Non importa» rispondo, alzandomi. «Tanto è solo una firma.»

Infilo le scarpe da tennis sul pigiama di cotone blu e mi copro con il parka riesumato per affrontare il freddo milanese. So che non è Stefano, eppure non riesco a scacciare l'ansia che mi attanaglia mentre scendo le scale del condominio a due a due, con le chiavi che tintinnano in mano. Esco dal portone e trovo un ragazzo con le mani tatuate che saltella impercettibilmente da un piede all'altro.

Firmo la consegna e accetto il piccolo scatolone, che quasi mi scivola dalle mani. Perché, sulla parte alta, è stampato il logo della MarsTech.

Il corriere riparte e io resto ferma in mezzo al marciapiede, con il parka che dondola sui pantaloni del pigiama, a rigirarmi tra le mani un pacco non richiesto. Salgo le scale in trance, domandandomi se dovrei aprirlo o gettarlo senza sbirciare. Sabrina, sulla soglia della cucina, inclina la testa con fare interrogativo. Quando legge la provenienza, me lo sottrae dalle mani.

«Tu non lo apri.»

Appoggio le chiavi sul divano e piombo a sedere senza grazia. «Ormai l'ho firmato, non posso rimandarlo indietro.»

«E chi ha parlato di rimandarlo indietro? Lo apro io.»

«Sabry.»

«Devo accertarmi che non contenga materiale dannoso. È un mio compito.»

«Ovvero, sei curiosa come una bertuccia e non vuoi perderti il momento.»

«Esatto!» Se lo porta all'orecchio, comincia a scuoterlo. «Sul serio, se vuoi lo gettiamo dalla finestra. Mi sembra che ci sia qualcosa che balla, qui dentro.»

Mi alzo di scatto. «Quindi lo apro o lo butto?»

«Aprilo. E, se non è di tuo gradimento, buttalo.»

«Mi piace quando fai la pragmatica» scherzo, camuffando l'agitazione che mio malgrado non mi abbandona da quando ho aperto gli occhi.

Poggio lo scatolone per terra e strappo il nastro adesivo che tiene chiuse le ali superiori. Ci sporgiamo nello stesso istante, sbirciando dentro.

Per prima, noto una busta di carta avorio.

È appoggiata sopra la mia maglietta di Batman, lavata e piegata.

«Oh.»

Stefano ha rimandato indietro la mia maglietta. Quella che gli ha tenuto compagnia ad Amburgo. Quella che ha usato a casa sua.

Era l'unica cosa che aveva di me, avrebbe potuto tenersela, io non sarei mai andata a reclamarla. Invece ha scelto di restituirla.

È l'ultimo passo di un addio mutuale. Ed è come una manata in pieno petto. Anche se l'ho voluto io e so che è giusto, fa male lo stesso. È un dolore improvviso, irrazionale, ingiustificato.

«Ehi.» Sabrina mi accarezza una spalla. «Ehi, non piangere, Melissa.»

«N-non...» dico, asciugandomi le guance. «Non s-sto piangendo.»

«No, infatti.» Mi accarezza la testa, prima di lasciarmi seduta a terra e sparire nel cucinino. Quando torna, mi porge un pacchetto di fazzoletti. «È l'ultimo che abbiamo. La tua risorsa lacrimale andrà dosata a dovere.»

Mio malgrado mi ritrovo a sorridere, rido e piango insieme come una stupida. Mi asciugo il naso e frugo dentro lo scatolone: non c'è altro, solo la maglietta di Batman accompagnata dalla lettera.

«Possiamo bruciarla. Non sei obbligata a leggerla.»

La giro tra le mani: sul retro, con la grafia che ho imparato a conoscere, c'è scritto solo MELISSA. La rigiro e tasto i bordi con i polpastrelli.

«Senti... io vado di là, preparo un tè. Abbiamo ancora biscotti con le gocce di cioccolato? Penso che ci serviranno.»

Alzo la testa dallo scatolone, raccolgo le lacrime con le nocche della mano. «G-grazie.»

«Fai con calma. E, se hai bisogno, grida. Urla. Chiama "*Geronimo!*" e sarò subito da te.»

Sono ancora a terra quando, poco dopo, il bollitore entra in funzione con un lieve gorgoglio. Stendo le gambe accanto allo scatolone e inspiro. Quindi sollevo la linguetta con le unghie, stando attenta a non strapparla.

Il biglietto è della stessa grammatura della carta avorio della busta ed è riempito dalla grafia di Stefano.

Cara Melissa,
vorrei poterti raccontare quello che è successo da quando mi hai detto addio, vorrei dirti quanto i nostri ritagli di tempo sono stati importanti, vorrei spiegarti che questa separazione non l'ho mai desiderata.

Però non lo farò, perché avevi ragione tu. Mi è servito il tuo addio, mi è servito non parlarti, mi è servito anche non vederti.

In questo mese il ricordo di te è stato costante. Però adesso è ora di andare avanti. Sto partendo, ed è un viaggio che devo intraprendere da solo.

So che non sarai d'accordo, ma ogni momento insieme è valso la pena.

Ste

«Non capisco» mormoro al biglietto. «C-cosa vuol dire che avevo ragione?»

Sabrina arriva l'istante successivo, si accuccia, legge d'un fiato le parole scarabocchiate.

«Infame bastardo!» Prende il biglietto, lo sventola in aria. «Adesso lo brucio.»

«N-no!» protesto. «Aspetta… voglio rileggerlo.»

E lo faccio.

Altre cinque, sei, dieci volte.

Ma le risposte non compaiono magicamente. Stefano mi ha detto addio. Ha detto che sta andando avanti. Sta partendo per chissà dove.

È la nostra fine. L'ho voluta io.

Perché allora non mi sento sollevata? Perché fa così male?

«Tesoro.» La voce di Sabrina giunge ovattata. «Ti suona il telefono.»

Mi volto appena per vedere che il cellulare sta vibrando e ruotando sul pavimento. La mia migliore amica lo afferra e me lo passa. Sullo schermo, un numero sconosciuto.

«P-pronto?» dico, tirando su con il naso. Dall'altro capo, arrivano solo brusii confusi. «Pronto?»

«Melissa? Melissa?»

La voce femminile mi fa tirare un sospiro di sollievo.

«Melissa, mi senti? Dio mio, qualcuno parli con i sistemisti, non è possibile che dobbiamo fare le chiamate con il Voice over IP e poi non si senta *nulla*!»

«Miriam?»

«Oh, Melissa, finalmente! Mi senti *adesso*? Mi domando perché sto seguendo questi *stupidi* protocolli di comunicazione... tesoro, ci sei?»

«S-sì... sì. Ci sono. Cosa... perché... cosa succede?»

«Una *vergogna*! Da un paio di settimane dobbiamo comunicare con questo nuovo protocollo. Ma non siamo mica tutti *informatici*, qui! Insomma, sto *impazzendo*.»

«Mi... dispiace?»

«Oh, sto portando a termine solo la *metà* delle mie telefonate! Comunque ci abitueremo, immagino. Quando cambiano i superiori, è *sempre* un periodo di assestamento.»

Enzo. Deve aver preso in mano il nuovo ruolo. Mi domando se Stefano abbia chiuso i rapporti anche con lui, oppure se riesca a stargli vicino come fa con il resto delle persone con cui si è scontrato in precedenza.

«Miriam, c'è un motivo particolare... perché mi hai chiamato?»

«Be'... Andrea *caro*, io sono in corridoio se mi cerchi... scusa, Melissa, mi sto solo spostando un attimo per... Oh, ciao! Sì, ci vediamo più tardi, ricorda che la riunione per...»

Stare in MarsTech: ecco perché la sala della conciliazione vita-lavoro è perennemente vuota.

«Miriam, se sei impegnata possiamo risentirci.»

«No, scusa tesoro, è solo che mi sono rintanata nello sgabuzzino della carta per la fotocopiatrice. Pare *incredibile* ma è l'unico posto dove il maledetto Voice over IP prende tutte le tacche!»

Sorrido.

«Tu come stai, Miriam? Con l'economista?»

«Oh, noi... bene. Credo che sia una cosa seria. Cioè, noi...» abbassa la voce. «Abbiamo parlato di *convivenza*. Non *subito*. Forse l'anno prossimo.»

«Ah» mormoro. «Be', caspita, mi fa piacere. Sei contenta?»

«A dir la verità, lo sono.»

La sua felicità non dovrebbe disturbarmi. È un gesto così meschino, invidiare la felicità altrui. Scaccio con foga il pensiero, anche se mi resta addosso un po' di malinconia.

Passerà. Deve passare.

«Comunque, *tesoro*, volevo solo chiederti come state.»

Aggrotto la fronte. «Ehm, bene?»

«Oh! Sul serio? Qui in azienda cominciavano a girare certe voci... Dicevano che stavate per girare il mondo con uno zaino in spalla alla ricerca di qualche verità spirituale, che vivevate in un anfratto disagiato e che...»

«*Scusa*? Miriam, di cosa stai parlando?»

Lei si ferma. «Ma di voi, no? Da quando se n'è andato non c'è giorno in cui le congetture si fermano e...»

«C-cosa?» domando. «Cosa hai detto?»

«Tesoro, non *devi* preoccuparti del gossip. È un processo naturale della condizione di socialità.»

Non ho capito male. Ha detto proprio *"da quando se n'è andato"*.

«Chi?» chiedo. «Chi se n'è andato? Miriam, parla!»

Miriam si schiarisce la voce. «Qui alla MarsTech non si parla d'altro. Il figliol prodigo che ha lasciato il ruolo di CTO e...»

Quasi mi strozzo. «Stefano ha lasciato la MarsTech? Miriam, si è *licenziato*?»

«Non lo sapevi?»

«Quando? Quando, Miriam?»

«Ah. Aspetta. Sei seria? Insomma, pensavo mi avresti chiarito *tu* le cose.»

«Io? E perché?»

Il suo silenzio cade imbarazzato nella conversazione.

«Perché tutti dicono che se n'è andato per causa tua.»

Stefano ha lasciato la MarsTech.

Ha rinunciato alle quote aziendali, al futuro che ha cominciato a scrivere più o meno da quando gli è spuntato il primo dentino.

È riuscito a mettere qualcos'altro davanti alla MarsTech, perdendo tutto quello che ha costruito finora. Sono sorpresa che ci sia riuscito. E sono fiera della sua decisione.

Anche se quel qualcosa non sono io.

«Scusa» dice Miriam. «Credevo che lo sapessi.»

«N-no» balbetto. «No, Miriam. Io e Stefano non ci vediamo da quel giorno. Non ci siamo nemmeno più sentiti.»

«Oh.»

Un'altra pausa, un altro silenzio imbarazzato.

«Quando è successo?»

Lei sospira. «La settimana scorsa. C'era una riunione programmata. Enzo è diventato Responsabile di Produzione e… scusa, mi sembra di farti un torto a raccontarti di queste persone.»

«Miriam» l'interrompo. «Non hanno più alcun potere su di me. Racconta.»

«Stefano ha rifiutato di appoggiare la nomina di Enzo. Era in riunione con la Grandi delle Risorse Umane e c'era anche Gioia, l'impiegata che redige i contratti. Stefano e il signor Marte hanno cominciato a discutere e, stando a quanto mi ha riferito Alessandra, la segretaria di Stefano, non era la prima volta che padre e figlio si scontravano. Lei li sente spesso nell'ufficio, ma erano sempre state discussioni a due. Invece stavolta… be', io non c'ero, *ovviamente*, ma è stata una cosa grossa. Molto grossa. Il signor Marte ha alzato la voce, così Stefano ha accettato la nomina di Enzo, poi è andato in ufficio, ha preso le sue cose e non è più tornato.»

«Oh, Dio.»

«Si è dimesso con una raccomandata. L'ha ricevuta Giuditta della reception. Non ti dico, c'è stato tanto di quel *fermento*… il signor Marte era fuori di sé! Sta impugnando le carte e cercando un cavillo per reintegrarlo, alcuni dicono che gli farà *causa*! E, naturalmente, i capi reparto si stanno già muovendo per accaparrarsi il suo posto. Enzo in primis.»

«Stefano si è dimesso» ripeto.

È l'unica informazione che mi rimane di tutto il suo discorso.

Stefano si è dimesso.

«Già. Incredibile, vero?»

D'un tratto, comincio a collegare i punti.

La visita di Caterina, l'ennesimo ricatto paterno, i fondi chiusi. Non era per via dei litigi con la famiglia. Era a causa delle sue dimissioni.

Lui non è quello che pensi tu.

Caterina lo sapeva.

Avrebbe potuto dirmelo. Sarebbero bastate poche, semplici parole. Invece è stata zitta. Anche Stefano avrebbe potuto scriverlo nel biglietto, invece ha preferito comunicarmi che preferisce "proseguire da solo".

Quando chiudo la telefonata di Miriam, stringo il biglietto in una mano e il telefono nell'altra. Sabrina ha origliato quel tanto che basta, ed è altrettanto sconvolta.

«Forse è il caso che ci beviamo quel tè con i biscotti» propongo.

«O del rum corretto con caffè.»

«Quello lo prenderò alla fine del turno al bar. Non sono neanche le dieci, cos'altro può succedere?»

Nello stesso istante, il telefono che stringo in mano riprende a vibrare. Un altro numero sconosciuto.

«E che diamine, era una domanda retorica!» Fisso la sequenza di cifre che sale e scende sulla schermata. «Non può essere più traumatizzante dell'ultima conversazione. Giusto?»

Sabrina aggrotta le sopracciglia.

«Okay. Okay.» Sospiro, premo "Rispondi" e porto il cellulare all'orecchio. «Pronto?»

«Pronto, parlo con la signora Neri?»

La voce maschile, dall'altro capo, ha un forte accento romano.

«Sì, sono io.»

«Buongiorno, signora Neri. Sono Carlo Bellini e la chiamo da parte di Entertainment Italia.»

Venti

«È un lavoro altamente dinamico. Non si tratta solo di scrivere progetti e sviluppare applicazioni, vogliamo che lei possa considerarsi parte del processo, assorbendo i nostri valori e rielaborandoli secondo la sua creatività, la sua particolare visione dell'aspetto videoludico.»

Carlo Bellini porta le mani sulla scrivania, unisce le punte delle dita. Non sono una grande esperta della comunicazione non verbale, ma Sabrina mi ha spiegato che quella è una posa di apertura. Il suo corpo sta dicendo "sono in ascolto, siamo qui per te".

E, il fatto che quello sia il particolare che noto di più, è altamente indicativo del mio stato di attenzione.

«Mi lasci aggiungere, signora Neri, che qui alla Entertainment ammiriamo molto il suo lavoro e auspichiamo che lei accetti di intraprendere con noi una fiorente collaborazione. Se dirà di sì, discuterà con il mio collega le condizioni contrattuali e io sarò il suo riferimento interno. Sarà inserita in un team, ma il suo operato sarà soggetto a libertà creativa. Il nostro scopo è creare dei validi prodotti d'intrattenimento e riteniamo che lei possa essere la persona ideale. Cosa ne pensa?»

Cosa ne penso?

Penso che tre mesi fa sarei saltata sulla sedia, avrei improvvisato il balletto della gioia e avrei risposto subito "sì".

Penso che due mesi fa non avrei mai detto: «Grazie, Carlo. Per una decisione serena, vorrei visionare prima una copia del contratto. Pensa che sia possibile?»

Il che, forse, è un po' triste.

Ma è quello che Giantristano, l'avvocato sfruttatore di stagiste, mi ha consigliato di rispondere. E io eseguo.

D'altronde, essendo il quarto colloquio che faccio grazie a *Fun in Space*, sono abbastanza preparata. Mi hanno chiamata tre software house indipendenti, una major e un'azienda media, l'Entertainment. Il discorso è più o meno lo stesso: chiedono una collaborazione per lo sviluppo di nuove idee o per interventi su progetti già in fase di realizzazione. Oltre all'acquisto di *Fun in Space*, che vorrebbero distribuire con il loro marchio.

Alla seconda telefonata, mi è stato chiaro che avevo bisogno di aiuto. E Giantristano, specializzato in diritto industriale e della proprietà intellettuale, era l'unico di cui avevo il numero di telefono.

Cinque giorni fa sono stata nel suo ufficio, dove ho constatato che tutte le storie sullo sfruttamento della stagista erano, appunto, storie. Sulla paga non posso garantire ma, a giudicare dal piglio deciso e dalla presa di ferro della ragazza riguardo all'ordine in ufficio, sono propensa a credere che sia lui a mettersi a piangere quando lei gli intima di tenerla decorosa.

In quell'occasione ho conosciuto anche il socio di Giantristano, un commercialista che mi ha illustrato tutte le procedure della libera professione, e che si è raccomandato di raccogliere le proposte di contratto che poi visioneremo assieme a Giantristano.

Carlo Bellini si alza, mi tende la mano. «Signora Neri, è stato un piacere. Spero di poterla presto considerare dei nostri.»

Ricambio la stretta con un sorriso. Al piano terra, la reception dell'Entertainment ha già chiamato un taxi, sul quale salgo dieci minuti dopo.

Il tassista si destreggia nel traffico caotico di Roma, mentre io leggo i documenti che l'azienda mi ha lasciato: brochure, la bozza di un contratto con i termini da negoziare, una chiavetta USB con alcune demo in via di sviluppo.

Sono dove volevo essere.

Non arrivata, perché non si arriva mai, è un continuo correre, provare, azzeccare, ritentare, fallire, riprovare. Però sono in movimento. Sono viva, ho la possibilità di fare qualcosa che mi piace, che mi fa credere che posso farcela.

Pensavo che la realizzazione avrebbe sopperito la mancanza di lui, invece mio malgrado non la compensa. Altri cinque giorni che si ammucchiano al cumulo di impietoso silenzio. Altri cinque giorni e non sento cambiamenti improvvisi. La morsa è ancora lì, la delusione per come è andata tra di noi anche.

Il pensiero che Stefano si sia licenziato e non mi abbia detto niente mi fa sempre arrabbiare. Avrebbe avuto la possibilità di dimostrare che era cambiato, di dimostrare che… Ah, ma perché sto ancora a rimuginarci?

Infilo le cuffiette del telefono e m'imbottisco di musica finché non atterro a Milano. Sto uscendo dalle porte automatiche quando *American Idiot* scoppia nelle orecchie, riportandomi a un weekend che forse ho solo sognato.

Il viaggio spesato dall'azienda che mi vuole assumere termina all'imbocco della metropolitana. Salgo sulla corsa e la realtà mi si ridimensiona addosso, come un sacchetto per il sottovuoto cui viene tolta l'aria. La stanchezza dovuta all'essermi alzata di notte e aver preso due aerei in meno di ventiquattro ore piomba sulle scale di casa, che salgo arrancando. A quel punto non so nemmeno se troverò il fiato per rispondere al telefono, che sta squillando nella borsa.

«Giantristano, sono le dieci di sera» esordisco.

«Le dieci? Aurora, tesoro, vai a letto. No, tua mamma non ti lascia guardare la tv fino a mezzanotte. Siamo separati ma, che tu ci creda o meno, ci parliamo più di prima.»

Trattengo un sorriso.

Sto parlando con lo stesso uomo che ha finto di non avere una figlia per rimorchiare? Da quando l'ho chiamato per motivi professionali, non sembra nemmeno lui. Ma, forse, nemmeno io durante quell'appuntamento assomigliavo molto a me stessa.

«Giantristano, ti prego, sto rincasando adesso. Sono stanca. Non possiamo sentirci domani?»

«Dipende, domani prima o domani dopo il tuo turno al bar? Gesù, Melissa, ancora non capisco perché continui a tenerti quel pidocchioso lavoro. Ti sto aiutando a chiudere l'affare della tua vita e…»

«E non darò le dimissioni, finché non ho firmato.»

«Allora, per quanto mi riguarda, puoi firmare stasera.»

«Cioè?»

«Ho parlato con la Sony, mentre eri in volo. Abbiamo una bozza che piace a entrambi.»

«La Sony mi prenderebbe? Loro cercano una squadra, io sono da sola.»

«Ci stiamo lavorando. Hanno una lista di contatti da cui pescare. Dovresti darci un'occhiata, scegliere qualcuno con cui potresti andare d'accordo.»

«È proprio quello il problema» mormoro, mentre infilo le chiavi nella toppa. «Non ho idea di come valutare un collega. E, sopratt… Ahi! Sabrina!»

Accendo la luce dell'ingresso e mi accorgo in ritardo di un pacco lasciato in mezzo al corridoio, contro il quale ho colluttato un piede.

«Giantristano, ti devo salutare. Devo uccidere la mia coinquilina!»

«Prenditi il tuo tempo e sbarazzati dell'arma del delitto. Domani ti faccio chiamare da un caro amico penalista.»

«Troppo premuroso. E io, in cambio, ti offrirò consigli su come rimorchiare una donna senza farla scappare in bagno.»

Saltello su un piede, scansando l'ultima consegna della mia coinquilina, quando mi accorgo di un particolare fuori posto.

Gelsomino.

È un profumo inconfondibile che mi riporta indietro alla fuga con Stefano, al giardino notturno, alle lucciole, alla sensazione di pace che mi ritrovo a respirare come dentro a una meticolosa allucinazione.

Mi volto piano. La piantina è appoggiata per terra, non raggiunge nemmeno il mezzo metro. Sul vaso, è appiccicato un biglietto.

«Sabrina!» urlo. «Chi l'ha portata?»

Sabrina compare nel corridoio in completo intimo e lo spazzolino in bocca. «Non guardare me! Era sullo zerbino quando sono rincasata.»

Incurante della borsa del pc che sbatte a terra, mi accuccio e strappo il biglietto dal vaso. Lo apro e lo leggo con il cuore in gola.

L'ho presa lo stesso giorno in cui sei uscita dal mio ufficio – e dalla mia vita.

Anche se è una specie abbastanza rustica, non credevo che sarebbe cresciuta bene; sono stato distratto, l'ho curata poco. Ha raggiunto la fioritura in ritardo e ora è la più bella di tutte.

È per tenere compagnia ai tuoi fermenti lattici dello yogurt.

Ste

P.S. Girami.

Trattenendo il respiro, volto il biglietto.

Sabato pomeriggio, alle 15.00, al giardino?

Esiste una sensazione più destabilizzante dell'andare a un appuntamento senza aver parlato per un mese con la persona da incontrare, senza essersi accordati per telefono, confermati la presenza con il calendario online o geolocalizzati con il GPS tramite WhatsApp con tanto di indicazioni stradali, mappe interattive e messaggi di avviso sulla propria posizione attuale?

Sì, e si chiama sindrome di Alice.

Non mi riferisco alla sindrome neurologica della percezione visiva che Sabrina ogni tanto ci tiene a ripassare per dimostrare la sua preparazione accademica, quanto in senso più lato a un sentimento di stuporoso disorientamento spaziotemporale che mi fa sembrare immensamente grande il panorama al di là del finestrino e sconsideratamente rimpicciolito il mio senso critico.

La campagna brianzola fagocita l'autobus di linea con i suoi campi imbruniti, gli alberi si stanno pian piano spogliando, l'aria odora di fresco. Più mi allontano da Milano, più il mio viaggio nel Paese delle Meraviglie si avvicina al capolinea.

Non so se andare da lui sia la decisione giusta.

Se me l'avesse chiesto il giorno dopo o la settimana dopo il nostro brusco addio, avrei stracciato il biglietto e lo avrei mandato al diavolo in dieci modi diversi.

Invece adesso, dopo più di un mese di silenzio, trovo sensato dargli una possibilità di spiegarsi; dopo le verità degli altri sono pronta a sentire l'unica che conta davvero, la sua.

L'autobus si avvicina alla villa e al giardino botanico. Mi alzo, prenoto la fermata, stringo con forza le nocche sulle maniglie dei sedili.

Quando scendo, a qualche decina di metri dal cancello d'ingresso, il paesaggio circostante mi sopraffà con la sua grazia ammantata dei colori d'autunno. Nella luce giornaliera il fascino antico della villa risalta ancora di più, sulla facciata spicca la cura dei dettagli neoclassici che si richiamano alla fontanella antistante, circondata da un'aiuola di fiori odorosi.

È sabato pomeriggio, eppure non ci sono molti turisti. Alla cassa trovo una famiglia con bambini e un paio di coppiette che consultano dei dépliant. Stefano non è lì, ma la cosa non mi sorprende.

La distanza che ci ha diviso si assottiglia a mano a mano che procedo nei sentieri del parco, tra magnolie e castagni plurisecolari che mi accompagnano lungo il viale.

Raggiungo il lago principale, coperto da ninfee e popolato dalla fauna selvatica. La sera della prima visita non ci avevo prestato particolare attenzione, ma non si tratta di un mero parco espositivo; è un ambiente vivo e incantevole, che mi fa sentire piccola e fuori dal tempo. C'è solo bellezza, una bellezza naturale ed eterna.

Mi fermo al limitare del giardino notturno. Senza il buio e le luminarie strategiche la struttura del gazebo smaltata di bianco sembra un po' meno fiabesca, ma il profumo del gelsomino è sufficiente a far aumentare il battito del cuore, a riportarmi indietro in ricordi confinati in una scatola polverosa abbandonata sotto il letto.

Percorro gli ultimi metri con la consapevolezza che, qualsiasi cosa succederà, posso affrontare le conseguenze di questo confronto.

Stefano è davanti alla stessa panchina di quella sera. Cammina avanti e indietro, controlla lo schermo del telefono, si ferma, cammina ancora. Con i jeans scuri e una felpa grigia, la barba di qualche giorno e i capelli spettinati, è così distante dall'immagine seria e composta che ha sempre mostrato.

Si passa la mano tra i capelli, si morde il labbro inferiore controllando l'ora. Quando alza la testa piano e mi vede, allarga gli occhi in un'espressione sorpresa che mio malgrado apre una voragine mai sanata.

«Melissa.»

Mi fermo a poca distanza da lui, con le mani nelle tasche.

«Ciao.»

Stefano fa un passo verso di me. «Melissa. Sei venuta! Credevo non saresti più arrivata.»

Tende le braccia in un richiamo che il mio corpo non esiterebbe ad accettare. Mi devo forzare per non avvicinarmi. È sempre stato così tra di noi, un naturale calamitarsi che la ragione non riesce a imbrigliare.

Stringo le labbra. «Però sono qui.»

«Sei qui» sorride. «Sei venuta.»

Il sollievo con cui lo pronuncia… Non sarà affatto una conversazione facile.

Nemmeno un po'.

«Come stai? Ci sediamo? Hai voglia di sederti?» domanda, gesticolando. «Scusa. Sono un po' nervoso.»

«Anch'io» ammetto.

Mi guardo attorno.

Siamo soli, il gazebo è nostro.

«Okay,» capitolo «sediamoci.»

Ci accomodiamo sulla panchina; io mi rifugio sull'estremità di sinistra, lui si mette a una rispettosa distanza. Per qualche secondo ascoltiamo il vento tra le foglie, il grugare delle tortore. Dopo aver atteso tutto questo tempo, le parole che non ci siamo ancora detti faticano a uscire, nel timore di trasformare le paure che ci hanno accompagnato fino a oggi in realtà immodificabili.

«Immagino questo momento da un mese, eppure non so da dove cominciare. È così strano, ho provato il discorso un sacco di volte, mi sembrava pieno di significato mentre lo ripetevo alla guida o sotto la doccia. Invece, adesso che ti ho davanti...» confessa. «Non è come un briefing a cui arrivi preparato, forse per certe cose non si arriva mai pronti. Non resta che buttarsi e improvvisare. Senza progetti.»

«A me piacciono i progetti. Mi piace sapere quello che mi aspetta.»

«Eppure sei qui.»

Nel Paese delle Meraviglie.

La tana del Bianconiglio dalla quale potrei riemergere di nuovo mutilata.

«Melissa, mi dispiace. Mi dispiace per averti ferito, per aver lasciato che altre persone ti ferissero. Te l'ho già detto e per te non sono parole nuove,» dice d'un fiato «però ti assicuro che questo "mi dispiace" è diverso da quello che ti ho detto in ufficio. Quel "mi dispiace" non valeva come quello di oggi. Non so se trovi un senso, ma è così. Quel giorno non ero in me. Per troppo tempo non sono stato in me.»

«Stefano...»

«Avevi ragione, Melissa. Avevi ragione su quasi tutto. Ti ho ingannata da sempre. Sin dalla vasca da bagno. Quando stavo con te, non ero io. Con te ero migliore, ero la persona che avrei voluto essere. Non so come ci riuscissi, ma so che mi piacevo quando ti stavo vicino. E, dalla mia esperienza, non è affatto facile trovare qualcuno che riesca a farti sentire... *giusto*.»

In gola mi si forma un groppo che domo con fatica.

«Sono stato egoista, imprudente. Ho sbagliato più di una volta. Ma non ti ho assunto solo per... non ho mai solo voluto portarti a letto. Sapevo che ti avrei messa in difficoltà, ma speravo di poter gestire tutto. Speravo... non lo so nemmeno io cosa speravo. Da un lato volevo conoscerti, dall'altro forse speravo di scoprire che non mi interessavi più di tanto. Speravo di continuare come ho sempre fatto, senza grandi scossoni. Invece ogni volta che ci vedevamo riemergeva quel senso di appartenenza e...» Sospira. «All'inizio pensavo che avrei potuto avere entrambi, te e la mia routine. Non sapevo, o forse ho voluto ignorare, che quella routine avrebbe potuto schiacciarti. Solo che tu non ti sei lasciata schiacciare.»

Alzo gli occhi verso l'alto, cercando di trattenere le lacrime.

«Quando te ne sei andata dal mio ufficio, una parte di me ti ha ammirato. Ha ammirato la tua forza d'animo, il tuo non piegarti alle logiche che hanno addomesticato chiunque mi circonda.»

«Non Caterina,» noto «nemmeno lei si è lasciata ammaestrare.»

Stefano stringe le labbra. «E una parte di me l'ha invidiata molto, in questi anni. L'ho sempre vista come la sorella sovversiva. Ma credevo che il motivo per cui potesse comportarsi così ero io. Era grazie a me se lei poteva seguire le sue inclinazioni, perché l'eredità di famiglia l'avevo raccolta io, *io* mi ero fatto carico del lascito di nostro padre.»

Un'ombra gli attraversa il viso.

«Anche qui, mi sbagliavo. Io c'entro poco. È lei stessa la causa dei suoi meriti. Tu l'hai conosciuta poco, ma Caterina... non è come si mostra. Attraverso il suo blog dà un'immagine spavalda e spensierata. Ma sotto i lustrini, si nasconde una ragazza che nella sua fragilità è stata più forte di tutti noi.»

È stata più forte anche di me, penso. Forte e d'aiuto, senza che gliel'avessi chiesto.

«Comunque, mi sono sempre detto che lei poteva comportarsi così, mentre io avevo degli obblighi. Obblighi che avevo scelto, di cui andavo fiero. L'obbligo verso la mia famiglia è stato il mio peggior alibi. Ma non ho mai voluto accorgermene. L'ho capito solo quando ha intaccato anche te.»

«Quel giorno… è stato orribile.»

Il suo sguardo si abbassa. «Quando sei uscita dall'ufficio, mi sembrava che quella conversazione fosse irreale. Eppure era vera. E io mi sono sentito spezzato.»

«È per questo che ti sei licenziato?»

Stefano aggrotta la fronte. «Lo sai.»

«Non è stata Caterina» mi precipito a dire. «Che tu ci creda o no, in MarsTech sono riuscita a farmi una mezza amica.»

«Immagino che dovrò ringraziarla, allora. Ho il sospetto che, se non avessi saputo del licenziamento, non saresti venuta oggi.»

Evito di rispondere.

Sappiamo entrambi che ha ragione.

«Perché non me l'hai detto? Avresti potuto scrivermelo. Se sapevi che era un'informazione così importante…»

«Non prenderla nel verso sbagliato, ma avevo bisogno di starti lontano. L'ho capito più tardi, ma è vero. Se tu non fossi sparita, se mi avessi risposto, se ci fossimo incontrati, una parte di me sarebbe riuscita a trovare un modo per tornare allo status quo. È stata la tua assenza a farmi capire che non potevo continuare così. A farmi capire ciò che voglio.»

«Okay. Quindi, cosa vuoi?»

«Non è ovvio?»

«Non lo so, vuoi andare *avanti da solo*? Sono qui perché vuoi ringraziarmi e andare avanti da solo?»

Stefano scuote la testa. «No, Melissa. Proprio no.»

«E allora perché me l'hai scritto?»

«Perché, come posso fartelo capire… Ricordi quello che ti ho detto, che non potevo scegliere tra te e la mia azienda?»

«Sì.»

«Tu sei stata fondamentale, ma non responsabile. Non ho scelto perché tu mi hai dato un ultimatum, ho scelto perché tu mi hai dato l'input. La scelta è stata mia, ho scelto da solo, *per me*. E non è stato un processo immediato. Ci ho impiegato un po' di tempo, e nel frattempo sono stato...»

S'interrompe. Credo di immaginare come sia stato. Orgoglioso com'è, dev'essere stato un capovolgimento epocale.

«Da quando mi hai detto addio a quando ho lasciato la MarsTech, Melissa, non ero un uomo che avresti voluto al tuo fianco. Ho partecipato a riunioni con gente senza volto e mi sono svegliato in stanze d'albergo con il telefono che già squillava. Il mio corpo continuava con gli automatismi di sempre, la mia testa si rifiutava di accettarli. Cercavo risposte un po' ovunque: nei volti dei passeggeri degli aerei, nella solitudine del mio appartamento. Anche nelle chiamate cui tu non rispondevi, nelle e-mail che ignoravi. Solo a un certo punto ho capito che era la tua assenza a spingermi a migliorare.»

«Okay, ma allora...»

«Aspetta. Non voglio illuderti che... non è un processo finito. È ancora un periodo incasinato.»

Deglutisco. Con lui sarà sempre così: un passo avanti, tre indietro.

«Be', se ti serve la mia assenza, direi che questo incontro non è molto utile. Ti sei scusato, hai detto che ti dispiace. C'è altro?»

«Sì, c'è dell'altro.»

Afferra la mia mano destra e se la porta sul cuore. I suoi polpastrelli sono sul dorso, sento la stoffa della felpa, la sua gabbia toracica che si alza e si abbassa. Il suo sguardo limpido e spaesato mi rivolta lo stomaco.

Siamo connessi. È un contatto così semplice, così brutale.

È come se tutto svanisse attorno a noi e non esistesse altro di significativo. E un po' lo odio. Odio che una persona abbia questo potere su di me. Odio che una persona possa far passare in secondo piano il mio orgoglio. Odio che possa essere più importante dell'unica cosa che ho, me stessa. Ma, in fondo, non è questo l'amore?

Stefano mi accarezza la mano con i polpastrelli, sento il suo cuore battere sotto la felpa.

«Quando sono vicino a te, io mi sento libero.»

Non posso mettermi a piangere.

Non posso.

«È strano, generalmente si pensa che quando si sceglie una compagna si stia rinunciando a tutte le altre donne. Io invece mi sento libero solo se posso scegliere te. Mi sei mancata così tanto...»

Non devo piangere.

Eppure la visuale comincia a essere annacquata, come un dipinto lasciato troppo tempo sott'acqua.

«All'inizio ti ho detto che avevi ragione su quasi tutto. Posso parlarti di quel *quasi*?» chiede, con voce gentile.

Annuisco.

«Quando ci siamo conosciuti mi hai detto che non tutte le donne vogliono essere salvate. Quando mi hai detto addio, mi hai rivelato che forse in Cenerentola un po' ci credevi, e che credevi anche che il principe fossi io. Avevi ragione su tante cose, ma non su questa. Io non sono il Principe e tu non sei mai stata la Principessa Scema che aspetta rinchiusa nell'ala più inaccessibile del castello. L'hai sempre vista dal lato sbagliato. Quello rinchiuso nella torre ero io e tu sei l'eroina che mi ha salvato.»

Le lacrime cominciano a scendere senza permesso.

«Ehi. No. Non piangere. Melissa, non volevo farti piangere.»

Non faccio niente per fermarle.

Lascio che cadano.

Lascio che lui le raccolga con il dorso della mano.

«Scusami. Per quello che ho fatto, perché non sono stato

all'altezza. Non ho la presunzione che mi perdoni. Non sei tenuta a farlo, adesso o in futuro.»

Scuoto la testa, mi asciugo le guance. «Non è per quello che sto piangendo. Le tue parole…»

«Sono stato fuori luogo?»

«No, Ste. Sei stato…» Perfetto. «È che non so cosa dire.»

La stretta della sua mano sulla mia si allenta un po'. «Vuoi che ti accompagni a casa?»

«Adesso?» chiedo, con una punta di panico nella voce.

«Certo. Se hai bisogno di tempo lo capisco, Melissa. Voglio solo che tu sappia che per me ne vale la pena. Aspettarti vale la pena.»

Porta la mia mano sulla guancia, la stringe tra le dita mentre i miei polpastrelli strofinano la sua barba. Sospiro, mentre altre stupide lacrime si affacciano sulle ciglia. Le ricaccio indietro, mi schiarisco la gola.

«Ti amo.»

Ferma i polpastrelli sul suo zigomo, sgrana gli occhi.

«Non so da quanto tempo. Forse dal primo giorno. Forse da quando mi hai baciata nel giardino della tenuta di famiglia. Forse da quando mi hai portata qui la prima volta.»

Stefano tiene la mia mano appoggiata al suo viso, è immobile.

«Non volevo amarti. Vorrei che ti fosse chiaro. Non l'ho chiesto io di innamorarmi di te.»

Sul suo volto si alternano stupore, dolcezza, l'ombra di un sorriso.

«Per un po' ti ho anche odiato, e quello ho voluto farlo» proseguo. «Pensavo mi avrebbe reso le cose più facili, pensavo che se mi fossi concentrata sulle cose negative ti avrei dimenticato prima. Non avevo torto solo su principi e principesse, Ste. Avevo torto anche su questo. Odiarti non mi è servito a niente, solo a sedimentarti ancora di più dentro di me.»

«Mi odi ancora?»

«Solo un po'» sorrido. Poi torno seria. «Non è tutto a posto. Il mio sentimento non significa che magicamente tutti i problemi siano spariti. Come non li ha fatti sparire nell'ultimo mese.»

«Non lo pretenderei. Però possiamo... darci una possibilità? Non so, frequentarci con calma, vedere come va?»

«Stai proponendo un altro *per adesso*?»

«Sto proponendo quello che serve per farti restare.»

Mi sporgo verso di lui. Le sue braccia si aprono in automatico, il suo corpo mi accoglie. È quello per cui è stato inventato, accogliermi. Lo fa in modo impeccabile, con il mio torace sul suo, le braccia che mi stringono la schiena, io che infilo il naso nell'incavo del suo collo, la sua barba che mi punge la tempia, l'odore della sua pelle che m'inebria i sensi. Un incastro perfetto.

«Facciamolo» sussurro. «Troviamo il nostro *per adesso*.»

Ventuno

Durante le successive due settimane, sostengo altri tre colloqui grazie a *Fun in Space*. Il primo è a Ginevra, il secondo a Roma, il terzo a Milano.

È proprio dall'ultimo che sto tornando, il venerdì pomeriggio, quando suona il telefono.

«Giantristano,» rispondo «non un'altra telefonata sui contratti o giuro che ti rovino ogni chance con la stagista. Potrei dirle, non so, che non usi i sottobicchieri e che consideri il lavaggio delle lenzuola un evento che segue l'andamento delle maree a mesi alterni.»

«Silenzio, assistita. Oggi è un giorno talmente glorioso che nemmeno le tue sfiancanti battute potranno rovinare.»

«Ah, sì? Hai finalmente deciso di tagliarti i baffi? Per la cronaca, non ti fanno assomigliare per niente a Robert Downey Jr. in *The Avengers*.»

«Senti, Miss So Tutto Io, solo perché sei tornata sulla nuvoletta del sesso selvaggio, non sei autorizzata a prenderti gioco di me, dei miei sentimenti non corrisposti o dei miei baffi.»

«Non sono tornata su nessuna nuvolet...»

«E sì, ti chiamo proprio a proposito dei contratti.»

«Sto per buttarmi dalla finestra del piano terra.»

«Grandioso, se lo fai correttamente possiamo intentare

una causa ai costruttori o ai fornitori degli infissi. Gesù, ma io e te avremo mai una conversazione normale?»

«Non lo so, sei sempre dell'idea di parlare dei contratti?»

«Solo se tu hai parlato con il tuo fidanzato.»

Sbuffo. «Non è il mio fidanzat...»

«Non gliene hai *ancora* parlato?»

Mi stringo nelle spalle. «Non ci siamo ancora visti, da quando ne abbiamo discusso io e te. Volevo farlo di persona.»

«Cristo! E cosa aspetti, che se lo accaparri qualcun altro? Hai idea di *chi sia*, vero? Stiamo parlando di un genio che ogni azienda nel raggio di diecimila chilometri si starà litigando. Ora, capisco che tu confidi nel potere indiscusso della vagina, ma...»

«Gian!»

«*Ma* Stefano Marte è merce rara. Preziosa. Devi parlargliene prima che finisca sotto qualche contratto che lo vincoli per anni.»

«E lo farò, Giantristano. Stasera. Mi ha chiesto di raggiungerlo a casa sua per cena e...»

«Oggi non è tornato dall'appuntamento con la Domotics?»

«Sì, e quindi?»

«Merda, Melissa! È una cena celebrativa. L'hanno accalappiato. Gli avranno fatto un'offerta che, senza offesa, nemmeno tu potrai superare. Okay, facciamo così. Ti mando per e-mail l'elenco di liberi professionisti che mi ha girato la Sony. Ne scegli uno che ti vada bene e che possa affiancarti nel lavoro. Okay?»

«Non è detto che sia stato assunto» rispondo.

«E gli unicorni esistono e brucano l'erba alla fragola. Fammi sapere se trovi qualcuno di tuo gradimento nella lista. E domani passa in ufficio, ci prepariamo per la cessione dei diritti.»

Riaggancio sotto l'appartamento di Stefano. Quando ho scarabocchiato l'indirizzo, fuori dalla stazione Centrale, non ho collegato le informazioni, ma avrei dovuto immaginare subito quale sarebbe stata la mia destinazione.

Sono ai piedi del Bosco Verticale di Milano.

Le pareti delle due torri sono tappezzate da una quantità spropositata di piante rampicanti e intramezzate da terrazze che ospitano dei veri e propri giardini privati. Non esiste abitazione migliore per il ragazzino che disegnava aiuole con AutoCAD diventato uno spacciatore professionista di gelsomini.

È strano, lui è stato nel mio appartamento più volte, invece per me questa è la prima. Mi chiedo se Giantristano ha ragione, se ci siano davvero delle novità lavorative, se è per questo che Stefano ha insistito per raggiungerlo a casa sua direttamente dal mio colloquio.

Nelle scorse due settimane ci siamo visti tre volte, tre appuntamenti incastrati tra i miei e i suoi colloqui. Come una coppia normale che va per gradi.

La prima volta siamo stati in una libreria caffetteria e, davanti a due cappuccini, ci siamo aggiornati sui rispettivi stati lavorativi. Io gli ho raccontato di *Fun in Space* e delle proposte di lavoro, della mia preferenza per la Sony e della lista di curriculum alla ricerca di un collaboratore che mi permetterà di cominciare la nuova avventura a partire dal mese prossimo. Lui si è rivelato entusiasta, mi ha riempita di complimenti, mi ha dato alcuni consigli su come scegliere il candidato. E mi ha raccontato che era sommerso dai colloqui. Giantristano ha ragione, Stefano è merce rara e ricercata.

La seconda volta siamo stati a una mostra di arte espressiva suggerita da Miriam. L'unico motivo per cui l'ho proposta era evitare luoghi compromettenti, tipo cinema bui o uno dei nostri appartamenti. Siamo scappati mezz'ora più tardi e ci siamo fermati in un pub poco lontano, dove suonava un gruppo locale. È stato lì che la mia resistenza ha cominciato a cedere: birra, ambiente rustico, luci soffuse e Stefano casual è una combinazione capace di farmi sragionare. E infatti abbiamo trascorso tutto il tempo a baciarci come ragazzini al primo appuntamento, fino a quando non mi ha riportato sotto casa, dove stavo per venir meno alla regola dell'andarci piano e invitarlo a salire.

E poi c'è stata la terza volta. Eravamo entrambi in partenza. Io per Roma e lui per Edimburgo, verso una grossa azienda di domotica. Io sono rimasta fuori solo una notte, lui invece ne ha trascorse tre in trasferta. L'azienda che lo ha spesato è molto agguerrita. L'unico motivo per cui Stefano non ha ancora firmato con nessuno è il suo avvocato, che gli ha consigliato di temporeggiare per approfondire eventuali ritorsioni del contratto con la MarsTech.

La terza volta Stefano è passato a prendermi al pomeriggio, per accompagnarmi in aeroporto. Avevamo detto niente appartamenti, ma quello non contava: dovevamo partire entrambi a breve, non ci sarebbe stato il tempo di... Invece Stefano è arrivato un po' prima e, mentre concludevo il bagaglio a mano, ha cominciato a gironzolarmi attorno, ad accarezzarmi la schiena, a baciarmi a tradimento mentre recuperavo la trousse e la spazzola. Ecco, lì la regola dell'andarci piano è stata messa a dura prova. Quando mi ha preso per i fianchi, mi ha spinto contro l'armadio e mi ha baciata, mi ha baciata come se stesse facendo l'amore con me e...

Quattro giorni fa. È successo quattro giorni fa, e ancora mi sembra di sentire le sue dita addosso che mi reclamano, le stesse dita alle quali, se non ci fossero stati aerei da prendere, avrei lasciato campo libero.

È per questo che, mentre supero la reception e salgo in ascensore verso il dodicesimo piano del palazzo, so che la situazione è altamente pericolosa. Io, lui, il suo appartamento. E nessun disturbatore che ci possa interrompere.

Suono il campanello e, nel lasso di tempo che serve a Stefano per venire ad aprirmi la porta, mi scopro agitata.

«Ciao.» Stefano mi sorride, mentre fa passare un braccio attorno alla schiena, sul mio parka. Mi attira a sé e appoggia le labbra sulle mie. «Vieni, entra.»

L'appartamento è ampio e luminoso, arredato in modo moderno sui colori del bianco e del legno naturale. Supero l'ingresso e sono in un piccolo openspace, con un divano beige che circonda un tavolo basso, poltroncine abbinate e una gigantesca libreria in legno. E, ovviamente, le piante. Amalgamata in modo impeccabile nell'arredamento, c'è una piccola aiuola con dei sempreverdi a foglia larga a cui non so dare un nome.

«*Aspidistra elatior*» dice. «Non la più difficile da coltivare. Cosa ne pensi?» chiede, indicando il suo spazio vitale con un braccio.

«Non pensavo che fosse così.»

«E come te lo aspettavi?»

«Non so, una via di mezzo tra una suite d'albergo e un catalogo di arredamento.» Mi fermo, guardo la parete con i libri, la consolle sotto la televisione, una pila disordinata di DVD sullo scaffale. «Mi piace. È molto accogliente.»

Sfilo il cappotto e lo appoggio sullo schienale del divano. Sono nella sua casa. Nel suo rifugio. Nel posto dove vive. Non posso fare a meno di chiedermi se è lo stesso posto dove ha convissuto con Olivia, oppure se è una casa che appartiene a suo padre, sfuggita al raid dei sequestri familiari.

«Bene.» Sorride, si passa una mano tra i capelli. «Vieni in cucina? Mi sono occupato della cena, mentre ti aspettavo.»

«Hai cucinato?»

«Oddio no, non voglio rischiare di avvelenarti! Ho chiamato la gastronomia. Spero non sia un problema.»

Scuoto la testa. «Figurati.»
Avanzo nella casa nutrendomi di particolari. Noto la custodia del suo portatile infilata tra l'armadio all'ingresso e il muro, una stampa in stile pop art che assomiglia molto a quelle che ho io nel salotto.
La sua cucina è lunga e stretta, un mobile chiaro ne occupa un intero lato. Sui fornelli sono disposte le confezioni di cibo per asporto già impiattate e tenute al caldo, mentre il piccolo tavolo è apparecchiato per due con delle semplici tovaglie all'americana e dei piatti di porcellana.
Stefano mi fa sedere e recupera dal frigo una bottiglia di vino rosso, con cui riempie due bicchieri.
«È un Valpolicella Classico,» spiega, porgendomi un calice «uno dei miei preferiti.»
Lo afferro e constato di essere nervosa. Molto nervosa.
«Festeggiamo qualcosa?»
Stefano mi guarda con un luccichio furbo negli occhi. «Sì, direi proprio di sì.»
«Ah. Ha a che vedere con il colloquio di Edimburgo, vero?»
«In parte» risponde. «Ma il brindisi – e anche la cena – è per te, Melissa. Per il tuo contratto con la Sony. Negli scorsi giorni avrei voluto festeggiare a dovere, mi dispiace aver rimandato così tanto.»
Assaggio il vino sorseggiandolo. È corposo, ma scende ottimamente.
«Wow.»
«Sono d'accordo» dice, ancora in piedi.
«Ma se non hai nemmeno toccato il tuo calice?»
Stefano appoggia il bicchiere sul tavolo apparecchiato, poi fa scivolare una mano sulla mia. «Sì, in effetti l'apprezzamento non era per il vino.»
«Stefano...»
Lui mi sottrae il calice dalle dita, lo mette al sicuro accanto al suo.

«C'è qualcosa che non va, Melissa?» Il tono con cui mi parla è solo in apparenza apprensivo; è quello di un predatore, un predatore che ha aspettato che il terreno di caccia fosse predisposto, prima di scatenarsi.

«N-no, ma...»

La sua mano sale sul braccio, mi accarezza il collo. «Ma?»

«E-ecco, io...»

«Non capisco, Melissa, cosa stai cercando di dirmi?» dice, prendendosi palesemente gioco di me.

La sua mano scende sulla clavicola, s'infila sotto il vestito ad altezza della spalla. Il dito di Stefano mi percorre piano, è una dichiarazione d'intenti che non lascia adito a fraintendimenti.

Sono sua.

È un pensiero così retrogrado, così semplicistico, eppure così reale. Sono sua. Me lo dice il mio cuore, me lo dice il mio corpo. E forse, se lo reclamassi, lui sarebbe mio.

Il dito di Stefano scende leggero verso il décolleté, s'infila nell'incavo dei seni, mi accarezza pianissimo la pelle.

«S-Stefano...»

Con la testa alla stessa altezza della mia, mi rivolge un sorriso impertinente. «Sì, mi sembrava che stessi per lanciarti in un discorso serio e importante. Sono tutto orecchi, dimmi.»

«Sei uno stronzo.»

«Ah! Pure?» dice, divertito. «Sentiamo, sono uno stronzo se faccio così?»

Appoggia le sue labbra sulle mie, mi bacia con la lingua, per smettere qualche secondo dopo in cui io non capisco più niente.

«Allora?» dice, con il respiro affannoso.

«Sì.»

«E così?»

S'inginocchia a terra davanti a me, mi prende le mani e

me le infila tra i suoi capelli, avvinghia le sue attorno alla mia nuca. E mi bacia di nuovo.

«Anche così?» mi chiede, staccandosi quel minimo per riuscire ad articolare le parole.

«Mmm... Anche così.»

«Okay, allora non mi lasci scelta...»

Le sue mani percorrono la mia schiena, si posizionano sulle natiche e mi spingono verso di lui. La mia bocca cerca in autonomia la sua. Sono immersa in uno dei baci più sensuali della mia esperienza, quando mi sento alzare di peso.

«Ehi!» protesto. «Ste, no. Ste, cosa fai?»

Stefano ridacchia. «Mi sembra abbastanza evidente, amore. E tu non sei una ragazza didascalica.»

Amore?

Amore?

«Stefano, forse prima è meglio se parliam...»

Invece di poggiarmi a terra, lui avanza verso il corridoio. «Abbiamo parlato abbastanza, Melissa. E avremo tutta la sera per farlo. Tutta la notte. Anche tutta la vita, se vuoi.»

Sta delirando. Sta completamente delirando.

Devono essere gli ormoni. Devo riuscire a...

Ma a quel punto sono io a delirare. Perché Stefano ha appena varcato una stanza da letto, la *sua* stanza da letto. Con un letto gigantesco, una portafinestra che si affaccia sulla città addormentata. E un profumo inconfondibile.

«Gelsomino. Stefano, è gelsomino.»

«Certo che è gelsomino» annuisce, poggiandomi a terra. «L'ho preso dopo che te ne sei andata. Mi ricordava te.»

«Anche a me fa lo stesso effetto» mormoro. «È una cosa nostra?»

La luce soffusa delle lampade del comodino gli illumina il viso. È sempre un predatore, ma una nota di dolcezza lo attraversa. «Sì, amore. È una cosa nostra.»

E i miei argini crollano.

Mi sento invasa da una sensazione devastante, un'ondata di straripante completezza. Allora lo bacio, lo bacio con la bocca, con le mani, con il corpo. Arretro verso il letto, lo prendo per la camicia e Stefano scivola sopra di me, mi schiaccia tra lui e il copriletto, emette un lungo sospiro.

«Cosa?»

Lui mi accarezza la fronte, i capelli. «Niente. È che ho sognato di averti su questo letto da quel giorno nella vasca.»

E, prima che possa ribattere, aggiunge: «Sei la prima che entra nella mia casa. Mi sono trasferito qui cinque mesi prima dell'inaugurazione. E l'appartamento è solo mio. Solo mio.»

«Non te l'ho chiesto.»

«Non ne avevi bisogno» ribatte, prima di chinarsi di nuovo su di me.

Nelle successive due ore io sono sua e lui è mio.

Io sono sua mentre mi esplora il ventre con la bocca e poi entra dentro di me con un dito, facendomi inarcare la schiena e spingere i fianchi contro la sua mano. Sono sua quando scivola dentro di me con il suo corpo premuto sul mio, quando mi bacia tra le gambe, quando mi volta e mi prende di fianco.

E lui è mio mentre mi muovo a cavalcioni sopra di lui, mentre intreccio le mie mani con le sue in una sincronia che nessuno ci ha insegnato, che semplicemente possediamo insieme. Lui è mio quando mi tiene per i fianchi, quando mi bacia mentre lo accolgo dentro, mentre mi intrappola sotto la doccia e mi succhia le labbra e si accuccia e bacia ancora la mia intimità.

Ci apparteniamo quando lui mi tiene come se fossi la persona più preziosa al mondo e potessi scappargli al primo soffio di vento. Ci apparteniamo quando esploro il suo ventre con la bocca ed è quanto di più lontano ci sia dalla volgarità. Ci apparteniamo quando i gesti per dare piacere sublimano in una completa forma d'amore.

Ci apparteniamo quando lui è sopra e dentro di me e mi guarda negli occhi, resta a fissarmi negli occhi mentre muove il bacino con piccoli, delicati colpi.

«Ti amo» sussurra. «Amo quello che sei. Amo come mi fai sentire. E amo questo con te.» Sospira. «Voglio fare questo, con te, per tutta la vita.»

Le sue parole mi ubriacano, mi sento ebbra di sconsiderata felicità. Stiamo facendo l'amore, ci doniamo l'uno all'altro senza fretta, senza indugi, senza timori. Non esiste una definizione migliore di perfezione.

Quando torniamo in cucina sono le undici, e sappiamo entrambi che la notte sarà ancora lunga. Selezioniamo qualcosa dagli involucri della gastronomia e ci mettiamo a mangiarlo sul tavolo del salotto, davanti alla portafinestra che dà sul terrazzo e da cui si gode di un'ottima vista sulla città.

«Lo sai, vero, che io faccio morire ogni cosa verde che mi si avvicina? A quattordici anni mia mamma mi ha regalato una piccola pianta grassa con dei fiorellini fucsia. Le avevo anche dato un nome, ma non è bastato a salvarla dalla triste fine.»

Stefano ride. «Alle piante ci penserò io. Tu devi solo trovare un modo per non farci morire di fame.»

«Certo. Catalogherò tutti gli esercenti di cibo d'asporto in un database in SQL. Va bene?»

«Okay. Moriremo di fame.»

Gli tiro un buffetto sulla spalla. «Scemo!»

Stefano avvicina la sedia alla mia, mi prende per la vita e mi fa scivolare tra le sue gambe, sulla porzione di seduta libera.

Solo a quel punto ricordo il motivo per cui sono giunta nel suo appartamento.

«Com'è andato il colloquio? È per questo che volevi festeggiare, oltre che per me?»

Appoggia il mento sulla mia spalla, mi deposita un bacio sul collo. «Mi ha chiamato l'avvocato, ho delle buone notizie sul contratto con la MarsTech. Mio padre… non mi farà causa. E non può costringermi a tornare.»

«Oh. Sono contenta, Ste. E mi dispiace, anche. So che non è una situazione facile per te. Per voi.»

«Non lo è» conferma. «Ma confido nel tempo. E nel fatto che, se è vero che siamo una famiglia, in qualche modo torneremo a posto. Non subito. Non domani. Un giorno.»

«Sì» annuisco.

«Grazie al cielo, sono sempre stato attento alla mia autonomia. Ho collaborato al progetto domotico del Bosco e, quando sei mesi fa cercavo un appartamento, è stata la mia prima scelta. Non sarà un loft enorme, ma è il primo posto che ho sentito davvero mio.»

«E Caterina? L'hai ospitata?»

«Il giorno in cui mia sorella accetterà di dormire a casa mia sarà un giorno funesto. No, lei è uno spirito libero. È già ripartita, sai? È da qualche parte in Germania. Ha un'amica che conosce un'amica che… non lo so, scriverà la storia sul blog, se vuoi restare aggiornata.»

«Senza tua sorella non ce l'avrei fatta» rivelo, giocherellando con un boccone di pane. «Non subito. E, forse, se avessi aspettato non mi sarebbe andata così bene, le aziende non mi avrebbero chiamato e…»

M'interrompo, memore della conversazione con Giantristano e di quanto dovrei – o non dovrei – chiedergli.

Lui si accorge del mio cambio d'umore, perché irrigidisce le braccia.

«A questo proposito… Edimburgo mi ha proposto un contratto spettacolare.»

«Ah.» Vorrei riuscire a simulare più entusiasmo. Se lo

merita. Sia il mio entusiasmo, sia il mio supporto. «È grandioso, Stefano.»
«Lo pensi sul serio?»
«Sì! Davvero. Grandioso.»
Lui si fa silenzioso. «Alcune cose sono cambiate, ma tu resti sempre una pessima bugiarda.»
Accidenti.
«Ma penso davvero che sia una grande notizia. E la lontananza non sarà un problema. Ci sono i voli economici e credo che... sì, credo che ce la potremmo fare. A stare insieme a distanza, intendo.»
Stefano mi scosta i capelli dall'orecchio, mi deposita un bacio sulla nuca. «Ce la faremo sicuramente,» risponde «perché ho rifiutato.»
Mi volto di scatto, per vederlo in faccia. «Cosa?»
«Ho rifiutato la posizione.»
«Ma... l'azienda... la proposta...»
«L'azienda aveva standard di eccellenza. E la proposta era forse la migliore proposta che potrò mai ricevere, almeno nei prossimi anni.»
Aggrotto le sopracciglia. «E allora perché hai rifiutato?»
La mano di Stefano scende sulle mie cosce. «Quella proposta... non andava bene per me. E adesso so cosa voglio. E so a cosa rinunciare per averlo.»
«E cosa vuoi, Stefano?»
«Un appuntamento.»
«Siamo appena stati a letto insieme. Non so nemmeno quante volte. Direi che la fase degli appuntamenti l'abbiamo superata. Grazie al cielo.»
«Perché, non avevi trovato deliziosa quella mostra sull'ermetismo emotivo espresso con il bicolore? Sto scherzando. Non nominerò mai più quella mostra. È stata la peggiore mezz'ora di tutti gli appuntamenti della mia vit... ahia!»

Ritraggo la mano, dopo avergli assestato uno schiaffetto sull'avambraccio. «Dicevi di quell'appuntamento...»

«Non so, mi sembri suscettibile. Rischio un rifiuto clamoroso.»

«Ste.»

«Okay. Male che vada, conosco almeno due o tre modi per farti urlare un bel "sì". Mentre sei stesa sotto di me, solo per citare un esempio.»

«Ste!»

Lui si fa serio. «Voglio un appuntamento di lavoro, Melissa. Un appuntamento di lavoro *con te*.»

«Scusa?»

«Ci ho pensato. Ho avuto tre notti di insonnia per rifletterci, a Edimburgo. Per quanto ricoprire un ruolo di responsabilità in una multinazionale sia allettante, io voglio costruire qualcosa. Da zero.»

«Okay, e cosa c'entra l'appuntamento di lavoro con...»

Lui mi guarda dritto negli occhi, alza le sopracciglia. «Assumimi. Tu hai bisogno di un collaboratore e io non vedo l'ora di ripartire da capo, di impiegare le energie in qualcosa di nuovo.»

«Stai scherzando.»

«Assolutamente no. Sono un buon candidato. Sono dedito, preparato.»

«Appunto, non pensi di essere troppo qualificato?» domando, muovendo la prima obiezione che io stessa ho posto a Giantristano quando mi ha ventilato una possibile società con lui.

«Oddio, e io che credevo che la preparazione fosse un elemento a favore!» ridacchia. Poi torna serio. «Io ci credo, Melissa. Credo in te e credo in noi. Credo che insieme funzioniamo. In qualsiasi forma.»

Passa la mano attorno alla mia vita, mi tiene con la consapevolezza che non scapperò.

«All'inizio pensavo di mettermi in proprio. Ma non è un viaggio che voglio compiere da solo. E, se penso a qualcuno con cui vorrei intraprenderlo, sei tu.»

«Ne sei sicuro?»

«Assolutamente.» Increspa la fronte. «Aspetta, era questo il colloquio? Perché non contava, Melissa. A Edimburgo mi ero preparato uno schema con una proposta, una demo dettagliata e...»

«Mi dispiace, signor Marte, temo che il tempo a sua disposizione sia terminato. La ringrazio per avermi accordato la sua preferenza, valuterò con cura la sua candidatura.»

«Mi sta congedando con un "le faremo sapere", signorina Neri?»

«Esatto.»

«Wow, ammetto che è fastidioso. Esiste un modo per sollecitare una risposta?»

«Dipende da quanto è disponibile la vasca da bagno di là.»

«Totalmente» si affretta a rispondere. «Considerala tua. Quello che ho da offrirti, è tuo.»

Una sensazione di pace si diffonde lungo il mio corpo.

«Saremo cauti» dico. «Non affretteremo i tempi, tuteleremo il lavoro di entrambi, ci rispetteremo. E sarà una società alla pari. Cinquanta e cinquanta.»

Stefano mi accarezza la guancia, mi attira a sé.

«La società può anche essere alla pari» mormora, sulle mie labbra. «Ma tu sei il mio cento percento.»

Epilogo

«Quando si smette di raccontare un amore?»

«Scusa?»

«Intendo dire che, come le fiabe finiscono con il "per sempre felici e contenti", anche le storie d'amore a un certo punto si smette di raccontarle. Di solito terminano quando i due scoprono di amarsi e si mettono insieme in modo stabile e definitivo. Quando, insomma, c'è una specie di chiusura che però dopo continua, giusto?»

«Uhm, immagino di sì. E allora?»

«Niente, tesoro. Niente. Con mio fratello come va? Siete arrivati a una conclusione stabile e definitiva?»

«Caterina. Cosa stai tramando?»

«Ma perché tutti danno per scontato che io combini sempre qualcosa?»

«Non so, forse perché telefoni gettando qua e là domande sospette?»

«Adesso, *sospette*! Ti ho solo chiesto quando smetteresti di raccontare una storia d'amore. Per esempio, se la storia d'amore in questione fosse la tua...»

«Oh, ho capito. È per un altro post del tuo blog.»

«Non è colpa mia se le mie follower vogliono sapere della ragazza che ha conquistato mio fratello! Vuoi negare loro un piccolo scorcio di vita di coppia?»

«Cate, siamo a Las Vegas.»

«Ommioddio! Vi state *sposando*? È per questo che sei così nervosa? So per esperienza che è meglio trovare la giusta *wedding chapel*, non lasciarti convincere dalla prima insegna luminosa che trovi. È importante.»

«Stiamo lavorando! Abbiamo la presentazione della nuova applicazione e...»

«Che noiosi. Risparmierò alle mie follower questi dettagli. Non posso certo dire loro che queste sono le fiabe moderne! Dai, sii sincera. Quanto siete schifosamente felici, insieme?»

«In una scala di *schifoseria* da uno a infinito? Hai presente la curva del logaritmo e l'asse delle ordinate?»

«Hai presente che potrei riagganciare?»

«Okay, non volevo dirtelo, ma hai chiamato tu.»

«Insomma, fammi una dichiarazione e facciamola finita.»

«Su cosa, sulle fiabe? Senti, Cate. La vita sarà anche una questione statistica, eppure sai una cosa?»

Caterina, dall'altro lato del mondo, resta in silenzio.

«Alla fine mi sono ricreduta. Non sono tanto le fiabe di per sé, quanto gli effetti collaterali a contare. La speranza che ti spinge ad andare avanti. La principessa che si salva da sola e poi salva anche il principe. La consapevolezza che, qualsiasi cosa accada, non è mai la fine. È solo una nuova storia da scrivere.»

Ringraziamenti

Scrivere due volte i ringraziamenti per lo stesso libro è un'esperienza che ti fa riflettere su quanto il mestiere dello scrittore abbia degli enormi debiti di riconoscenza verso gli altri.

La prima volta mi sono trovata di fronte all'ultima pagina senza sapere se questa storia sarebbe mai stata letta da qualcuno. Ero in vacanza in Toscana, seduta all'aperto nella placidità della sera a litigare con il Wi-Fi ballerino, e ho cliccato il pulsante Avanti e il pulsante Pubblica con la stessa euforia terrorizzata che Melissa ha provato con la sua app.

Quello che è successo dopo è stato un susseguirsi di incredulità e felicità. Sono stata catapultata in un universo magico che mi ha permesso di conoscere moltissimi lettori e lettrici, blogger, scrittrici e appassionati. E di capire che abbandonare una strada che non ci entusiasma è possibile, quando scopri che quello che vuoi fare da grande è solo il passo successivo di un desiderio impaziente di realizzarsi.

Quindi il primo grazie va a chi ha letto e consigliato *Gli effetti collaterali delle fiabe* quando era un file su Amazon; sono immensamente grata per ogni recensione, ogni messaggio e ogni commento ricevuto.

Non potrei scrivere senza il supporto stupefacente della mia famiglia, in particolare di mio marito Michele e della Nico del mio cuore. So che vi faccio dannare, ma sono certa che il karma terrà conto di tutto quello che fate per me. E di mio padre, che ha letto questo romanzo a tradimento, sorprendendomi non poco.

Un grazie enorme alla mia agente Maria Cristina Guerra che ha preso il libro tra le sue mani e con pazienza e dedizione lo ha portato tra le vostre, e un altro a Virginia Bramati che mi ha dimostrato come la solidarietà tra autrici sia merce preziosa. Un altrettanto monumentale grazie alla mia amica e scrittrice Antonia Iolanda Cudil che sopporta i miei deliri e che ha sempre una dose di speranza da offrirmi.

Le mie amiche Elena, Emanuela e Rossella che hanno amato Melissa e Stefano prima di tutte le altre. Vale, Lu e tutta la squadra del caffè del martedì: che le pastine siano sempre con noi.

Un ringraziamento speciale a tutte le blogger che hanno segnalato e recensito il libro, la prima volta e adesso, e in particolar modo al *team crazy* del blog Crazy For Romance: leggere la prima recensione è stata e continua a essere una delle emozioni più belle di questa esperienza.

Grazie allo staff di Piemme, che mi ha dato fiducia accogliendo con entusiasmo il libro.

Grazie a Silvia Pillin, che mi ha aiutato a ripulire la prima versione del romanzo, e a EWWA, European Writing Women Association, dove ho trovato un clima di collaborazione e supporto e delle scrittrici e persone fantastiche.

E, soprattutto, grazie a te. Che tu sia razionale o sognatore, ti auguro di saccheggiare il tuo effetto collaterale e trafugarlo nella realtà. Se funziona, fammelo sapere sui miei profili social: mi trovi su Facebook come @annanicolettoauthor e su Instagram come @anna_nicoletto.